Peter Pilz

…ND ÜBER BORD
Kein Roman.

VERLAG FÜR GESELLSCHAFTSKRITIK

CIP-Titelaufnahme der Deutschen Bibliothek

Pilz, Peter
Land über Bord: kein Roman.
- Wien: Verlag für Gesellschaftskritik, 1989
ISBN 3-85115-114-3

ISBN 3-85115-114-3

Cartoons: Much
Umschlagentwurf: Andrea Zeitlhuber

Druck: rema print, Neulerchenfelder Straße 35

PETER PILZ

LAND ÜBER BORD

KEIN ROMAN

Verlag für Gesellschaftskritik

für Gudrun und Roger Rabbit

INHALT

DER ZUSTAND

DIE ALTERNATIVE

VORWORT

Seit Jahren fahre ich landauf, landab, und predige den grünen Umbau. Die meisten der Zuhörer kennen mich schon lange und halten sich, sobald sie mich sehen, entsetzt die Ohren zu. Nun, wer nicht hören will, muß lesen. Daher habe ich dieses Buch geschrieben.

Auch mit dem zweiten Grund will ich nicht hinter dem Berg halten: Als das Projekt auf der Kippe stand, hat der Verlag versprochen, auf der Hinterseite des Buchs ein Foto von mir zu bringen. Das hat den Ausschlag gegeben.

Ursprünglich wollte ich einen langen, konkreten Bericht aus dem Parlament schreiben. Dann kam ich drauf, daß sich dort eigentlich alles ständig mit neuen Namen wiederholt. Es sind immer wieder die gleichen scheinheiligen Rituale, die gleichen schäbigen Geschäftsordnungstricks und die gleichen Fragen, an denen sich ab und zu doch harte Debatten entzünden. Daher habe ich etwas anderes probiert: einen größeren Einstieg in die längst überfällige Debatte über das grüne Projekt selbst.

Im Verlauf der einjährigen, oft unterbrochenen Arbeit am Manuskript habe ich erst gemerkt, wie groß unsere theoretischen und strategischen Defizite sind; wie wenig wir uns in der täglichen parlamentarischen Hetze über unsere Vorstellungen des Umbaus einig geworden sind; und wie schwer es ist, gerade dann, wenn sich alles in alle Richtungen bewegt, einige Zeit stillzustehen, zu beobachten und eine Neuorientierung vorzunehmen.

Die grüne Bewegung braucht die Grundsatzdebatte wie einen Bissen Brot. Nach langen Jahren der inhaltlichen Dürre werden jetzt einige kräftige Impulse gesetzt. Die Programmarbeit kommt endlich in Schwung, und langsam entsteht wieder eine Kultur des öffentlichen Streits. Das Buch ist ein Beitrag dazu - vorläufig und in vielem noch unsicher, wie das bei uns eben so ist.

Ich danke Sonja Puntscher-Riekmann und Johannes Voggenhuber für die kritische Lektüre des Manuskripts und für die zahlreichen Vorschläge, mit denen sie mich offensichtlich verpflichten wollten, gleich auch ihre Bücher mitzuschreiben. Für alle meine Fehler sind sie verantwortlich, ich hätte das Buch ja ganz anders geschrieben.

Allen anderen danke ich auch. Möge dieses Buch...

Wien, im August 1989

DER ZUSTAND

SCHADENSMELDUNG

Lucona, Mitterndorfer Senke, Ozon-Belastung, Noricum, Dioxin-Brixlegg, Lainz, Asbestvergiftung am Arbeitsplatz... alles Einzelfälle. Die Erklärungen unterscheiden sich nur in Nuancen: Einmal war es mehr technisches Versagen, das andere Mal war ein Mensch schuld. Meistens läßt sich das im Nachhinein ohnehin nicht mehr so genau sagen. Nur eines steht immer sofort fest: Die Mitterndorfer Senke hat nichts mit Lucona zu tun, und Zusammenhänge zwischen Brixlegg und Noricum gibt es einfach nicht.

Sieht man davon ab, daß da einmal ein paar tausend Fässer und ein Landeshauptmann außer Kontrolle geraten sind und das andere Mal ein Schiff mitsamt dem Innenminister untergegangen ist, gibt es doch eine große Gemeinsamkeit: Lucona und Mitterndorfer Senke, Noricum und Brixlegg, A 9 und Asbestvergiftung verdanken wir dem ewig gleichen Zusammenspiel: von Geschäftsinteressen, politischen Freundschaftsdiensten und einer willfährigen Bürokratie. Meistens funktioniert alles ganz gut im Rahmen der geltenden Gesetze. Manchmal müssen sie gebrochen werden. Das Risiko ist nicht allzu groß: Nicht selten sind die, die die Gesetze brechen, auch die, die sie überwachen sollen, und auch die, die sie nach ihren Bedürfnissen beschließen lassen können.

Der Skandal ist nicht der Ausnahmefall. Er ist die bekanntgewordene Regel.

Wasser

Die Mitterndorfer Senke war Europas größtes zusamenhängendes Trinkwasserreservoir. Im Februar 1982 wurden in Wiener Neustadt zu viele chlorierte Kohlenwasserstoffe im Wasserwerk Ost gefunden. Die Verantwortlichen reagierten sofort: Der Toleranzwert wurde von 10 auf 25 Mikrogramm pro Liter Trinkwasser angehoben.[1] Der Wert hielt nicht und wurde wenige Jahre später auf 30 Mikrogramm hinaufgesetzt. Ab und zu wurde gemessen: Der neuerbaute Brunnen in Bad Fischau kam auf 320, das Grundwasser in der VEW-Ternitz auf 2500 Mikrogramm. Schuld: ein Chemiebetrieb, ein Stahlwerk und eine unbeschreibliche Deponie.[2]

1 Siehe: Basis 9/1988, Regionalausgabe der Grünen Wiener Neustadt.
2 VEW-Ternitz, ILC-Chemie und Fischer-Deponie. Ein Metallrecyclingwerk, das ebenso in starken Verdacht geraten ist, hat gegen das untersuchende Ökologieinstitut bereits mit einer Millionenklage zurückgeschlagen.

Ein Jahrzehnt lang ist verharmlost worden. Bis zur Katastrophe.

Woche für Woche erreichen die Industrie- und Deponiegifte jetzt neue Brunnen. Die Wasserrechtsbehörde - Landeshauptmann und Landwirtschaftsminister - schläft weiter. Die Umweltministerin hechelt hinten nach: mit Pressekonferenzen, mit Gutachten und mit der Drohung, daß man alles im Griff habe.

Erst 1987, mit 14 Jahren Verspätung, läßt die Umweltministerin endlich die Fischerdeponie sperren. Bis März 1988 wird weiter deponiert.

Österreichs größtes Grundwasserreservoir ist zerstört. Die Staatsanwaltschaft Niederösterreich kümmert sich mit großer Verspätung um den Fall. Der Landeshauptmann, der Landwirtschaftsminister und die Umweltministerin tragen die Verantwortung. Mehr nicht. Die Mischung aus Geschäft, Bürokratie und Politik funktioniert nach wie vor. Man erwischt eben immer nur die Kleinen.

Gleiches passiert derzeit den Wiener Brunnen am Nordufer der Donau. Stück für Stück kriechen chlorierte Kohlenwasserstoffe auf die letzten großen Wiener Trinkwasserreservoirs zu. Dazu weiß keiner, was mit den Öleinschlüssen unter dem Zentraltanklager in der Lobau passieren wird. Und in der Südsteiermark und in weiten Teilen des niederösterreichischen Industrieviertels hat man die Kleinkinder längst von Grundwasser auf Mineralwasser umgestellt. Die Überdosis Nitrate oder Kohlenwasserstoffe verträgt man nach offizieller Meinung erst im Alter von ein paar Jahren.

Die nächsten großen Grundwasservorkommen nahmen Österreichs Stromspekulanten in Ungarn in Angriff. Österreichische Ingenieurskunst und österreichisches Risikokapital wollten binnen weniger Jahre das erreichen, was vierzig Jahre stalinistischer Wirtschaftspolitik nicht geschafft haben: die Vernichtung des Grundwassers bei Nagymaros. Die neue Demokratie im Osten war in ihren Investitionsrechnungen allerdings nicht einkalkuliert.

Wasser ist Gift?

"Eltern von Kleinstkindern erhielten den 'dringenden Rat', Babynahrung frühmorgens nicht mit dem ersten Strahl aus der Leitung anzurühren - sofern das Trinkwasser im Haus durch Kupferrohre fließt."[3] Gelöstes Kupfer im Trinkwasser kann frühkindliche Leberzirrhose verursachen - Todesursache für sechs Säuglinge in der BRD.

3 Spiegel 40/1988.

Das Kupfer war nicht immer im Trinkwasser. Erst die Übersäuerung des Wassers machte es möglich. Seit sich der pH-Wert des Trinkwassers immer mehr dem von Weinessig oder Zitronensaft annähert, kann das Wasser das Kupfer aus den Rohren waschen. Und nicht nur Kupfer: *"In den Quellbächen, die der Sösetalsperre im Harz zufließen, dem Trinkwasserreservoir von mehr als hundert Städten von Göttingen bis Bremen, fand der Göttinger Geochemiker Hartmut Heinrichs eine bis zu 36fache Anreicherung von Blei und Cadmium. Der nahegelegene Oderteich* (pH-Wert: unter vier) *wies gar eine um das 360fache erhöhte Aluminiumkonzentration im Wasser auf."* [4]

Falls der Säuregrad des Wassers nicht radikal gesenkt wird, kommen vom Standpunkt der Hygiene aus in den Augen der Wissenschafter überhaupt nur noch zwei Werkstoffe für Wasserleitungen in Frage: Gold und Platin.

Bis vor kurzem war Trinkwasser eines der wenigen "freien Güter": unbeschränkt und jederzeit in guter Qualität verfügbar. Bald kann auch das Vergangenheit sein. Das Trinkwasser kommt dann nicht mehr aus der Wasserleitung. Es kommt aus der Flasche. Einige werden damit ihr Geschäft machen. Der große Rest zahlt.

Natürlich weiß man längst, woher das Gift kommt. Zwischen den Sommern 1987 und 1988 quälten österreichische Bauern ihre Böden mit 143 331 Tonnen Stickstoff, 78 822 Tonnen Phosphor und 106 272 Tonnen Kali.[5] Landwirtschaftsminister Riegler ließ sich die Brunnenvergiftung 730 Millionen Schilling Subvention kosten. Der Rest kommt aus den Tanks der Unkraut- und Schädlingsvernichter, aus der Jauche, aus der Luft, aus Deponien und aus den Kläranlagen.

Jeder dritte österreichische Betrieb verwendet heute chlorierte Kohlenwasserstoffe. Etliche der gesundheitsschädlichsten Pflanzengifte wie Atrazin, Lindan und Parathion können nach wie vor angewendet werden. Und wo die Landwirtschaft ausläßt, schlägt die Papierindustrie mit ihrer Chlorbleiche zu.

Das Ende des natürlichen Trinkwassers wird von den Ritualen der Politiker begleitet. Hier ein gesperrter Brunnen, da ein Gutachten und immer wieder eine Grenzwerterhöhung - die Langsamkeit der offiziellen Umweltpolitik ist der Garant dafür, daß das Rennen um das Trinkwasser verloren geht.

Für Wirtschaftsminister Schüssel ist das alles nur Anlaß für eine neue technische "Pionierleistung": Wenn es immer weniger Trinkwasser gibt,

4 Ebda.
5 S. Burgl CZEITSCHNER: Die Brunnenvergifter, in: profil 25/1989.

dann bauen wir eben landesweit ein zweites Leitungssystem - für "Brauchwasser". Das Gift bleibt drin, nur trinken muß man es nicht mehr.

Die Brauchwasserleitung ist der zweite Schritt. An den dritten haben sich Millionen Amerikaner bereits gewöhnt: Zweimal in der Woche kommt der Lieferant mit hundert Liter-Plastikboxen. Inhalt: "Springwater" - Quellwasser aus der nächsten Wasseraufbereitungsanlage.

Geschäft, Bürokratie und Politik tragen die Verantwortung. Alle anderen tragen die Folgen.

Wasser ist übrigens ein willkürlich gewähltes Beispiel. Die Schadensmeldung "Wald", "Boden" oder die über die Luft sieht zum Verwechseln ähnlich aus.

Die letzte Deponie ist jedenfalls der Mensch. Seit 1950 hat sich die Cadmium-Belastung der Nierenrinde ungefähr verfünfzigfacht. Wurden 1970 in der bundesdeutschen MAK-Liste, mit der die maximalen Arbeitsplatzkonzentrationen festgelegt werden, nur zwei krebserregende Stoffe geführt, so waren es 16 Jahre später bereits 152. Schätzungen führen zwischen sieben und dreißig Prozent der Krebsfälle bei Männern auf stoffliche Einwirkungen am Arbeitsplatz zurück.[6]

Armes Österreich

Für die meisten ist das Wirtschaftswunder schon längst wieder vorbei. Ein paar können es sich weiter richten. Und für viele hat es das Wunder nie gegeben.

Jahrzehntelang hat sich das satte, gutgekleidete und zufriedene Österreich in den Auslagenscheiben gespiegelt. Mit jedem weiteren Jahr drängt sich jetzt aber die lange erfolgreich versteckte Armut wieder ins Licht der Öffentlichkeit.

Es gibt ein armes Österreich. Und dieses Österreich wächst jeden Tag.

Wer durch alle Maschen der sozialen Absicherung fällt, wer am Ende ist, für den gibt es die Sozialhilfe. Und um diese stellen sich immer mehr Menschen an.[7] Die Autoren des Buchs "Sozialstaat Österreich - bei Bedarf geschlossen" verweisen auf rund eine Million Menschen, die in diesem Land Fälle für die Sozialhilfe wären:

6 Henning FRIEGE: Chemie und Umweltzerstörung, in: H.FRIEGE/F.CLAUS: Chemie für wen? Hamburg 1988, S. 57.

7 1974 beanspruchten 25 000 Wiener Sozialhilfe. Zehn Jahre später waren es bereits 180 000.

"* Da gibt es die rund 500 000 Personen, die in Haushalten leben, in denen das gewichtete pro Kopf-Einkommen unter 4 200 Schilling (inklusive Familienbeihilfe) liegt.
* Da gibt es die rund 300 000 Bezieher/innen von Mindestpensionen, die mit 4 700 Schilling - bzw. in Zweipersonenhaushalten mit 6 800 Schilling - im Monat durchkommen müssen.
* Und da sind noch mehrere hunderttausend Österreicher, die auf Grund ihrer Behinderungen auf ständige finanzielle Unterstützung zur Finanzierung ihrer Pflegekosten angewiesen sind." [8]

Nur sechs Prozent dieser Menschen bekommen ständig Sozialhilfe. 94 Prozent bleiben draußen. Nicht, weil sie nichts bräuchten. Sondern vielmehr, weil sie kein Recht darauf haben. Weil dieser Staat ihnen die Hilfe verweigert. Weil nach wie vor akzeptiert wird, daß für konkrete Armutsbekämpfung nur rund 600 Millionen Schilling pro Jahr ausgegeben werden. Das Bundesheer kriegt mehr als das 25fache.

Die Bekämpfung des "Feindes" ist uns 25 mal soviel wert wie die Bekämpfung der Armut.

Einige fallen völlig durch das soziale Netz. Sie haben keine Arbeit und keine Wohnung. *"In Österreich leben mindestens 11 565 Menschen, die obdachlos sind und von Einrichtungen betreut werden... Insgesamt leben in Österreich (geschätzt) mindestens 22 536 Obdachlose."* [9] 209 635 Menschen sind von Obdachlosigkeit bedroht.[10] Sie stehen vor der Delogierung oder vor dem Verlust ihres Arbeitsplatzes.

Österreich hat ihnen einiges zu bieten: Notschlafstellen, ab und zu Essen und manchen sogar medizinische Versorgung.

Am 24. März 1988 starb Manfred F. *"im Alter von 24 Jahren im Haus im Werd an den Folgen seiner Drogenkrankheit... Frau Vizebürgermeister* (Smejkal, Anm. d. Verf.) *hatte noch am 18. 3. erklärt, eine ärztliche Betreuung in den Heimen sei nicht möglich. Die kranken Obdachlosen könnten ja selbst einen Arzt aufsuchen."* [11]

Das Haus im Werd im zweiten Wiener Gemeindebezirk wurde von der Gemeinde Wien als Notschlafstelle für Obdachlose eingerichtet. Am 22. März wurde die Räumung innerhalb von zwei Tagen beschlossen. Die Heimbewohner protestierten, Gemeindearbeiter wurden geschickt, um die Betten abzutransportieren.

8 Andrea ERNST u.a., Sozialstaat Österreich. Bei Bedarf geschlossen, Wien 1987, S. 217.
9 Uli WÖGERER, Claudia SPRING, Harald FLORIAN, Hansjörg WÖGERER: Obdachlosigkeit in Österreich. Studie im Auftrag des Bundesministeriums für Soziales, Wien 1987, S. 198.
10 Ebda.
11 Akin 12/88.

Wenige Wochen vorher hatten Obdachlose in der Opernpassage eine Kundgebung abgehalten. Obwohl alles ordnungsgemäß angemeldet war, ließ die Polizei räumen. Das Stadtbild war in Gefahr..

Schief verteilt

Armut ist das schmerzhafteste Symptom der Krankheit "soziale Ungleichheit". Wer hat, der bekommt - vieles funktioniert in Österreich immer noch nach diesem Prinzip, und damit ist garantiert, daß die Gesellschaft weiter wie ein Lotteriespiel funktioniert: Viele zahlen und wenige ziehen das große Los. Nur - im Gegensatz zu "6 aus 45" stehen hier die Sieger von Anfang an fest.

1981 ist die Bundesregierung vom Nationalrat beauftragt worden, die Verteilungswirkung der öffentlichen Ausgaben zu untersuchen. Das Ergebnis ist eindeutig ausgefallen. Teilt man die Bevölkerung in drei Einkommensdrittel, dann profitieren die Reichsten mit 57 Prozent am Straßenverkehr, das unterste Drittel kommt auf ganze neun.[12] Vom Bildungssystem haben die Besserverdienenden ebenso mehr[13] wie von der Staats- und Rechtssicherheit - das Recht ist zu 16 Prozent für die Armen und zu 54 Prozent für die Reichen da.

Aber auch dort, wo bewußt gefördert wird, profitieren die oberen 33 Prozent: Die Wohnbauförderung verteilt die staatlichen Gelder ebenso von unten nach oben wie die Familienförderung. Am meisten verdient das obere Drittel aber an der Staatsschuld: 65 Prozent der Zinserträge gegenüber 12 für die am anderen Ende der Leiter.

Die Zahler stehen ebenfalls fest. *"Damit hat sich die Abgabenlast von den Unternehmungen zu den Haushalten und von den Besitzeinkommen zu den Arbeitseinkomen verschoben."* [14]

Doppelte Verlierer

Schadensmeldung "Umwelt und soziale Lage"? Ökologie ist Sozialpolitik. Das haben die meisten der hellgrünen Pioniere der Umweltbewegung mehr als ein Jahrzehnt erfolgreich verdrängt.

12 Bundesministerium für Finanzen: Staatliche Verteilungspolitik in Österreich. Bericht an den Nationalrat, Wien 1987.
13 Unteres Drittel 18, oberes 40 Prozent.
14 Ebda., S. 26.

Natürlich atmen wir alle dieselbe Luft - theoretisch. Theoretisch können sich auch alle ein Haus im Grünen kaufen. Die einen bleiben aber in den Arbeiterwohnvierteln, die ihnen die Industrie in den Schatten der Schornsteine gebaut hat. Die anderen sagen dem Chauffeur nach der Arbeit eine Adresse im Grünen.

Natürlich ist Formaldehyd ein Problem für alle. Nur: Die, die im Egger-Werk in St. Johann in Tirol die giftigen Spanplatten pressen, sind auch die, die am Wochenende das Heim mit selbstgebauter und jahrelang vor sich hindünstender Preßspanarchitektur einrichten. Der Chef steht vor einer anderen Wahl: Kirsch oder Mahagoni - Vollholz selbstverständlich.

Natürlich gibt es heute bereits wieder gute, gesunde Lebensmittel. Wer aber sparen muß oder die weiten Wege zum nächsten Reformhaus nicht schafft, dem bleibt nach wie vor nur der Griff zum Menschenfutter. Wer alt, arm oder behindert ist, kann sich nur wenig Umwelt leisten.

Natürlich tragen Pendler zum Waldsterben bei. Aber die Arbeit kommt nicht zu ihnen. Sie müssen ihr nachfahren. Auf ihrem Rücken wird das Problem der steigenden Stickoxydemissionen jedenfalls nicht gelöst werden können.

Natürlich wäre es für die Brasilianer gescheiter, die Finger vom Regenwald zu lassen. Die landlosen Bauern treibt jedoch nicht Zerstörungswut, sondern nichts als Hunger mit der Fackel in den Wald.[15]

Es kommen noch zwei einander ergänzende Tendenzen dazu:

* Einerseits gibt es "Umwelt" für die Produktion gratis. Das entlastet die Kapitalkosten.
* Andererseits werden die zunehmenden ökologischen Lasten vor allem aus den Lohn- und Massensteuern bezahlt. Das belastet die Arbeitskosten.

Billigeres Kapital und teurere Arbeit führen geradewegs zur Rationalisierung - und die, die für die Umwelt zahlen, zahlen dann auch immer häufiger mit ihrem Arbeitsplatz, der zu teuer geworden ist.

Es gibt kein großes ökologisches Problem, das isoliert, nur für sich gelöst werden könnte. Nur wer die Ökologie gerade auch als soziale Frage begreift, wird die Natur retten können. Es gibt keine Umwelt ohne die Menschen in ihr drin.

15 "Land für die Armen" - das ist allerdings schon vor 15 Jahren als billige Propaganda enttarnt worden. Der Regenwald fällt nur in einem geringen Grad den Landlosen zum Opfer. Der Großteil ist Spekulation einiger weniger internationaler Konzerne aus den USA und der BRD. S. dazu F. MOORE LAPPÉ / Joseph COLLINS: Food First. Beyond der Myth of Scarcity, New York 1979, S 48ff.

Der doppelte Befund über Umwelt und Soziales zeigt, daß das Bild der Bedrohung seine alte Eindeutigkeit verloren hat. Es gibt nicht mehr "die Arbeiterklasse", die endlich den Kuchen, den sie erarbeitet, auch besitzen will. An die Stelle des Grundwiderspruchs des Kapitalismus haben sich neue in den Vordergrund gedrängt. Der zwischen technokratischem Zerstörungspotential und natürlicher Regenerationsfähigkeit ist drauf und dran, unsere Existenz in Frage zu stellen.

EIN SYSTEM SPIELT VERRÜCKT

Katastrophen

"Heute aber ist es nicht so sehr die Phantasie der Hoffnung als die des Schreckens, deren die Welt bedarf. Der Staub, den der blinde Fortschritt aufgewirbelt hat, fällt nun als stinkendes Gift, als Unrat, als Seuche auf die Erde." [16] Ernst Fischer hat das an seinem letzten Lebenstag, am 31. Juli 1972 geschrieben. Für Feinsichtige war das Gift im Staub schon vor fast zwei Jahrzehnten zweifelsfrei zu erkennen.

Seit Becquerel und Ozon, Dioxin und Formaldehyd Eingang in die Umgangssprache gefunden haben, geben alle vor zu sehen. Jeder verweist auf seine tiefe Einsicht. Die Bundesregierung ist längst ein Muster an Beunruhigung. Nur eines will sie nicht an die Wand malen lassen: die Katastrophe. Aber genau die ist denkbar. Und von Tag zu Tag wird sie wahrscheinlicher.

Dabei ist für viele unklar, was denn nun die eigentliche Katastrophe ist. Ein Beispiel: Hätte Kapitän Hazelwood seinen Tanker richtig gesteuert, dann wäre es nicht zur Ölkatastrophe im Prince William-Sund in Alaska gekommen. Die 41,5 Millionen Liter Öl der Exxon Valdez wären "normal" verbrannt worden. 27 000 Tonnen Kohlendioxid wären in der Atmosphäre gelandet und hätten zu ihrer weiteren Aufheizung beigetragen. *"Mit anderen Worten: Es gibt noch einen anderen Ölteppich - über uns. Er wird mit jeder Sekunde größer. Und er bedroht uns mit der gleichen Unerbittlichkeit, wie das Rohöl der Exxon Valdez die Lachse bedroht."* [17]

16 Ernst FISCHER: Das Ende einer Illusion, Frankfurt 1988, S. 378.
17 Bill McKIBBEN: Das Loch im Rumpf der Erde. Der Ölteppich in der Atmosphäre ist die eigentliche Gefahr, in: Die Zeit 18/1989.

Die großen Katastrophen verstellen immer wieder den Blick auf die noch größeren. Und die stehen längst vor der Tür.

Fünf Gründe sprechen für Pessimismus:

Die Zeit:

Zehn Jahre brauchen die Treibgase auf dem Weg zu ihrem Ziel, der Ozonschicht. Der größte Teil wurde in den letzten zehn Jahren produziert. Sie sind noch am Weg. Das Ozonloch über der Antarktis ist derzeit so groß wie Nordamerika. Das Loch über dem Nordpol wächst ihm schon nach. In Montreal haben sich die ministeriellen Umweltverwalter auf eine Halbierung des weltweiten FCKW-Verbrauchs bis 1990 geeinigt. Dieser Wettlauf gegen die Zeit ist bereits verloren.

"Es kann aber auch sein, daß dem Kernkraftsystem bislang einfach zuwenig Zeit zur Verfügung stand, als daß sich sein gesamtes Gefahrenpotential hätte entfalten können. In Wirklichkeit verfügen wir nicht über eine 30jährige, sondern nur über eine äußerst kurze Erfahrung, die nach den meisten in der Industrie angelegten Maßstäben nicht ausreicht, um die mit der Nutzung der Kernenergie verbundenen Risiken sinnvoll abschätzen zu können... Die konstruktiven und baulichen Mängel kommen nicht so bald und nicht bei jedem Reaktor zum Vorschein." [18]

Die Menge:

Das industrielle Selbstvernichtungssystem ist erst am Anfang. Erst wenige Prozent der Menschheit stehen auf der Höhe des Konsums. Und die Länder der Ersten Welt tun alles, um denen der Dritten Welt ihr Entwicklungsmuster aufzupressen. "Technische Entwicklungshilfe" ist der gebräuchlichste neusprachliche Ausdruck für die industriellen Anleitungen zur Selbstzerstörung der alten Kolonien.

Die Intensität:

Es ist nicht nur Dioxin. Oder PVC. Oder verstärkte UV-Strahlung. Es ist alles zusammen in einer lebensgefährlichen Dosierung: chlorierte Kohlenwasserstoffe, Schwermetalle, Massenschadstoffe in Luft und Wasser, Lärm, Radioaktivität... Eines schaukelt das andere auf und potenziert damit seine zerstörerische Kraft. Wenn in das Verkehrschaos

18 Charles PERROW: Normale Katastrophen. Die unvermeidlichen Risiken der Großtechnik, Frankfurt 1987, S. 57 und 66.

der Wiener Spittelau noch eine Müllverbrennungsanlage gestellt wird, dann haben die Lungenfachärzte Hochbetrieb.

Die Komplexität:

"Vom Menschen ausgelöste Katastrophen werden anscheinend erst mit der Industrialisierung immer häufiger, in deren Verlauf wir Maschinen gebaut haben, die abstürzen, im Meer untergehen, in Brand geraten und explodieren können. In den letzten fünfzig Jahren und vor allem während des letzten Vierteljahrhunderts kam zu der üblichen Unfallursache - eine Störung bei einer Komponente, die für die Zukunft beseitigt werden konnte - eine neuartige hinzu: Eine Komplexität der Interaktionen in einer Verbindung mit einer engen Kopplung der Systemabläufe führte zu Systemunfällen. Wir haben Konstruktionen ausgedacht, die so kompliziert sind, daß wir nicht mehr alle möglichen Interaktionen der unvermeidbaren Defekte vorhersehen können; wir bauen Sicherheitsvorkehrungen ein, die von verborgenen Pfaden innerhalb des Systems irregeführt, umgangen oder außer Funktion gesetzt werden. Die Systeme wurden komplizierter, weil sie entweder mit für den Menschen immer gefährlicheren Substanzen umgehen, oder weil wir an ihre Funktionstüchtigkeit immer höhere Ansprüche stellen." [19]

Dabei schafft der Versuch, komplexe Systeme abzusichern, immer neue Gefahren. Jede Sicherheitsvorkehrung steigert die Komplexität des Systems weiter. Sicherheit schafft Unsicherheit - mit diesem Paradoxon ist die prinzipielle Unbeherrschbarkeit von Atomkraftwerken und gentechnologischen Fabriken garantiert.

Perrows Verweis auf die Komplexität und Starrheit von Systemen als Katastrophenursache gilt nicht unabhängig von der Größe der Systeme. Die Größten sind die Gefährlichsten. Und genau auf diese wird weiter voll gesetzt - in der Energieproduktion und im Verkehr ebenso wie in der Gentechnologie.

Die Berechenbarkeit:

Je komplexer eine Technologie ist, desto unberechenbarer wird sie. Bei Atom- und Gentechnologie kommt noch ein weiteres Element hinzu: Man kann sie erst in der praktischen Anwendung im Maßstab 1 : 1 auf Sicherheit überprüfen. Für schnelle Brüter gibt es keinen Testlauf. Und wie gut sich gentechnisch erzeugte Mikroorganismen mit der Umwelt, in der sie freigesetzt werden, vertragen, vermag niemand zu sagen.

19 Ebda., S. 27.

Die Geschichte der Ökologie ist die Geschichte der Katastrophe. Einzelne, oft auch großflächige Verwüstungen hat es schon in den ersten stürmischen Phasen der Durchsetzung der Warenproduktion gegeben. Vito Fumagalli berichtet von einer Po-Ebene, die schon im 13. Jahrhundert erste ökologische Katastrophen über sich ergehen lassen mußte: *"Aber die Natur rächte sich: Der gerodete Boden konnte das Regenwasser nicht halten, die Flüsse schwollen an und überschwemmten immer weiter tiefgelegene Gebiete, besonders in der Po-Ebene. Vom 13. Jahrhundert an berichten die Chroniken wiederholt von verheerenden Überschwemmungen, von großen Seen, die immer breiter wurden und den Städten bedrohlich nahe kamen. In der Mitte des 13. Jahrhunderts, so berichtet ein Chronist jener Zeit, traten die Flüsse in der Tiefebene zwischen Parma und Reggio aus dem Flußbett heraus, und ihre Wasser vereinigten sich zu einem einzigen, riesigen uferlosen See."* [20]

Die Kahlschläge des 14. Jahrhunderts führten zu einer weiteren schweren Belastung des Wasserhaushaltes. Das folgende Jahrhundert brachte die Gegenbewegung: Mit den Stadtverfassungen zwischen 1439 und 1500 kämpfen die Bürger um jeden Baum und um jede Hecke.[21]

Die Industrialisierung von Gewerbe und Landwirtschaft in Norditalien hat dem labilen künstlichen Gleichgewicht jetzt den Todesstoß versetzt. Was Po-Regulierung und Kahlschlag nicht vermochten, schaffen Pestizide, Schwermetalle und Jauche. Die schwächste Masche im ökologischen Netz der Großregion ist gerissen: die nördliche Adria stirbt.

Der Wiener Biologe Werner Katzmann hat schon vor zwanzig Jahren auf die ersten Vorboten der Katastrophe hingewiesen. Jetzt ist es soweit. Katzmann hält es für möglich, daß bei sofortiger und drastischer Reduzierung der Imissionen der derzeitige Zustand stabilisiert werden kann.[22] In den nächsten sechzig Jahren werden die Algen im Februar blühen.

Im Zeitalter der Industrialisierung und der massenhaften Maschinisierung kam dann die Luft an die Reihe. Der "Great Stink" ließ im Jahre 1857 die Themse derart erbärmlich stinken, daß es sogar dem britischen Parlament kurzfristig zuviel wurde.[23] In der Regel aber blieben die sicht- und spürbaren Folgen der Umweltzerstörung jenen, die auch die soziale Frage auszukosten hatten. Die Bürger zogen in die Vorstadt und von da weiter aufs Land.

20 Vito FUMAGALLI: Der lebende Stein. Stadt und Natur im Mittelalter, Berlin 1989, S. 37.
21 Ebda., S. 64/65.
22 Salzburger Nachrichten 21.7.1989.
23 Siehe dazu: Gerd SPELSBERG: Rauchplage. Zur Geschichte der Luftverschmutzung, Köln 1988, S. 46.

"Die" Katastrophe hingegen ist neu. Erst dadurch, daß die Umweltprobleme die Bürger einholten, wurden sie zur Ökologie. *"Was ihre Propheten mit Schrecken erfüllt, ist weniger die ökologische Verelendung, die bereits seit Menschengedenken herrscht, als deren Verallgemeinerung. Sich gegen diesen Prozeß zu isolieren, wird zunehmend schwieriger."* [24] Auch dafür ist die Adria ein gutes Beispiel: Schuf die schleichende Vergiftung durch die Einleitungen die Basis für die Katastrophe, war doch die Aufheizung des Klimas um ein Grad Celsius der Auslöser. Das Wasser erwärmt sich und kann weniger Sauerstoff, dafür aber mehr Nährstoffe lösen. Ozonloch, Stickoxide und Treibgase haben die nördliche Adria geschafft.

Die "Katastrophe" ist nichts anderes als die Verallgemeinerung der Umweltzerstörung. Heute ist "die" Katastrophe erstmals nicht nur denkbar, sondern täglich und hautnah erfahrbar. Nach Sandoz, Seveso, Bhopal, Love Canal, Harrisburg, Tschernobyl steht jetzt zum ersten Mal mit dem "Randmeer" Adria ein Opfer auf der Liste, das seinen Tod nicht einem einzigen Unfall, sondern der systematischen ökologischen Verwüstung verdankt. Wahrscheinlich ist es für Italiener kein Trost zu wissen, daß das gefährdete Ökosystem "Alpen" ähnlich sensibel wie die Adria ist.

Zum ersten Mal in der Geschichte der Menschheit ist die Vernichtung der eigenen Lebensgrundlagen technisch machbar geworden. Dabei stehen gleich zwei Wege zur Wahl: der jahrzehntelange der Industrialisierung aller Lebensbereiche und seine Abkürzung, der nächste Krieg.

Es ist normal, daß etwas schiefgeht. Störungen gehören zum System. In der Maschinenwelt kann letzten Endes nur eine einzige äußere Störungsquelle meist ganz gut abgeschottet werden: der Mensch als Anrainer und Bürger.

Großversuch Chemie

Alles Leben ist Chemie, und ein zunehmender Teil der Katastrophen auch. Es sind derzeit rund fünfzigtausend Stoffe, mit denen heute erprobt wird, wie man alles Leben durch Chemie auf ein Mindestmaß reduzieren kann. Täglich kommen neue Substanzen dazu.

Natürlich werden die Ziele anders formuliert: weißere Wäsche, wirksamere Lösungsmittel und Insektengifte, beständigere Werkstoffe.

24 Hans Magnus ENZENSBERGER: Zur Kritik der Politischen Ökologie, in: Bewegungen in der Republik 1965 bis 1984. Eine Kursbuch-Chronik, Frankfurt 1985, S. 218.

Der Kieler Toxikologe Othmar Wassermann hat seine Versuche der chemischen Spurensicherung so beschrieben[25]: Es ist, als ob man in einen riesigen, dunklen Saal kommt, dessen Wände bis obenhin mit chemischen Formeln vollgeschrieben sind. Man hat nichts außer einer Taschenlampe, mit der man ein paar Quadratzentimeter punktförmig ausleuchten kann. Der Rest bleibt im Dunkel.

TCDD, PCB, PVC, DDT, Formaldehyd, FCKW; das kann man im schwachen Licht der Lampe nach vielen Jahren Forschungsarbeit jetzt ansatzweise beschreiben. Die teils noch viel giftigeren Nachbarn - bromierte Dioxine und Furane etwa - bleiben im dunkeln.

Jede der neuen Chemikalien, die Tag für Tag auf den Markt gedrängt werden, kann wieder auf tausende Arten mit anderen reagieren, neue Verbindungen, neue Gifte und neue Altlasten schaffen. Der Toxikologe läuft weit abgeschlagen dem Hauptfeld der Chemiker hinten nach. Drei Jahre braucht Wassermanns Institut für die Untersuchung einer einzigen Substanz - und jeden Tag fallen Dutzende neue an.

Daß hier Handlungsbedarf besteht, wird heute nicht einmal mehr von Wirtschaftspolitikern und ihren Umweltministern bestritten. In gemächlichem Tempo löst eine Substanz die andere dabei als Gegenstand hochoffizieller Besorgnis ab. Viele Jahre nachdem die zerstörerische Wirkung der Phosphate in den Waschmitteln nachgewiesen worden war, entdeckte die staatliche Umweltpolitik das Problem. Rein zufällig hatten die großen Waschmittelproduzenten gerade zu dieser Zeit "Alternativen" entwickelt. Den alles andere als unproblematischen Ersatzstoffen wurde der ökologische Persilschein ausgestellt. Eine Umweltverträglichkeitsprüfung mußten sie ebensowenig über sich ergehen lassen wie ihre Vorgänger, die Phosphate. Ein paar Jahre und ein paar Flüsse später werden sie dann aller Wahrscheinlichkeit nach den gleichen Weg gehen. Die nächste Substanz wartet dann schon, im Großversuch an Mensch und Natur ausprobiert zu werden.

Chemische Waffen werden Schritt für Schritt geächtet. Die Produkte der Chlorchemie sind die Zwillinge der chemischen Waffen, so wie die Atomkraftwerke die Zwillinge der Atombomben sind. Zwischen Dioxin und Tabun besteht nur ein wichtiger Unterschied: Das schreckliche Gift Tabun wird vom Militär für den Krieg gehortet. Das schreckliche Gift Dioxin wird völlig zivil im täglichen chemischen Krieg auf das Leben losgelassen.

25 Othmar WASSERMANN als Experte der Grünen beim PVC-Hearing des parlamentarischen Umweltausschusses im Herbst 1988.

Dioxin in den Verbrennungsrückständen der heimischen Müllverbrennungsanlagen, mehr als drei Kilogramm Dioxin in einem Silo mitten auf dem Werksgelände der Chemie Linz, die höchsten Dioxinkonzentrationen der Welt rund um die Montanwerke Brixlegg in Tirol, Dioxin in Wirbelschichtöfen zur Klärschlammverbrennung, Dioxin bei der - inzwischen von einer Bürgerinitiative erfolgreich bekämpften - Spuckstoffverbrennung der Firma Hamburger im niederösterreichischen Pitten - die Durchseuchung aller Lebensbereiche mit dem Sevesogift liefert exemplarische Werte für das Zwischenergebnis im industriellen Großversuch, der an der Menschheit durchgeführt wird.

Und ist es nicht Dioxin, dann vielleicht Fluor wie um Ranshofen. Menschen und Tiere leiden an Fluorose, das Gift geht in die Knochen.

Oder Asbest. Wie winzige Injektionsnadeln wandern die Asbestfasern durch den Körper und bohren sich in die Zellen und öffnen sie für fremde Stoffe. Die Zelle reagiert mit Teilung und mit Krebs. In Großstädten findet man zwischen 400 und 2000 Asbestfasern in jedem Kubikmeter Luft, im Hochgebirge sind es noch immer zehn bis hundert. Jeder von uns atmet zehn bis zwanzig Kubikmeter Luft pro Tag ein. Und es wird mehr. Heute gelangen bereits Jahr für Jahr 50 Tonnen Asbest durch die Verwitterung von Eternitdächern in die Luft.

Asbest ist längst in allen Anwendungsbereichen ersetzbar. Trotzdem wird weiterproduziert. Asbestzement, Asbestrohre, Pflanzengefäße - das Geschäft lohnt sich immer noch. *"Beim gegenwärtigen Stand der wissenschaftlichen Erkenntnisse kann ein Niveau, unter dem eine Gefährdung der Gesundheit nicht mehr gegeben ist, nicht festgelegt werden."* [26] Das wußte die EG schon 1983. Die Bundesregierung weiß es bis heute nicht.

Oder Formaldehyd. In St. Johann in Tirol organisiert der Friseur eine Bürgerinitiative. Es ist wie üblich: Die Arbeiter, die im Werk und zu Hause unter der stechend riechenden Chemikalie leiden, fürchten um ihren Arbeitsplatz und halten den Mund. In St. Johann geht es um Formaldehyd. *"In mehr als 50 Industriezweigen und Branchen wird Formaldehyd für viele Zwecke gebraucht. Der Einsatz reicht von der Verwendung des gelösten Gases als Desinfektionsmittel über den Formaldehyd abspaltenden Leim von Spanplatten oder Sperrholz bis zur Imprägnierung knitterfreier Textilien oder der Arzneimittelherstellung. Mehr als die Hälfte des produzierten Formaldehyds wird zu Kunststoffen weiterverarbeitet, die chemisch so wenig stabil sind, daß sie über Jahre hinweg Formaldehyd-Gas an die*

26 Zit. nach: "Es geht auch ohne Asbest". Vortrag von Hans Werner MACKWITZ beim Asbesthearing des Umweltministeriums am 7.6.1989.

Umgebungsluft abgeben können." [27] Das Pech bei Formaldehyd ist nur: Bisher konnte nicht eindeutig nachgewiesen werden, daß es bei Menschen krebserregend ist. Es besteht "nur" der begründete Verdacht. Daher können Jahr für Jahr weiterhin tausende Tonnen Formaldehyd auf die Menschen losgelassen werden.

Oder Naphtalin. Oder PER...

Die Vergiftung kennt weder regionale noch zeitliche Grenzen. Kittsee atmet die scharfe Luft von Bratislava, und Neugeborene kommen schon mit ihrer persönlichen PCB-Ration im Babyspeck zur Welt.[28] PCB, ein chlorierter Kohlenwasserstoff wie DDT oder Dioxin, ist überall. *"Seit fast 60 Jahren wurden und werden die PCB als chemische Allzweckwaffe gegen allerlei Tücken der Technik eingesetzt. PCB dienten als Schmier-, Papierbeschichtungs-, Imprägnier- und Flammenschutzmittel, als Weichmacher in Kunststoffen, als Zusatz in Spachtelmassen und Lacken, in Meßgeräten und Waagen."* [29]

Heute wird die Anwendung von PCB langsam zurückgedrängt. Das Gift verschwindet aus der Produktion - sein Marsch auf die menschlichen Körper hat aber erst begonnen. *"Über Futtermittel etwa, das durch PCB-haltige Anstriche im Stall oder in den Silos verseucht wurde, aber auch über Klärschlämme oder fließende Gewässer gelangen die Stoffe in die Nahrungsmittelkette und reichern sich in tierischem Fett an. Vor allem Binnenwasserfische sind stark mit PCB belastet. Auch in Fleisch, Milch und Eiern haben Lebensmittelchemiker die Stoffe gefunden. Seit Anfang der siebziger Jahre weist man sie auch im menschlichen Fettgewebe nach. In der Muttermilch sind PCB-Werte gemessen worden, die die meisten Wissenschafter für alarmierend halten. Und entgegen den Erwartungen vieler Wissenschafter hat die Belastung der Muttermilch mit PCB in den vergangenen Jahren nicht abgenommen. Die deutsche Forschungsgemeinschaft empfiehlt aus diesem Grund seit einiger Zeit nach 'einer gültigen Nutzen-Risiko-Abwägung' zwischen den Vorteilen des Stillens und der PCB-Belastung der Muttermilch, das Stillen auf vier Monate zu beschränken."* [30]

Biologisch kaum abbaubar und äußerst hitzebeständig, finden sich winzige Altlasten an allen Punkten der Nahrungsmittelkette. Und während kriminelle "Entsorger" grenzüberschreitende Geschäfte mit PCB-verunreinigtem Altöl machen, produziert die Industrie "Ersatzstoffe".

27 R. GRIESHAMMER, F. VAHRENHOLT, F. CLAUS: Formaldehyd. Eine Nation wird geleimt, Hamburg 1984, S. 22.
28 Siehe: Noch nie gefüttert - schon belastet. Mannheimer Forscher fanden Giftspuren im Babyspeck, in: Die Zeit 34/1988.
29 Ebda.
30 U. MENSE: Kein großer Wurf, in: Die Zeit 40/1988.

Über deren Giftigkeit weiß man heute ebensowenig wie über die von PCB, als PCB noch neuester Stand der Technik war.

Aber PCB ist auch in anderer Hinsicht ein Lehrbeispiel: Im Mai 1987 setzte BRD-Umweltminister Klaus Töpfer die Chemikalie auf die Verbotsliste - ein Jahr später schlug die EG in einer Verordnung zurück: Großzügige Ausnahmen wurden auf Verlangen der französischen Chemieindustrie gemacht, die um ihren Markt in der Holzimprägnierung fürchtete.[31] Zusätzlich kommt zum Beispiel nach wie vor Obst in PCB-imprägnierten Holzkisten nach Österreich. Und wenn wir einmal in der EG sind, ist Tür und Tor offen.

Die Emittenten werden einer nach dem anderen mühsam ausgeforscht. Einzelne schwarze Schafe stellen sich kurz an den Pranger, bauen mit öffentlichen Mitteln einen Filter ein, holen sich den Umweltschutzpreis und emittieren weiter.

Die Giftillusion

Wenn Gift spürbar wird, folgt die Entgiftung auf dem Fuß. Dabei verlassen sich die Verursacher auf zwei einander scheinbar diametral entgegengesetzte Strategien: Verdünnung und Verdichtung.

Die Schornsteine der Industrie sind mit jedem Jahrzehnt um einige Meter gewachsen. Um 1850 erreichten sie bereits Höhen von etwa 65 Metern, und 1899 wurde mit den 144 Metern der Halsbrücker Esse in Sachsen das Zeitalter der Feinverteiler eröffnet.[32] Je höher die Schornsteine ihre Giftfrachten an den Wind abgeben, desto großräumiger lassen sich diese verwehen. Die Schadstoffe werden verdünnt. Irgendwann erreichen sie Reinluftgebiete und richten dort sichtbare Schäden an. Dann werden Filter eingebaut. Die Schadstoffe werden verdichtet. Filterkuchen und Filterasche landen auf Deponien. Dort waschen aggressive Sickerwässer sie früher oder später wieder aus. Ihr Weg führt ins Grundwasser. Die Schadstoffe werden verdünnt.

Kommunale und gewerbliche Abfälle gehen in die Kanalisation - Verdünnung. In der Kläranlage werden einige Schadstoffe zum Teil herausgefiltert - Verdichtung. Ein Teil des Klärschlamms landet in der Landwirtschaft, ein anderer geht den Weg der Filterkuchen, ein dritter wird mit anderem Müll verbrannt - Verdünnung.

31 Spiegel 29/1988.
32 S. Gerd SPELSBERG: Rauchplage. Zur Geschichte der Umweltverschmutzung, Köln 1988, S. 172.

Verdünnung - Verdichtung - Verdünnung... Kein Gramm des Gifts verschwindet. Egal, ob es in Wasser oder Luft verteilt, in Hochtemperaturöfen verbrannt oder in Deponien versteckt wird, es wandert weiter. Manchmal läßt sich Zeit gewinnen. Mehr nicht.

Alle paar Jahre ist es dann dennoch soweit: Die gesundheitlichen und ökologischen Auswirkungen einer Substanz lassen sich nicht mehr beschönigen, sie muß aus dem Verkehr gezogen werden. Dann schlägt die Stunde der "Ersatzstoffe". Nur in Ausnahmefällen auf all ihre Folgewirkungen überprüft, werden sie - gleich wie ihre Vorgänger - auf Mensch und Natur losgelassen. Wer braucht schon den Großversuch, wenn er sein Produkt am größtmöglichen Versuch am Verbraucher selbst testen kann. Seit "Signal mit Hexachlorophen" und "Mottenkugeln mit DDT" hat sich hier nicht das geringste geändert.

Gift Mahlzeit

Alles Leben ist Chemie. Und alles Essen ist Gift. Ersteres wird von der chemischen Industrie beworben, letzteres geleugnet. Im großen und ganzen stimmt beides.

Wer ißt und trinkt, nimmt Agrargifte auf. Mit Alar 85 und Dazide werden Äpfel auf Einheitsgrößen, auf rote Farbe und auf einen günstigen Reifetermin hin gespritzt. Beide sind im Tierversuch krebserregend. Dieldrin, Heptachlor und Heptachlorepoxid vernichten "Schädlinge" und stimulieren die Produktion körpereigener Histamine. Diese wieder führen zu Allergien und Entzündungen. Mit dem Hopfen kommt Äthylenthioharnstoff ins Bier und mit ihm der Verdacht, Krebs, genetische Mißbildungen, Erbgutveränderungen und Schilddrüsenvergrößerungen zu fördern.

Dabei ist der suchtähnliche Griff zur Spritze keine Naturnotwendigkeit und schon gar keine Panne. *"Wer annimmt, Pestizid-Rückstände in Obst und Gemüse seien vor allem das Ergebnis unwissender oder gewissenloser Gärtner und Bauern, irrt. Die Schaffung von 'Gütenormen' durch Behörden und Großabnehmer zwingt die Landwirte zum Gifteinsatz. Die 'Qualitätsklassen', nach denen die Produkte bezahlt werden, richten sich nicht danach, wie gut etwas schmeckt oder wie bekömmlich es ist. Bezahlt wird absolute Makellosigkeit, Eignung zur mechanischen Ernte, zur Konservierung, zum Transport - und Stoßfestigkeit, Lagerfähigkeit, Farbe und Größe."*[33]

33 A. ERNST, K. LANGBEIN, H. WEISS: Gift-Grün. Chemie in der Landwirtschaft und die Folgen, München 1988, S. 28.

Natürlich werden die Konsumenten geschützt. Die "Verordnung über Höchstwerte von Rückständen von zur Schädlingsbekämpfung verwendeten Stoffen auf Lebensmitteln" legt für etliche der Gifte Höchstgrenzen fest. Das Gesetz duldet die tägliche Vergiftung nur unter den verordneten Werten. Zwar ist längst bekannt, daß es bei Agrargiften wie bei Radioaktivität keine unbedenkliche Dosis gibt, als amtliches Beruhigungsmittel taugt ein Höchstwert aber immer noch.

Natürlich werden die Gifte vor ihrer Zulassung auch überprüft. Die Wiener Bundesanstalt für Pflanzenschutz nimmt diese Aufgabe für das Gesundheitsministerium wahr. In Wahrheit haben aber andere längst die Prüfung in der Hand. *"Sie erfolgt meist in den Labors der chemischen Industrie, weil die technisch und personell besser ausgestattet sind. Die Beamten brauchen dann nur noch die vorgelegten Prüfungsergebnisse durchzusehen."* [34]

Vergiftete Bauern und Konsumenten, verödete Boden - die Bilanz der Agrarchemie ist eindeutig. Trotzdem wird weitergemacht.

Aroma

"Der Durchbruch zum perfekten Kakaogetränk gelang erst, als die Chemiker die abgetrennten Aromen mit einem Kunstharz verrührten. Dieses umhüllt die empfindlichen Geschmacksmoleküle wie ein Netz und schützt sie vor chemischer Veränderung. Der Kakao wird anschließend ohne Aroma erhitzt und als Instantpulver getrocknet. Um dem faden Pulver den begehrten Geschmack wieder zurückzugeben, müssen die Aromastoffe vorher wieder aus der Kunststoffhülle herausgelöst werden. Das schaffen organische Lösemittel, bevorzugt solche mit einem geringen Siedepunkt wie Isopropylchlorid oder Methylenchlorid." [35]

Sicher gibt es heute noch Rückständige, die glauben, daß Kakao dann nach Kakao schmeckt, wenn er Kakao ist. Das Problem liegt aber längst woanders: Die Industrialisierung der Landwirtschaft hat dazu geführt, daß ihre Produkte geschmacksmäßig zunehmend verarmen. An die Stelle der Lebensmittel sind die Nahrungsmittel getreten. Und denen fehlt unter anderem eines: Geschmack. Die Manager der Aromenfirma Haarmann & Reimer aus Holzminden in der BRD kennen die Gründe für den guten Geschäftsgang: Intensivlandwirtschaft bringe zwar *"eine Ertragssteigerung, jedoch ist diese mit einer Geschmacksverarmung der Erzeugnisse verbunden. Darüber hinaus führen viele Verfahren der Lebensmittel-Technologie zu*

34 Ebda., S. 30.
35 Natur 6/89, S. 97/98.

Aromaverlusten, nicht selten sogar zum Entstehen eines unangenehmen Geschmacks. Daher wird es erforderlich, Geschmacksstoffe hinzuzufügen". [36]

In 15 Prozent unserer Nahrungsmittel sorgen bereits künstliche Aromen für den Geschmack. 26 000 Tonnen aus rund 3000 Aromen bringen allein in der BRD 3,5 Milliarden Schilling im Jahr. Daß Methylenchlorid schon längst als krebsverdächtig eingestuft ist, stört dabei nicht.

Die Aromenherstellung ist heute der Zweig der chemischen Industrie mit den höchsten Zuwachsraten.

Endlager Mensch

Am Ende ist Abfall.

Wer im Wiener Gemeindebezirk Donaustadt zufällig einmal in die Gegend des Rinterzelts gerät, dem schlägt ein süßlicher, dumpfer Geruch entgegen. Ähnlich riecht es in Pill in Tirol, in Halbenrain in der Steiermark, im Osten von Wels und an Dutzenden anderen Plätzen in Österreich. Wenn es so süß und stickig riecht, ist man an einem jener Orte angelangt, an denen sich Lokalpolitiker ihrer Sorgen entledigen: den Mülldeponien. Mit sicherem Gespür für das ökologisch Katastrophale hat man sie meist dort errichtet, wo der Schaden maximal ist: über Grundwasser, knapp an Siedlungen und nach dem Motto "Wer andern eine Grube gräbt, füllt Müll hinein".

Das einzig dichte an Österreichs Mülldeponien sind ihre Betreiber. Die Informationen über Art, Menge, Herkunft und Gefährlichkeit des Mülls sind bei ihnen vor den Bürgern absolut sicher, sie halten dicht. Der Rest ist undicht. Der Rest sind die Deponien.

Am Ende ist heute alles Abfall. Manchmal noch harmlos und verträglich, immer öfter aber einfach: Gift. Man kann damit zweierlei machen: "entmüllen" oder "entsorgen". Die Regierungen in Bund und Ländern haben sich für Letzteres entschieden.

"Entsorgung" funktioniert dabei so:

* Der Hausmüll wird in der Mülltonne vermischt, und die Wertstoffe verschwinden im Abfalleintopf.
* Das Gemisch landet a) in einer Deponie, b) in einer Verbrennungsanlage.

36 Ebda., S. 98.

* In der Deponie bilden sich unter steigender Hitze neue, giftige Substanzen. Sickerwässer - giftige, ätzende Flüssigkeiten - dringen durch die Deponiesohlen. Plastikabdichtungen können sie nur für kurze Zeit stoppen. Deponiegase runden das ökologische Desaster ab.

Niemand weiß genau, was im Deponiekörper an Stoffen gebildet wird. In aeroben und anaeroben Gärungsprozessen fault das ganze Stoffgemisch bei Temperaturen bis zu 70 Grad vor sich hin. Die Hebung von Altlasten wie etwa im Wiener Donaupark wird immer öfter mit dem Hinweis verhindert, es sei zu gefährlich: Das ganze Gebräu beinhalte mit großer Wahrscheinlichkeit auch solche Mengen an explosiven Gasen, daß das Sicherheitsrisiko nicht tragbar sei.

Was nicht in die Luft geht, landet früher oder später im Grundwasser. Säuren lösen die Schwermetalle, und der ganze agressive Cocktail aus organischen Giften und Schwermetallen frißt sich nach unten durch, dem Grundwasser entgegen. Alles ist hier nur eine Frage der Zeit - gibt Schotter gleich die Bahn frei oder verschafft Lehm dem Grundwasser eine Galgenfrist von wenigen Jahren. Plastikfolien erfüllen hier bestenfalls die Funktion eines Beruhigungsmittels. Was Mäuse und Säuren nicht sofort durchfressen, zerreissen die Verdichtungsmaschinen mit Leichtigkeit.

Und dann beginnt das Gift zu wandern. Eines steht dabei fest: ob über Trinkwasser oder Lebensmittel - das Endlager ist immer der Mensch.

* Natürlich haben die Umwelttechnokraten längst eine technische Lösung für das Problem gefunden: Der Müll kommt nicht mehr in die Grube, er wird verbrannt. Und damit bekommt das Giftproblem eine neue Dimension.

Der Vorteil der Müllverbrennung liegt auf der Hand: Das Müllvolumen wird auf rund ein Drittel reduziert. Der Nachteil wird verschwiegen: Alle Anlagen verseuchen Luft und Boden mit Ultragiften, die erst durch die thermische Umwandlung von Problemstoffen wie PVC im Verbrennungsvorgang selbst entstehen: Dioxine, Furane und eine Reihe weiterer organischer Substanzen, die zum großen Teil überhaupt noch nicht identifiziert und erforscht sind.

Dabei geraten die kommunalen Pyromanen schon rein technisch in ein Dilemma: Versuchen sie, Dioxine und Furane zu zerstören und halten sie die Verbrennungstemperaturen daher hoch, vergasen sie immer mehr Schwermetalle an jedem Filter vorbei in die Luft. Und bleiben sie in einem niedrigeren Temperaturbereich, um die Schwermetallemissionen in Grenzen zu halten, haben sie wieder das ganze Dioxinproblem am Hals. Vergiftet wird - so oder so. Mehr Cadmium oder mehr Dioxin, Niere oder Krebs, das ist die Wahl.

Während in anderen Ländern auf hoher See oder fernab von menschlichen Siedlungen verbrannt wird, bleibt man in Österreich bürgernah. Müllverbrennung findet bei uns ausschließlich in Ballungsgebieten statt - gleich dreimal in Wien, in Wels und bald vielleicht auch in Salzburg, Bruck an der Leitha, Innsbruck und Linz.

Aber auch die Reste der Müllverbrennung haben es in sich. In einer Tonne Filterkuchen finden sich kritische Mengen von Dioxinen und Furanen, in der Flugasche ist von allem noch etwas mehr. Der Filterkuchen der Gemeinde Wien verschwindet bei einem privaten "Entsorger", die Asche landet auf der Hausmülldeponie am Rautenweg.

* Über die Zwischenlager "Deponie" und "Verbrennung" landet das Gift wieder beim Absender: im Menschen selbst.

Ähnliches passiert beim "Sonderabfall", den Resten aus Industrie, Gewerbe und Krankenanstalten.

Diese Art und Weise öffentlicher Müllverwaltung ist eher noch der wohlgemeinte Anspruch. Die Wirklichkeit sieht wesentlich schlimmer aus:

In ganz Österreich gibt es nach wie vor tausende wilde Deponien. Und dort, wo Hausmüll abgeladen werden darf, verschwindet in der Regel noch viel mehr. Allein in Kärnten wird hochgiftiger Sonderabfall auf rund 400 Hausmülldeponien vermutet.[37]

Die Gemeinde Wien hat sich vertraglich verpflichtet, den Heizbetrieben Wien (HBW) für ihre Müllverbrennungsanlagen eine Mindestmenge Hausmüll pro Jahr anzuliefern. Wird der Müll weniger, muß die Gemeinde Pönale zahlen.

Die Ultragifte - Dioxine, Furane, Schwermetalle - landen bei der Müllverbrennung in erster Linie im Filterkuchen und in der Flugasche. Da der Umweltminister beide nicht in den Katalog des überwachungsbedürftigen Sonderabfalls aufnehmen hat lassen, werden sie wie "harmloser" Hausmüll behandelt. Der Wiener Bürgermeister überläßt seinen Filterkuchen einem bekannten Müllspekulanten und weigert sich, weiter etwas davon zu wissen. Die Flugasche landet auf der Hausmülldeponie "Rautenweg" im 22. Wiener Gemeindebezirk mitten im Wohngebiet.

Im gleichen Bezirk gären fünf Millionen Kubikmeter Müll unter dem Donaupark vor sich hin. Knapp darunter ist Grundwasser.[38]

In der Nähe von Oberwart ist eine Hausmülldeponie geschlossen und begrünt worden. Unter der Wiese gärt es weiter. Manchmal schlagen unvermittelt hohe Stichflammen aus dem Boden.

37 Laut Aussage des damaligen Gesundheitsstaatssekretärs Ferrari-Brunnenfeld, Kurier 24.1.1985.
38 profil 7/1988, S. 52.

Und dazu kommen:

Giftiger Sondermüll in einer wilden Deponie am Ortsrand von Haringsee im Marchfeld.[39]
Kilometerlange Sondermülldeponien, die die Bundesforste im Wienerwald vermietet haben.[40]
Altöl und Batterien, auf einem Grundstück in Altmünster am Traunsee vergraben;[41]
400 Giftfässer in einem Staudamm in Werndorf bei Graz. Beim Abtragen wurden einen Meter tiefer weitere 400 Fässer mit Lösungsmitteln entdeckt.[42]
Ein Sonderabfall"zwischen"lager in Feistritz an der Drau, das unter der fürsorglichen Aufsicht des Kärntner Umweltlandesrats jahrelang trotz Ölüberlaufs in die Drau ohne Baubewilligung und ohne Wasserrechtsbescheid betrieben werden konnte;
die lecken Sonderabfallfässer in Bachmaning, von denen der Bürgermeister meint, das da halt etwas "aussirinnt";
die Hausmüllverbrennungsanlage in Wels, bei der man weder Filter noch Dioxinmessungen für notwendig gehalten hat;
und Halbenrain, Kaiserwald, Pill, Attnang-Puchheim, Wörgl und hunderte andere mehr.

Ein ehrlicher Altlastenkataster würde ganz Österreich als ökologisches Notstandsgebiet ausweisen.

Meistens ist das alles streng legal. Manchmal aber auch kriminell.

Das Gift versickert im Grundwasser und in den Böden. Wie ein Schwamm säuft sich unsere Welt mit Gift an. Jede neue Deponie ist eine Schleuse, die der Müllflut geöffnet wird. Und während die alten Giftfässer ausgegraben werden, verschwinden die neuen.

Das ist die Realität. Der Anspruch sieht wie immer anders aus. "Vermeiden - verwerten - entsorgen" - von dieser Formel, die sich jetzt auch die offizielle Umweltpropaganda einverleibt hat, bleibt in der praktischen Abfallpolitik genau das letzte Drittel übrig.

Der Grund dafür liegt nicht in der Undurchführbarkeit von Abfallvermeidung. Er liegt in der Struktur "modernen" Konsumverhaltens. *"Es besteht ein merkwürdiger Gegensatz zwischen diesem Bedürfnis nach*

39 Kurier 21.4.1984.
40 Kronen Zeitung 19.6.1984.
41 Volksstimme 2.10.1984.
42 Kleine Zeitung 4.1.1985.

Sauberkeit und Unberührtheit der Gegenstände, die zum Verkauf bestimmt sind, und dem Umstand, daß dieses Verkaufen und Verbrauchen dann alle Dinge in einen Strudel des Schmutzes hineinzieht, und zwar nicht dadurch, daß sie ganz und gar verbraucht, im Gebrauch aufgelöst und verwandelt würden, sondern gerade dadurch, daß sie in irgendeinem halbverbrauchten, abgenutzten Zustand als Müll enden. Es ist gerade der Sauberkeitswahn, der den Schmutz gebiert, es ist die Gier nach dem Unverbrauchten, die uns eine erstickende Flut von Halbverbrauchtem, von Müll, beschert. Auf allen Gebieten des Fortschritts ist der Müll zum eigentlichen und letzten Problem geworden." [43]

Und er liegt im Preis. Die "Entsorgung" entledigt nach wie vor Industrie und Gewerbe aller größeren finanziellen Sorgen. Wenn der Dreck zum Himmel stinkt, müssen immer wieder die Arbeitsplätze herhalten, um klarzumachen, daß man sich gefälligst zu entscheiden habe: zwischen Arbeit und Umwelt. Man kann ja schließlich nicht alles haben.

Entsorgung - Fall I: Die Grube

Am 21. September 1972 erhielt die Firma Waxina in Oberwaltersdorf in Niederösterreich den erwarteten Bescheid. Die niederösterreichische Landesregierung hatte die Bewilligung zur Ablagerung von "Destillationsrückständen" auf einem Grundstück in Theresienfeld erteilt. Eine Genehmigung für die Deponierung von Haus- und Industriemüll kam dazu. Die Ablagerung von Mineralölen wurde prinzipiell untersagt.

Probleme gab es von Anfang an. Und am 27. Februar 1973 sprach sich sogar das Amt der niederösterreichischen Landesregierung entschieden gegen jede Erweiterung des wasserrechtlichen Bescheids aus. Die weitere Geschichte bis zur Vernichtung des größten österreichischen Trinkwasserreservoirs - der Mitterndorfer Senke - ist bekannt.

Die Methode funktioniert nach wie vor: Her mit den Fässern und rein in die Grube. Im Unterschied zu früher wird jetzt allerdings immer öfter feierlich eine dünne Plastikfolie untergezogen. Das sieht gut aus und macht den Mäusen richtig Spaß.

43 Jürgen DAHL: Die Verwegenheit der Ahnungslosen, Stuttgart 1989, S. 40.

Entsorgung - Fall II: Die Forschung

In Österreich ist kein Atomkraftwerk in Betrieb. Das ist das Ergebnis der Volksabstimmung 1977. In ganz Österreich? Nein, in einem kleinen Dorf ganz im Osten gibt es noch eine kleine Minderheit, die zäh ihr Heiligstes verteidigt: den Forschungsreaktor.

Seit dem 29. September 1960 strahlt er am Rand der niederösterreichischen Gemeinde Seibersdorf. Aber das Kernforschungszentrum kann noch mehr: Es verbrennt radioaktiven Sondermüll und macht noch gute Geschäfte damit.

Die Betreiber des italienischen Atomkraftwerks Caorso boten Seibersdorf 6850 Fässer mit leicht aktiven Ionentauscherharzen an. Und lockten mit 120 Millionen Schilling.

Das Kernforschungszentrum hatte nur zwei Probleme: Gewerbsmäßige Verbrennung war in Seibersdorf nicht üblich, und die Verbrennungsanlage war zu klein. Beide Probleme konnten gelöst werden: Der Ofen wurde auf die zehnfache Kapazität ausgebaut; und das Geschäft bekam einen neuen Titel: Forschungsprojekt zur thermischen Sondermüllentsorgung.

Letzteres war eine glatte Lüge. Fünf Jahre Forschung mit den Caorso-Fässern hätten nur eines klären können: wie man optimal leicht aktive Ionentauscherharze aus Caorso verbrennt. Für "normale" Sondermüllverbrennung hatte das Projekt von Anfang an nicht die geringste Bedeutung, denn "normaler" Sondermüll ist alles andere als homogen, und Ionentauscherharze kommen darin so gut wie nie vor.

Auch technisch konnten die Verantwortlichen bald der Unwahrheit überführt werden. Man brauche die Radioaktivität, um damit organische Verbrennungsprodukte wie etwa Dioxine und Furane mit der Tracer-Methode messen zu können - tatsächlich werden diese Stoffe mit einem ganz gewöhnlichen Gaschromatographen gemessen. Von Radioaktivität keine Spur. Die Tracer-Methode taugt bestenfalls zur Messung von Schwermetallen - aber damit hatten die Seibersdorfer Manager nie etwas im Sinn.

Eines ergaben die Rechtfertigungen allerdings: Neben radioaktiven Produkten fallen jetzt auch Dioxine und Furane an.

Als wir begannen, den Seibersdorfer Geschäften nachzugehen, tauchte noch einiges mehr auf:

* Schon zwischen 1981 und 1984 waren 800 Fässer mit radioaktivem Müll aus der BRD importiert worden - zu Forschungszwecken, versteht sich, und für mehr als sechs Millionen Schilling pro Jahr.

* Bis heute wurden aus Österreich 70 000 Fässer mit radioaktivem Müll - aus Spitälern, aus der Forschung und aus der Industrie - angeliefert und zum Teil verbrannt.
* Im Bach bei der Einmündungsstelle der Seibersdorfer Abwässer wurde in den Sedimenten radioaktives Kobalt gefunden.
* Die Genehmigung für das Zwischenlager in Seibersdorf läuft 1990 aus. Jetzt wird fieberhaft nach einer Gemeinde gesucht, die den strahlenden Müll nimmt.
* Unter der Nummer 3351 wurde mit Gültigkeit bis zum 13. August 1988 der Transport von unbestrahlten Uranlösungen von Seibersdorf zu Transnuklear nach Hanau genehmigt.
* Unter der Nummer 3428 gab es eine Genehmigung mit Gültigkeit bis zum 30. Juni 1988 für unbestrahltes Uranoxydpulver U3 08 von Hanau nach Seibersdorf.
* Transnuklear ist die Schlüsselfirma des internationalen Atommüllskandals, und Caorso steht auf ihrer Schmiergeldliste.
* *"Neben dem Versuchsreaktor, dem Verbrennungsofen, den tausenden Fässern mit radioaktivem Inhalt, die teils in Hallen, teils in freiem Gelände lagern, gibt es in Seibersdorf auch noch die sogenannten 'Laboratorien der Internationalen Atomenergie-Organisation (IAEO)"* [44] Hier analysiert die IAEO die Proben, die sie in aller Welt ziehen läßt. Das zum Teil hochaktive Material wird in der "Uran-" und in der "Plutoniumzone" analysiert. Österreichische Kontrolle gibt es seit dem 8. Oktober 1982 keine, denn: *"Die Laboratorien in Seibersdorf wurden für exterritorial erklärt."* [45] Selbst Demonstrationen in der Nähe sind verboten.

Inzwischen hat die Verbrennungsanlage in Seibersdorf selbst gebrannt. Das Geschäft geht trotzdem weiter.

Entsorgung - Fall III: Der Totalkompost

Einzig im Burgenland wird der gesamte Hausmüll zentral gesammelt. Im ländlichsten Gebiet Österreichs herrscht die städtischste Abfallwirtschaft.

Jeder Haushalt zahlt für eine Mülltonne. Daher füllt er sie auch an. Wo früher noch privat kompostiert und wiederverwertet wurde, ist das östlichste Bundesland seit der Gründung des burgenländischen Müllver-

44 Bürgerinitiative gegen Atomgefahren, Informationen des Zentralverbands, Folge 1/88, S. 2.
45 Ebda.

bands (BMV) hochmodern. "Müllzigarren" - riesige Transportzylinder auf Sattelschleppern - karren den unsortierten, völlig vermischten Hausmüll nach Oberpullendorf. Und dort zeigt die Technik, was sie kann. Ihr Ausgangsprodukt: Hausmüll. Ihr Ziel: Kompost.

Es wird gesiebt, zerkleinert, mit Magneten abgeschieden, gerüttelt und ab und zu auch händisch aussortiert. Glas, Metalle, Batterien und Kunststoffe - alles wollen die Müllverwerter aus dem Abfall heraushaben.

Der Stoff passiert mehrere Hallen, bleibt dann für einige Zeit auf einer Zwischenmiete und landet schließlich in der Kompostierungsanlage. Künstlich beregnet, die Temperatur immer genau unter Kontrolle, wird der Kompost Meter für Meter weitergewendet, bis ans Ende der Anlage. Dort steht ein Schild, das dem Bauern das Wichtigste mitteilt: Der Kompost des BMV ist für die landwirtschaftliche Verwertung ungeeignet - zu viele Schadstoffe.

BETON UND GUMMI

Alles ist lösbar. Das ist kein Werbespruch für Lösungsmittel. Das ist das einfache Credo der Bundesregierung angesichts wachsender Krisentendenzen. Täglich lassen die Minister neue Wegweiser in die Zukunft aufstellen - und wenn sie an Weggabelungen fast immer in beide Richtungen weisen, dann wird das als die große Meinungsbreite der Regierenden gefeiert.

Die herrschende Politik führt in Sackgassen. Die politisch oft so unterschiedlich scheinenden Akteure unterscheiden sich dabei meist nur in einem: Die Zufahrt zur Sackgasse erfolgt aus verschiedenen Richtungen.

Zwei Schulen stehen einander hier in scheinbarem Gegensatz gegenüber. Die einen haben sich als Symbol den Beton gewählt. Tief vom naiven Fortschrittsglauben der fünfziger Jahre geprägt, predigen sie stur das große Glaubensbekenntnis der Industrie: größer, stärker, schneller. Sie sitzen an den Schaltstellen und "machen" die Politik.

Die anderen haben die Erschütterungen durch die Krise wahrgenommen. Sie kauern im letzten Abteil des Wachstumszuges und schielen immer wieder ratlos nach der Notbremse. Vor einer grundsätzlichen Alternative zum blinden Wachsen schrecken sie zurück - sie sind keine "Gesellschaftsveränderer". Wächst irgendwo der Widerstand, dann geben sie nach, zeigen sie Wirkung. Verringert sich der Druck von außen und unten wieder, schnellen sie in ihre Ausgangsposition am Rande des Betons wieder zurück. Ihr Symbol ist der Gummi. Sie sind die Puffer der Betonfraktion.

Was sich scheinbar bekämpft, ergänzt sich in der praktischen Politik ganz vorzüglich. Beton und Gummi sind Zwillinge - ungleiche allerdings. Wo der Beton stark und selbstbewußt die Zügel hält und den Kurs bestimmt, läuft der kleine Bruder lamentierend mit. Es geht ihm zu schnell und überhaupt in die falsche Richtung. Stehen bleibt er aber nicht, denn eines weiß er ganz genau: Ohne den großen Bruder ist er nichts.

Die Betonfraktion steuert die Politik. Ihre Ergebnisse sprechen für sich. Die Gummigruppe verschafft ihr "Akzeptanz".

Der Gummizirkus

Tag für Tag wird die Umweltministerin vor ihr Publikum gestellt. Die Symptome der Zerstörung werden öffentlich beweint und Besserung gelobt. Und an den Wochentagen krempeln die Herren in den Schlüsselministerien die Ärmel auf und machen - gemeinsam mit den Verursachern - neue Pläne. Beim Versuch, gleichzeitig die Umwelt zu schützen und Arbeit zu schaffen, mißlingt beides: Arbeitsplätze und Natur werden im Gleichschritt sozialpartnerschaftlicher Regierungspolitik vernichtet. Die neuen Wege der Regierung führen in die Sackgasse. Und die Ministerin läßt weinen.

Wie Beton den Gummi formt, zeigt der Streit um PVC. Vor Jahrzehnten wurde Polyvinylchlorid als Massenkunststoff vor allem aus einem Grund entdeckt: Die Industrienationen hatten aus der Chlor-Alkali-Elektrolyse riesige Chlorberge angehäuft. Der neue Kunststoff machte aus dem Chlormüll ein Geschäft.

PVC ist überall - in den Autoausstattungen ebenso wie in den Lebensmittelverpackungen. Rohre, Fensterstöcke und medizinisches Gerät stehen auf der Anwendungsliste des Allroundkunststoffs.

Inzwischen weiß jeder, daß mit PVC eines der größten ökologischen Probleme geschaffen worden ist. PVC landet - früher oder später - im Müll. Bei seiner Verbrennung entstehen Dioxine und Furane. Und seine Zusatzstoffe - Cadmium bei Hart- und Weichmacher bei Weich-PVC - sorgen für eine weitere Steigerung der Giftigkeit.

Im Herbst 1988 hatten wir PVC endlich mit einem Antrag in den Umweltausschuß gebracht. Unsere engagierten Experten - Othmar Wassermann aus Kiel und Frank Claus aus Dortmund - hatten leichtes Spiel mit jenen Experten, die sich engagieren hatten lassen. Am Ende stand trotzdem der übliche schwache Kompromiß: Eine Studie wurde in Auftrag gegeben. Nur in einem Punkt konnten wir uns durchsetzen: Der Ausschuß beschloß, daß der wichtigste PVC-Lobbyist in der österreichischen Wissenschaftsszene, das Wiener Kunststoffinstitut, nicht mit der Erstellung der Studie betraut werden solle. Ein paar Wochen später hatten wir es schwarz auf weiß: Das Kunststoffinstitut hatte den Auftrag des Umweltministeriums bekommen. Die Umweltministerin hatte den klaren Ausschußauftrag einfach ignoriert. Wer im einzelnen Marilies Flemming umgestimmt hat, ist bis heute nicht bekannt. Beton hat viele Gesichter.

Ähnlich erging es dem Müll. Im Sommer 1988 überraschte die Umweltministerin die Öffentlichkeit mit der Ankündigung, demnächst dem Parlament ein beinhartes Abfallvermeidungsgesetz vorzulegen. Nach einer kurzen öffentlichen Züchtigung durch den Wirtschaftsminister war es vorbei. Der Gummi nahm wieder Form an und versprach anstelle des blitzartig schubladisierten Abfallvermeidungsgesetzes ein Abfallwirtschaftsgesetz. Das fiel dann auch dementsprechend aus.

Am 26. April 1989, zwischen dem Bericht über die Morde in Lainz und dem Bericht über "vorläufige Zollmaßnahmen im Rahmen der multilateralen Handelsverhandlungen des GATT" nahm der Nationalrat eine parlamentarische Pflichtübung vor: die routinemäßige Novellierung des Präferenzzollgesetzes. Im Finanzausschuß und in öffentlichen Diskussionen hatten wir darauf hingewiesen, daß es diesmal um mehr ginge: Die Koalition hatte vor, dem Tropenholzimport die günstigsten Zolltarife zu verschaffen.

Regierungsvorlagen bedürfen der Einstimmigkeit im Ministerrat. Beim Präferenzzollgesetz gab es damit nicht das geringste Problem. Umweltministerin Flemming übte später wortreiche Selbstkritik: Ihr Ressort habe die Sache verschlafen.

Dank des öffentlichen Protests kam das Gesetz am 8. Juni noch einmal in den Nationalrat. Unter den Augen einer wachen Umweltministerin geschah dann Ungeheuerliches: Nur der Zollsatz für bearbeitetes Tropenholz wurde wieder erhöht, der für das rohe Holz blieb ganz unten. Das Abholzen der Tropenwälder wird vom österreichischen Zoll damit nach wie vor belohnt - nur die Arbeitsplätze in der Weiterverarbeitung werden den Ländern der Dritten Welt genommen. Der Finanzausschuß hatte wieder einmal für ein Geschäft gesorgt. Die Ministerin hatte nichts dagegen.

Oder Ozonschicht. Verbot aller Fluorchlorkohlenwasserstoffe innerhalb weniger Jahre, so weit wollte die Umweltministerin vernünftigerweise gehen. Jetzt ist das Treibgasverbot übriggeblieben. Kein Wort mehr von den wesentlich ozonschädlicheren Halonen, kein Wort mehr von FCKW in Reinigungsmitteln und auch keines von Kühlmitteln in ausrangierten Kühlschränken etwa. Und der Hinweis der Schaumstoffhersteller, ihr Produkt würde sich bei der Umstellung auf harmlose Substanzen um einige Groschen verteuern, hat genützt - die Schaumstoffe befinden sich vor der Umwelt wieder in Sicherheit. Was nützt es, daß die bekannt vorsichtige amerikanische Umweltbehörde EPA erklärt hat, daß alle FCKW sofort ersetzt und damit auch verboten werden könnten. Beton gewinnt.

"Zwischen Ökonomie und Ökologie bestehen keine unvereinbaren Gegensätze. Die Überwindung der Probleme, die sich aus der akuten Bedrohung unserer Umwelt ergeben, sollte als Chance gesehen werden, innovative technische Antworten zu finden und wären als Impulse für die wirtschaftliche Entwicklung zu betrachten." [46] Sagt der Gummi zum Beton.

Dabei hat sich in den Jahren der Großen Koalition eine neue Strategie herauskristallisiert: Die Umweltministerin bekommt Hülsengesetze und dickes Lob. Die konkreten Verordnungen, ohne die das Gesetz bloße Makulatur bleibt, können aber nur gemeinsam mit dem Wirtschaftsminister beschlossen werden. Und der blockiert. Der Testfall "Chemikaliengesetz" ist bereits zur Zufriedenheit des Wirtschaftsministers verlaufen. Auf die überfälligen Verordnungen gegen chlorierte Kohlenwasserstoffe und Formaldehyd wartet die Öffentlichkeit bis heute. Das Abfallwirtschaftsgesetz wird nach dem gleichen Muster maßgeschneidert.

Information

Daß das alles überhaupt noch als Zukunft verkaufbar ist, daß sich heute noch Betroffene finden, die die Beton-Gummimischung schön finden, hat seinen eigenen Grund. Solange die Betroffenen nicht wissen können, was mit ihnen passiert, kann man weiter alles mit ihnen machen.

Atomkraftwerke, Autobahnen und Kanonengeschäfte können niemals sicher sein. Daher müssen sie vor denjenigen geschützt werden, deren Sicherheit sie bedrohen. Das beste Mittel dazu ist Geheimhaltung. Es gilt eben nach wie vor, daß das, was niemand weiß, auch niemanden heiß machen kann.

Seit Jahren fordern Grüne und Umweltschützer die regelmäßige Veröffentlichung aller relevanten Emissionen von Industrie und Gewerbe. Seit Jahren verlangen wir nach Offenlegung der Alarmpläne der chemischen Industrie, der Grundlagen der Strompreisgestaltung, der ver-

46 Arbeitsübereinkommen zwischen SPÖ und ÖVP über die Bildung einer gemeinsamen Bundesregierung, Wien 1987, S. 65.

schlungenen und immer wieder behördlich gedeckten Wege des Mülltourismus. Seit Jahren stellen sich Umweltministerin und Bundesregierung taub.

Natürlich schafft das Recht des Bürgers auf seine Daten Probleme. Wenn der volle Umfang der Bedrohung bekannt wird, lassen sich die notwendigen Schutzmaßnahmen nicht mehr verhindern. Aber hier gilt nach wie vor das Prinzip der Wirtschaftlichkeit. Es ist allemal noch billiger, die Daten zu schützen - und nicht die Menschen.

Österreich ist eines jener Länder, in denen der Datenschutz funktioniert. Die Daten sind hierzulande vor den Bürgern sicher. Egal, ob es sich um die Giftigkeit von Substanzen, um Emissionswerte, um Aufrüstungsverträge oder um die Tätigkeit der Staatspolizei handelt, die Daten sind in Sicherheit.

Bei dieser Form des Datenschutzes darf Österreich getrost auf einen Spitzenplatz in der westlichen Welt pochen. Denn Österreich ist wahrscheinlich das einzige Land, in dem Parlamentarier darum kämpfen, nicht informiert werden zu dürfen.

Ein persönlich erlebtes Beispiel: Im Jänner 1987 konnte die Koalition nicht mehr anders. Zuviel war rund um den Draken schief gegangen. Der Vertrag war ins schiefe Licht gekommen, die Kompensationsgeschäfte stellten sich eins nach dem anderen als Luftblasen heraus, und zu allem Überdruß war auch noch Hauptmann Wolf bei einem Schulungsflug mit einem Draken über dem südschwedischen Meer abgestürzt. Die öffentliche Stimmung war eindeutig: Raus aus dem Draken-Vertrag. Dessenungeachtet stand die SPÖ nach wie vor hinter dem Draken. Und Robert Lichal, viele Jahre einer der schärfsten Kritiker der Draken, war gerade - nach wenigen Tagen in der Regierung - gemeinsam mit seiner Partei schwach geworden und hatte sich überzeugen lassen.

In dieser Verlegenheit griff man zum altbewährten Mittel der Kommission: SPÖ und ÖVP ließen den Draken-Unterausschuß einrichten. Der Ausschuß hatte einen klaren Auftrag: Untersuchen, was zum Absturz geführt hatte und ob noch aus dem Vertrag ausgestiegen werden könne.

Ich gehörte als einziger Grüner dem Ausschuß an. Zu meiner Verstärkung nahm ich mir den bekannten Cartoonisten und Militärexperten Much mit. Uns war eigentlich nur eines klar: Um die Möglichkeit des Ausstiegs aus dem Vertrag prüfen zu können, benötigten wir vor allem eines: den Vertrag.

Mit diesem logischen Schluß blieben wir alleine. Der Verteidigungsminister brüllte "Landesverrat", und der sozialistische Wehrsprecher Alois Roppert beantragte, ein Gutachten einzuholen, ob der Ausschuß überhaupt berechtigt sei, vertrauliche Akte einzusehen. Vertraulich ist zwar in der österreichischen Verwaltung fast alles, schon aus dem einfachen

Grund, um dem Beamten lästige Frager zu ersparen. Einem echten Parlamentarier ist das aber kein Hindernis, um sich von Informationen abzuschneiden.

Die darauffolgende Sitzung sah einen glücklichen sozialistischen Wehrsprecher. Strahlend schwenkte Roppert ein Papier - ein Gutachten, das ihm bestätigte, daß die Parlamentarier und ihr Unterausschuß kein Recht auf die Informationen aus dem Ministerium hätten. Es war die glückvollste Selbstkastration, die ich bisher in diesem an Kniefällen vor der Bürokratie wirklich nicht armen Parlament miterleben durfte.

Natürlich ist das kein Einzelfall. Auch im Lucona-Untersuchungsausschuß passierte Ähnliches. Mit jeder Vernehmung geriet die Staatspolizei im Frühjahr 1989 mehr ins Zwielicht. Politische Interventionen, Bespitzelungen von ministerkritischen Veranstaltungen und Pressekonferenzen und jede Menge gute Dienste für Udo Proksch hatten die politischen Geheimpolizisten seit langem wieder ins Gerede gebracht. Unter anderem war dabei ein Detail bekanntgeworden: Es bestand der Verdacht, daß sich Prokschs Anwalt Damian bei der Stapo den Akt des Lucona-Journalisten Hans Pretterebner besorgt hatte. Bei einer Pressekonferenz in Zürich präsentierte Damian dann entsprechendes "Belastungsmaterial". Im Ausschuß fragte ich also den Wiener Stapo-Chef Liebhart, ob das üblich sei. Ob sich andere Ministerien oder gar Private wie Damian auf einfachem Weg Stapo-Akten über andere besorgen könnten. Wie weit die Amtshilfe hier eigentlich gehe.

Wie von der Tarantel gestochen sprangen zwei Abgeordnete auf: Der sozialistische und der ÖVP-Fraktionsführer beantragten unisono, diese Frage nicht zuzulassen, weil sie nicht zum Thema gehöre. Da die öffentliche Erörterung meines Fragerechts wohl auch den Antragstellern peinlich war, zog sich der Ausschuß vor den Journalisten zu einer internen Geschäftsordnungssitzung zurück. Mit den Stimmen der Großen Koalition wurde dekretiert: Die Frage nach der Arbeitsweise der Staatspolizei darf nicht gestellt werden. Das Allerheiligste konnte noch einmal geschützt werden. Das Parlament will nicht wissen, was ganz im Innern des Staates vor sich geht.

Trotzdem wuchs das öffentliche Informationsbedürfnis Tag für Tag weiter an. Und mit jeder Stimme für die Kontrolle der heimischen Geheimdienste bekam der Dreiparteien-Glassturz über der Stapo mehr Sprünge. Schließlich blieb wieder einmal nur noch die stolpernde Flucht nach vorne: Ein streng geheimer parlamentarischer Ausschuß werde in Zukunft die Dienste kontrollieren. Die Einschränkung kam von SPÖ-Klubobmann Heinz Fischer: Damit der Ausschuß nicht zu groß werde, sollten nur drei Parteien in ihm vertreten sein. Grüne im Umweltausschuß ist schließlich schon genug.

Natürlich hat unser Einzug ins Parlament den Zugang zu Informationen verbessert. Gerade mit schriftlichen Anfragen haben wir oft Überraschendes zutagegefördert. Mindestens genauso oft war das einzig Überraschende aber die Unverfrorenheit, mit der die Beantwortung vermieden wurde.

Um wieviel ernster das Bürgerrecht auf Information in anderen Ländern genommen wird, zeigt das Beispiel der "Union of Concerned Scientists", die in den USA die Hintergründe des "Rasmussen-Berichts" - einer Reaktorsicherheitsstudie - erheben wollte. *"Diese Gruppe nützte ein seit Anfang der siebziger Jahre bestehendes Gesetz - 'The Freedom of Information Act', das 'Gesetz zur Informationsfreiheit' - das es jedem amerikanischen Bürger gestattet, behördliche Akten, soweit es sich nicht um Staatsgeheimnisse handelt, einzusehen. So verschafften sie sich ein genaues Bild über das Zustandekommen der Studie."* [47] Mit diesen Informationen konnten die besorgten Wissenschafter den Nachweis der Unseriosität des Rasmussen-Berichts führen und so der AKW-Lobby eines ihrer wichtigsten Argumente nehmen.

In Österreich ist es noch lange nicht soweit. Auf der Bühne gibt die Umweltministerin ihr tägliches Stück "Marilies macht Krach - für Boden, Baum und Bach". Hinter den Kulissen geht es allen dreien an den Kragen, schneller mit jedem Tag. Während die Dagmar Koller der Umweltpolitik weiter gegen Ozonloch und Altlasten singt und hopst, wird der Vorhang hinter ihr festgezurrt. Kein Blick aus dem Publikum soll durch das Geschehen hinter der Bühne abgelenkt werden. Und die Regierungsrezensenten berichten wieder über eine gelungene Vorstellung.

Manchmal geht die Schmiere allerdings geradewegs in die Hose. Am 14. Juli 1989 war es wieder einmal soweit. Die Umweltministerin stattete ihrem Parteifreund, dem Verteidigungsminister, einen ökologischen Besuch am Truppenübungsplatz Großmittel ab. *"Der Status 'militärisches Sperrgebiet' leistet einen wichtigen Beitrag zur Bewahrung sonst kaum vorhandener Öko-Flächen und sichert den Fortbestand der Artenvielfalt. Die heutige Nutzung als Schießplatz und Panzerübungsgelände wirkt an der Erhaltung des baumlosen Areals mit, weil das Zuwachsen der Trockenwiesen durch Wechsel zwischen Abbrennen, Panzerbefahrung und Schanzenbau verhindert wird. Die in diesem Gebiet eingestreuten Ruinen, Gräben, Dämme und Bombentrichter strukturieren das Gelände zusätzlich und optimieren den Lebensraum für spezielle Wirbeltierarten"*, berichtete "Der Soldat". [48] Wenn Flemming und Lichal gemeinsam Arten schützen, dann

47 Robert JUNGK: Der Atomstaat. Vom Fortschritt in die Unmenschlichkeit. München 1977, S. 56.
48 Der Soldat 14/1989.

geht es offensichtlich ohne Bombentrichter, Abbrennen und Panzerbefahrung nicht ab. Die Ministerin in Bombenrührung: *"Robert, danke für alles, was in deinem Bereich für die Umwelt getan wird."* [49]

STRUKTUREN

Metastasenwirtschaft

Die Krankheitssymptome unserer Gesellschaft zeigen sich an der Wirtschaft in unterschiedlicher Form: Während die Wirtschaft im allgemeinen und die meisten Branchen mit ihr die Fieberkurven der Konjuktur und damit auch der Umweltzerstörung durchlaufen, treiben einige Sektoren metastasengleich ihr ungehemmtes, zerstörerisches Wachstum voran. Sie scheinen von Konjunkturschüben weitgehend unabhängig. Dazu verhilft ihnen die Politik: Als "Politische Industrien" können sie durch eigenen Einfluß dort Nachfrage erzeugen, wo der Markt selbst längst keine mehr bereitstellen kann. Wie Zecken kleben sie am gesellschaftlichen Reichtum. Meist monopolartig organisiert, lebt die Metastasenwirtschaft auf Kosten vieler:

* der Konsumenten, die mit überhöhten Preisen und Tarifen für ihre Unwirtschaftlichkeit bezahlen;
* der Steuerzahler, die für ihre Finanzierung aufkommen müssen;
* und der Umwelt, die ihr als "öffentliches Gut" gratis zur Zerstörung überlassen wird.

Die Metastasenwirtschaft gedeiht in der Grauzone, wo Wirtschaft und Politik jenseits aller öffentlichen Kontrolle ineinander überfließen. Im Dunst von Korruption und Parteienfinanzierung präsentiert sich unser Wirtschaftssystem hier von seiner häßlichsten Seite. "Staat oder privat" spielt dabei keine Rolle: Die staatliche E-Wirtschaft zeigt genausogut wie die private Bauwirtschaft und der genossenschaftliche Raiffeisen-Konzern, daß die Herkunft beim Zutritt zum großen Selbstbedienungsladen "Österreich" die geringste Rolle spielt.

49 Falter 29/89.

Meistens gibt es kein Problem, dafür aber eine Lösung: Und die heißt "bauen". Die Bauindustrie hat längst die letzten Hemmungen über Bord geworfen. Wo noch irgendwo nicht "verbaut" ist, beginnt das gut geschmierte Zusammenspiel von Politik und Wirtschaft. Pläne werden entwickelt und Lobbyisten an die Arbeit geschickt. Ihre Opfer: Bäche, Feuchtgebiete, Schutzwälder, Flußlandschaften, unberührte Täler und die Menschen, die sich hier noch im betonfreien Raum aufhalten.

Die Bauindustrie kann mit imponierenden Bilanzen aufwarten:

* Dutzende, meist überflüssige Kraftwerke, die Ruine Zwentendorf miteingeschlossen, konnten gebaut werden..
* "In den letzten Jahren wurden... mehr als 2000 km Fließgewässer reguliert - das entspricht knapp einem Viertel der Länge des österreichischen Autobahn- und Bundesstraßennetzes.
* Zugleich wurden mit mehr als 3000 km Rohren und Gräben Flächen entwässert, die für den Gebrauch der Landwirtschaft zu feucht erschienen.
* Damit wurden 253 km^2 Landes vor gelegentlichen - und für die angestammte Pflanzen- und Tierwelt oft überlebenswichtigen - Hochwässern 'geschützt' und 1255 km^2 (das ist das Dreifache der Fläche von Wien) 'trockengelegt'." [50]
* Hunderte Kilometer Autobahnen wurden in die Landschaft gepreßt. Von 1964 bis 1984 ließen sich Bund, Länder und Gemeinden den Straßenneubau rund 250 Milliarden Schilling kosten.[51] Niedrige Grundstückspreise locken dabei die Straßenbauer - wie etwa bei der Inntalautobahn oder der B 3 - dorthin, wo sie am wenigsten verloren hätten: in einige der letzten großen österreichischen Feuchtgebiete.
* Nahezu alle großen Städte bekamen ihre Satellitenstädte - schlecht an den Verkehr angeschlossene, laute und teure Betonburgen, denen man heute schon ihre Zukunft als Slums der nächsten Generation ansieht.
* Und die Städte wurden endgültig versiegelt. Wo früher das Wasser noch ungehindert versickern konnte, drängen jetzt festverschlossene Asphalt- und Betonflächen das Regenwasser in die Kanalisation - die auch ein gutes Geschäft war.

50 Marina FISCHER-KOWALSKI (Hg.): Öko-Bilanz Österreich, Wien 1988, S. 241.
51 Siehe: Budgetkrise? Aber das Geld liegt auf der Straße! Zahlen, Fakten und Bewertung des 27 Milliarden-Straßenbauprojektes von Minister Graf. Studie des Grünen Klubs im Parlament. Grüne Bücher Nr. 7, S. 6.

"Geld ist in Hülle und Fülle vorhanden, nutzen wir es für den Straßenbau." [52] Leopold Helbich, der das in der Budgetdebatte verkündete, ist als Bauindustrieller und ÖVP-Abgeordneter einschlägig bekannt. Vor Jahren nach einem mißglückten Bestechungsversuch[53] vorübergehend aus dem hohen Haus ausgeschieden, vertritt er hier wieder mit aller Vehemenz die Interessen der Bauindustrie. In Wirtschaftsminister Graf und seinem Nachfolger Schüssel hat er verständnisvolle Ressortchefs gefunden. Das Resultat: 27 Milliarden für den Straßenbau.

Die Schäden, die der Autoverkehr Tag für Tag verursacht, hat Christoph Chorherr für den Grünen Klub zusammengefaßt:

* 51 420 Tote und 1 699 392 Verletzte seit 1960. Die jährlichen Unfallkosten betragen laut Gesamtverkehrskonzept Österreich des Verkehrsministers rund 38 Milliarden (1983).
* 103 000 t Kohlenwasserstoffe und 140 000 t Stickoxide entströmten 1985 den Auspuffrohren der Kraftfahrzeuge, das sind 86 bzw. 72 Prozent der Gesamtemissionen. Waldsterben, Bodenverseuchung und Erkrankungen (vor allem unserer Kinder) sind die Konsequenz.
* Rund eine Million Österreicher sind in gesundheitsschädigendem Ausmaß Straßenlärm ausgesetzt.
* Ganze Täler und Landschaften sind bereits arg bedroht (Landschaftszerstörung, Lärm, Bannwälder sterben).[54]

Der Kfz-Verkehr zerstört Umwelt und Menschen. Und der Wirtschaftsminister weiß die Therapie: Straßen. "Das ist so, wie wenn Ärzte als Mittel gegen steigendes Fieber darauf verzichten, das Fieber zu senken und dafür versuchen, den Patienten feuerfest zu machen." [55]

Das Schlechteste ist - wie so oft - auch hier das Teuerste. Während der Staat mit der einen Hand Jahr für Jahr rund 26 Milliarden Schilling an Steuereinnahmen aus dem Straßenverkehr einnimmt, bezahlt er mit der anderen jedes Jahr 75 Milliarden für ihn. "Der Autofahrer als Melkkuh der Nation" - so gut kann es Kühen gehen.

52 ÖVP-Nationalratsabgeordneter und Bauindustrieller Leopold Helbich bei der Budgetdebatte im Herbst 1987.
53 Helbich versuchte vor Jahren, den Journalisten Georg Novotny mit 100 000 Schilling zu bestechen. Novotny veröffentlichte den Vorfall, und Helbich mußte sein Nationalratsmandat zurücklegen.
54 Budgetkrise..., Grüne Bücher Nr. 7, S. 6.
55 Der Verkehrsplaner Hermann KNOFLACHER am Symposium "Transitland Österreich" vom 15. bis 17. April 1988 in Kirchdorf an der Krems/OÖ.

"Wir brauchen mehr Straßen, weil wir mehr Verkehr haben." Das Gegenteil ist richtig. Die großen neuen Straßenprojekte haben eines gemeinsam: Derzeit braucht sie niemand. Sie sind gigantisch überdimensioniert. Und sie erzeugen Verkehr.

Projekt	*Überdimensionierung in %*
A3 (Ebreichsdorf-Südautobahn)	527
A4 (Fischamend-Nickelsdorf)	523
S6 (Semmering-Scheitelstrecke)	755
S34 (Wilhelmsburg-St.Pölten)	593
S31 (Weppersdorf-Dörfl/Bgld.)	809
A9 (Kirchdorf-Windischgarsten)	826
A9 (Trieben-Traboch)	510
S16 (Pians-Flirsch/Tirol)	460 [56]

Die Pyhrn-Autobahn

Die B 138 führt von Sattledt durch das Kremstal in das obersteirische Liezen. Einige Ortschaften sind vom Autoverkehr schwer belastet. Für sie kann und muß etwas getan werden - vom Bau kleinräumiger und umweltschonender Umfahrungen bis zur Verlagerung des Verkehrs auf die Bahn.

Die Eisenbahn fährt parallel zur B 138. Sie wird über weite Strecken nur eingleisig geführt. Der Pyhrnpaß ist der letzte österreichische Alpenübergang, bei dem die Eisenbahn noch eine Chance hat, den Konkurrenzkampf gegen die Straße zu gewinnen. Wird die Strecke zweigleisig, spricht vieles für die Bahn. Wird die Autobahn gebaut, hat die ÖBB verloren.

Gegen die Autobahn sprechen die Argumente:[57]

56 Budgetkrise..., Grüne Bücher Nr. 7, S. 20.
57 S. Monika AUER, Irmtraud EGGER: Pyhrn - Autobahnprojekt und Widerstand, Wien 1987.

* Nach international gültigen Kriterien baut man Autobahnen ab einem durchschnittlichen Tagesverkehrsaufkommen (DTV) von 15.000 Fahrzeugen. Die B 138 bringt es derzeit auf etwa 4.000. Im Gegensatz dazu durchfahren:
  Dürnstein - 5.800
  Haselgraben bei Linz: 6.900
  Alkoven bei Eferding: 7.800.
  "Niemand denkt im Ernst daran, in der Wachau, durch den Haselgraben oder durch das Eferdinger Becken eine Autobahn zu legen." [58]
* Derzeit ist das Kremstal vom großräumigen Transitverkehr noch weitgehend verschont geblieben. Die Pyhrnautobahn würde die Fernlaster bringen - und das Inntal hätte einen Zwilling gefunden.
* Mit großem Aufwand wurde die "rollende Landstraße" zwischen Spielfeld und Passau ins Leben gerufen. Die Pyhrnautobahn wäre ihr Ende.
* Die Autobahn ist die teuerste Lösung. Während der Bautenminister versucht, mit 5,5 Milliarden Gesamtkosten noch zu verharmlosen, nennen die Kritiker realistischere Zahlen: Bis zum Jahre 2025 werden 20 bis 30 Milliarden Schilling nur für dieses Projekt vom Bund bezahlt werden müssen.
* Die Erhaltung eines einzigen Kilometers Autobahn kostet pro Jahr 700.000 Schilling - die Bundesstraße kommt mit 150.000 bis 190.000 Schilling pro Jahr aus.
* Die Umwelt wird unwiderruflich zerstört. Ein Kilometer Autobahn versiegelt 20 Hektar wertvolles Land. Ein Autobahnkleeblatt frißt eine Fläche in der Größe der Salzburger Altstadt. Abgase und Lärm belasten Mensch und Natur.

Für die Autobahn sprechen die Pyhrnautobahn AG, die Baufirmen, die Frächter, die EG und der Wirtschaftsminister. Und das reicht.

Dabei bestand jahrelang kein wahrnehmbares öffentliches Interesse am Bau der Autobahn. Bis zum Jahre 1984 wurde offiziell der Standpunkt vertreten, daß mit dem Bau erst begonnen werden sollte, wenn das Verkehrsaufkommen auf der Pyhrnroute drastisch gestiegen sei.

Das Verkehrsaufkommen blieb im großen und ganzen konstant. Drastisch stieg allerdings nach dem Scheitern der Hainburger Kraftwerkspläne etwas anderes: die brachliegenden Kapazitäten der österreichischen Bauwirtschaft. Hainburg war gestorben. Und die Pyhrnautobahn erwachte zum Leben.

58 Ebda., S. 5.

Am 15. Mai 1987 rückten die Bagger aus. Autobahngegner trafen zum gewaltlosen Widerstand ein. Am 29. Mai demonstrierten hunderte Betroffene auf der Bundesstraße gegen den Bau. "Dieser Kleinkrieg gegen die Schöpfung, der da abläuft, macht die Landschaft zum Maschinenfutter. Die gefräßigsten Raupen sind die Planierraupen - gegen sie hilft kein Spritzmittel von der Chemie Linz, sondern nur die Vernunft", warnte Bernd Lötsch vor dem Autobahnbau.[59]

Fünf Tage später kam die Umweltministerin auf Besuch. Sie sei nicht kompetent, aber ob man nicht mehr auf Stelzen bauen könne... Sie könne sich hier nicht so klar entscheiden... Erst als ihr ein Autobahngegner eine 1000-jährige Eiche zeigte, die der Autobahn im Wege steht und geschlägert werden soll, kam Flemming in Fahrt: Um diese Eiche müsse die Autobahn auf jeden Fall einen Bogen machen. Tausendjährige Natur wird geschützt - Anrainer werden leider nicht so alt.

Möglicherweise wird die Pyhrnautobahn nie fertig. Dann war es aber weder die plötzliche Bekehrung des Robert Graf noch seine Ablösung durch Wolfgang Schüssel. Dann war es das Diktat der leeren Kassen. Denn zumindest der Finanzminister weiß, daß sich der Staat das krebsartige Wuchern des Autobahnnetzes längst nicht mehr leisten kann.

Gebaut wird jedenfalls, was man nicht braucht. So und nicht anders muß das Motto der Straßenbauer lauten. Der Verkehr wird nachher erzeugt, und die Autokanäle bekommen damit wenigstens mit Verspätung ihren verkehrspolitischen Sinn.

Das alles ist meist streng legal. Der Wirtschaftsminister, die Bau-Abgeordneten und die Unternehmer selbst machen das untereinander aus. Manchmal schimmern jedoch andere Strukturen durch. Dann ist Palermo zu Gast in Wien.

Als der ÖVP-Sektionschef Schmelz dem ÖVP-Bauunternehmer Eberhard rund eine halbe Milliarde Schilling ohne ersichtliche Gegenleistung für den Neubau des Staatsarchivs zukommen ließ, war das ein ganz normales Geschäft - bis sich der Rechnungshof darum kümmerte. *"Dem Bund entstanden somit aus der vertragsgegenständlichen Preisgleitungsregelung insgesamt bis Bauende zumindest Mehrkosten von rund 80 Millionen Schilling für das Staatsarchiv bzw. 220 Millionen Schilling für das Gesamtvorhaben Erdbergstraße."* [60] Schmelz hatte seinem Parteifreund Eberhard einen Baupreisindex zugutekommen lassen, der ihm mit einem Handstreich 220 Millonen brachte. Rund eine halbe Milliarde hätte nicht von Staat an privat gehen müssen. Der Wirtschaftsminister stellte sich

59 Rede von Bernd Lötsch bei der Demonstration am Dornleithenberg am 29. Mai 1987.

60 Rechnungshof-Rohbericht "Staatsarchiv", Wien 1989, S. 114.

trotzdem mit der ganzen Breite seines Mascherls gegen den überfälligen Abschied seines Sektionschefs und Parteifreunds.

Wahrscheinlich ist das alles ganz normal. Dann ist es aber höchste Zeit, etwas an der Normalität zu ändern.

Fall II: die E-Wirtschaft

Geld spielt keine Rolle. Nach diesem Grundsatz lebt die Elektrizitätswirtschaft bis heute und belegt, daß für sie weit jenseits von Markt oder Staat ihre eigenen Gesetze der Verschwendung gelten.

Die EVU sind Umsatzmaximierer. Nicht der größtmögliche Gewinn oder der rationellste Einsatz der Mittel prägen ihre Unternehmenspolitik. Es geht ihnen vor allem um das Wachstum ihrer Grenzen. Die Kosten dafür tragen andere.

Die Rechtfertigung ist simpel: Die Wirtschaft wächst, also müssen wir mitwachsen. Spätestens seit der Entkoppelung von Wirtschaftswachstum und Energieverbrauch stimmt das nicht mehr. Die Behauptung wird trotzdem hartnäckig weiter aufrechterhalten.

Das Mittel für diese Politik ist der gespaltene Stromtarif. Weit fernab jeder Preisechtheit haben sich mit fünf Tarifgruppen fünf Klassen von Stromkonsumenten herausgebildet: private Haushalte, Landwirtschaft, Gewerbe, Industrie und Sonderabnehmer. Industrie und Sonderabnehmer kassieren, Haushalte und Gewerbe zahlen. Der billige Strom schafft sich den Markt und drängt die Betriebe zum Verbrauch. In den fünfziger und sechziger Jahren hat das mit zur überdimensionierten energieintensiven Grundstoffindustrie geführt. Jetzt, in der Wirtschaftskrise und bei stagnierendem Energiebedarf, fehlt es an Abnehmern.

Der Ausweg heißt "Wärmemarkt". Mit gigantischem Werbeaufwand wird die Elektroheizung propagiert und gefördert. Und Haushalte und Gewerbe haben einen weiteren Subventionsfall durchzufüttern.

Mit der Heizungsoffensive zeigt sich die E-Wirtschaft von ihrer häßlichsten Seite. Die "sauberste Heizung, die es je gab", kann sich im Winter nicht aus den relativ sauberen und billigen Laufkraftwerken bedienen. Sie führen um diese Jahreszeit einfach zuwenig Wasser. Die E-Wirtschaft holt sich den Strom dafür aus extrem schmutzigen kalorischen Kraftwerken und aus extrem teuren Speichern.

Eine komplizierte und widersprüchliche Organisationsstruktur führt zu weiterer Verschwendung. Im bundesweiten Verbundkonzern weiß eine stromverkaufende Landeselektrizitätsgesellschaft nicht, was die andere tut. Und die stromproduzierenden Sondergesellschaften tragen ihren Teil nach Kräften dazu bei. Im Sommer etwa exportiert die Verbundgesellschaft Bandstrom zu Dumpingpreisen, während in Wien teure und schmutzige kalorische Kraftwerke auf vollen Touren laufen.

Die Verschwendung ist in der inneren Preisbildung des Verbunds bereits einkalkuliert. "Die einzelnen Sondergesellschaften erhalten einen Anteil am Konzerngewinn der Verbundgesellschaft. Diese Regelung ist für die potentiell gewinnbringenden Unternehmen frustrierend, für die programmierten Verlustunternehmen kein Anreiz zu einer Verbesserung des Betriebsergebnisses. Es bestehen daher für die Sondergesellschaften keine unternehmerischen Anreize zur kostengünstigen Produktion." [61]

Daß das alles so klaglos funktioniert, hat viel mit der besonderen Rechtsform der E-Wirtschaft zu tun. Formell verstaatlicht, war sie als Aktiengesellschaft immer so weit dem direkten staatlichen Zugriff entzogen, daß sie energiewirtschaftlich machen konnte, was sie wollte, dem öffentlichen Einfluß aber noch genügend ausgeliefert, um den Interessen politischer, regionaler und industrieller Lobbies Rechnung tragen zu müssen. Vertreter der Zulieferfirmen, der Bauindustrie und der Landesgesellschaften tummeln sich ebenso erfolgreich in den Aufsichtsräten wie Vertreter der traditionellen politischen Parteien. Ein Auftrag da und ein Inserat dort, und die Interessensvertreter vertreten beidseitig - ihre Interessen im Verbund, die Verbundinteressen in ihrer wirtschaftlichen oder politischen Heimat.

Der Bau des Tiroler Speicherkraftwerks Durlasboden kann hier als Beispiel für viele stehen:

* Der Vorstand der TKW wollte den 'gut eingespielten technischen Apparat der Firmen, die am Kraftwerk Schwarzach arbeiteten, weiterbeschäftigen'...
* Es solle mit dem Bau begonnen werden - auch bei unklarer finanzieller Situation - wenn begonnen würde, wäre es unwahrscheinlich, daß das Bauwerk nicht weitergeführt wird.
* Der Baubeschluß ist Formsache, wichtig ist, daß gebaut wird.
  Schlußfolgerung des Rechnungshofs: Der Speicher Durlasboden sollte offensichtlich 'um jeden Preis gebaut werden'.[62]

Natürlich gibt es eine Alternative: Der billigste Strom wird nach wie vor in Negawatt - in nicht verbrauchter und gesparter Energie - gemessen. Bis die E-Wirtschaft das wirtschaftlich und ökologisch Vernünftigste tun wird, muß wahrscheinlich noch viel Wasser durch die Stauräume fließen.

61 Franz KOK: Gemma Strom schaun. in: K.O. Umwelt 88. Ein Report der Grünen, Wien 1988, S. 17.
62 Ebda.

"Wir machen die Gewinne, mit denen wir dann unsere zivilen Produktionen modernisieren." Fünfzehn Jahre lang haben die Rüstungsmanager immer dieselbe Geschichte zum besten gegeben. Und fünfzehn Jahre lang haben ihnen die Eigentümervertreter, der Verstaatlichtenminister und der Finanzminister, treuherzig geglaubt.

Nach dem Platzen des Noricum-Skandals stehen die Herren jetzt vor den Trümmern ihrer Firmenpolitik. Die Voest hat mehrere Milliarden verloren, und die Steyr-Daimler-Puch AG hungert sich von einer Rüstungskrise zur anderen. Ein Teil der Voest- und Noricum-Spitzen sitzt jetzt endlich mit großer Verspätung auf der Linzer Anklagebank. Ihr Geschäft geht weiter.

Rüstungsproduktion war in Österreich eigentlich immer nur in zwei Fällen ein Geschäft: Wenn man an jemanden lieferte, der die Waffen dringend brauchte, oder wenn man seine Ladenhüter wieder einmal beim Bundesheer abladen konnte. Seit der Dritten Welt endgültig das Geld ausgegangen ist, läuft das Geschäft nicht mehr. Konnte man sich bis zum Ende der siebziger Jahre noch in der Grauzone der österreichischen Gesetze bewegen, so ist es damit seit 1980 vorbei. Die einzigen beiden bedeutenden Kriegsmaterialexporte nach 1980 gingen in den Golfkrieg - an den Irak und an den Iran. Mit ihnen ist das Waffengeschäft in Österreich nun auch offiziell hochkriminell geworden.

Immer dann, wenn die Ladenhüter alle Lager sprengen, klopfen die Waffenhändler beim Bundesheer an. Dann wird aufgerüstet. So brachte die Steyr-Daimler-Puch AG in drei Jahren 134 Jagdpanzer Kürassier an den Mann. Die Gesamtkosten für den Staat überstiegen die zwei Milliarden-Marke bei weitem. Hunderte Millionen sind darüberhinaus für Exportgarantien draufgegangen. Und das Noricum-Desaster wird den Steuerzahler weitere zwei bis drei Milliarden Schilling kosten.

In den Bilanzen findet man nichts davon. Und die Manager plagt eine einzige Sorge: Landen sie gleich im nächsten Unternehmensvorstand oder müssen sie demnächst eine Karrierepause im Linzer Gefangenenhaus einlegen. Denn auch wenn der Noricum-Prozeß für etliche von ihnen schlecht ausgeht, ihre Auftraggeber bleiben ihnen bislang treu. Keiner der Manager, die Milliardenverluste erwirtschafteten, wurde entlassen. Von keinem wurde Schadenersatz gefordert. Im Gegenteil - die verstaatlichte Industrie stellt ihnen gratis die Rechtsvertretung für ihren Noricum-Prozeß zur Verfügung. Der Geschädigte steht finanziell für seinen Schädiger ein - ab einer bestimmten Position schlägt die Menschenliebe Purzelbäume.

In der Rüstungsproduktion und in der Verstaatlichten Industrie insgesamt sind die Manager streng nach ihren politischen Vorbildern kastenartig organisiert. Scheitert ein Generaldirektor, so macht ihn sein Stellvertreter zum Konsulenten, mit erhöhten Bezügen, versteht sich. Irgendwann kommt dann wieder der Konsulent zum Zug und der Generaldirektor wird versorgt. Bei jedem Wechsel werden Abfertigungen fällig - Bundeskanzler Vranitzky kann ein millionenschweres Lied davon singen. Zum Schluß winken Pensionen, neben denen die schönsten Lottogewinne verblassen.

Metastasen sind ein erstrangiges Krankheitssymptom. Sie entstehen in der Wirtschaft dort, wo Bürokratie und Geschäft ihre klebrigen Verbindungen eingehen. Wer nur Metastasen bekämpft, hat die Krankheit in der Regel nicht besiegt.

Bürokratie

Österreich ist ein Verwaltungsstaat. Sein Recht geht von der Bürokratie aus. Andere Länder hatten ihre bürgerliche Revolution. Wir warten immer noch darauf.

In Österreich ist der Bürger vor allem "Staatsbürger". Er ist dem Staat über fast alles Rechenschaft schuldig. Umgekehrt gilt das nicht.

In angelsächsischen Ländern etwa haben sich die Bürger über Jahrhunderte Informations- und Kontrollrechte erkämpft. In den USA ist es selbstverständlich, daß jedermann in einen großen Teil der Verwaltungsakten Einblick nehmen kann. Energieversorgungsunternehmen müssen die Grundlagen ihrer Preiskalkulationen grundsätzlich öffentlich darlegen und begründen, und live-Berichte aus den Parlamenten und ihren Ausschüssen gehören zur täglichen politischen Kultur.

Die österreichische Bürokratie lebt streng abgeschottet von der Gesellschaft. Das Zauberwort heißt "Amtsverschwiegenheit". Durch diesen Verteidigungswall dringt kaum etwas durch. Was einmal eine Aktenzahl hat, ist vor den Bürgern in Sicherheit.

Dem entspricht "Mentalität". Vielerorts trifft man auf völliges Unverständnis, wenn man etwa schildert, wie sich das Bundesheer in einem geheimen Bunker in der Salzburger Liechtensteinklamm im Rahmen des "Zentralen Auslagerungssystems" Duplikate über fast alle personenbezogenen Daten der Verwaltung beschafft hat. "Damit nichts verlorengeht" - das stößt bei vielen Menschen nach wie vor auf volles Verständnis. Nach wie vor gilt es als selbstverständlich, vor Amt als Bittsteller zu erscheinen. Und nach wie vor legitimiert eine Uniform fast alles. Am Weg vom Untertanen zum Bürger haben viele erst ein kleines Stück zurückgelegt.

Die Bürokratie hat hierzulande ein ganz eigenes Gewicht. Überall, wo gesellschaftliche Defizite auftreten, wird zuallererst nach einer bürokratischen Lösung gesucht. Dabei spielen verschiedene Interessen eine Rolle:

* Die Bürokratie lebt für sich selbst. Jede Menge unsinniger Tätigkeiten ergibt für sie einen klaren Sinn: Sie vermehrt und verstärkt sich.
* Die Bürokratie wirkt wie ein riesiger gesellschaftlicher Filter: Gut organisierte Interessen dringen durch, der einzelne hat keine Chance. Vor der Verwaltung ist niemand gleich.

Die österreichische Bürokratie ist ein Spiegel der Durchsetzungsfähigkeit einzelner Interessen. Für Zwecke des Kriegs sind 17 386 Vaterlandstreue[63] bedienstet. Dazu kommen noch 10 300 Zeitsoldaten und 32 000 Zwangsrekrutierte[64] im wehrfähigen Alter. Das Umweltministerium, das nebenbei auch für die Belange der Familien zuständig ist, bringt es demgegenüber auf ganze 283.

Die tägliche innerbürokratische Auseinandersetzung findet zwischen dem Wirtschaftsressort mit 4778 und dem Umweltministerium mit den genannten 283 Dienststellen statt. Beim bürokratischen Kleinkrieg um Grenzwerte, Verursacher und Verordnungen steht das Verhältnis zwischen Umwelt und Wirtschaft 1 : 17. Der Frieden zwischen den beiden ungleichen Gegnern ist allerdings längst geschlossen: Der Umweltministerin bleiben die Ankündigungen, dem Wirtschaftsminister die Resultate.

Sozialfabriken

In der Maschinenwelt hat der Mensch einen großen Nachteil: Er ist störungsanfällig. Der Mensch wird krank, alt, er hat Schmerzen und Probleme. Und da Gesundheit das höchste Gut ist, wird es auch wie ein solches produziert: in Fabriken, die in der Umgangssprache nach wie vor mit dem altmodischen Ausdruck "Krankenhaus" verharmlost werden.

Mechanisierung, Chemie, Arbeitsteilung und jetzt auch Mikroelektronik und Biotechnologie - die industrialisierte Landwirtschaft hat längst ihr Pendant in der industrialisierten Menschenwirtschaft gefunden.

63 Alle Dienststellenangaben aus: Bundesvoranschlag für das Jahr 1989, Wien 1989.
64 Sogenannte "Präsenzdiener".

"In einer gewaltigen Anstrengung sollen nun die Epidemien bekämpft, die Störungen ausgerottet, die Menschen begradigt werden." [65] Die Menschenreparatur spielt darin eine Schlüsselrolle. Ihr kommt nicht nur die Funktion der Wiederherstellung zu. Sie selektioniert. Ärzte und Sozialbürokraten prüfen das Objekt auf Reparaturtauglichkeit und weitere Verwendbarkeit. Rechts geht es dann in die Rehabilitation, links nach Lainz.

Soziale Sicherheit war ursprünglich die Antwort auf das sozialdarwinistische Ausleseprinzip der freien Konkurrenz gerade auch am Arbeitsmarkt. Die besondere Form des sozialen Netzes ist aber damit nicht erklärbar. Sie wird vor allem durch zwei Interessen geprägt:

* Die Gesundheits- und Sozialindustrie hat sich längst auch in großen, durchschlagskräftigen Konzernen organisiert. Sie verkaufen Medikamente, Maschinen und Organisation.
* Die Sozialbürokratie verwaltet das soziale Netz. Über ihre Spitzenpositionen kassieren die Vertreter der Großparteien und ihrer Verbände ihre Schutzgebühren. Je aufgeblasener, zentralisierter und unübersichtlicher das System ist, desto besser gedeiht die Bürokratie.

Das dritte, das Interesse des Patienten, spielt keine Rolle.

Genauso wie in der klassischen Maschinenwelt bleibt das Ergebnis, gemessen am Aufwand, erbärmlich.

Aussonderung

Lainz

"Die Opfer sind also anerkannt wertlose Geschöpfe in dieser Gesellschaft. Zu Alten und chronisch Kranken lebt man auf Distanz. Dem schleichenden sozialen Tod folgt die Verlegung ins Pflegeheim, in Anstalten mit niedrigem medizinischen, unzureichendem pflegerischen Niveau. An dieser Selektion, an der Aussiedelung der Untüchtigen, sind alle beteiligt. Auch die Minderausstattung der Anstalten und Krankenhäuser mit geschultem Personal ist politisch-ökonomisch vorbereitet, wird von allen hingenommen. Jenseits der Arbeitsfähigkeit verlieren fast alle den Anspruch auf Rehabilitation und Hilfe bei der Wiedereingliederung unter die Brauchbaren. Das wird toleriert. Das ist Konsens, gesundheitspolitische Verfassung." [66]

65 Peter GROSS: Der Schatten des Fortschritts. Soziale Befreiung oder Sozialherrschaft? In: M. OPIELKA: Die ökosoziale Frage, Frankfurt 1985, S. 202.

66 Werner VOGT: Arm, krank, tot. Argumente für ein gewaltloses Krankenhaus, Wien 1989, S. 18.

Werner Vogt hat das nach Lainz, nach der geilen Entrüstung über die Mordschwestern, geschrieben. Nach der Lainz-Debatte im Parlament kommt eine sozialistische Abgeordnete zu mir: Ich hätte das meiste richtig gesehen, aber ihr habe in meiner Rede die Verantwortung des Kapitalismus für das Geschehene gefehlt. Daß Stacher weitermachen kann, daß weiter selektioniert wird, daß sich wieder nichts ändert, das spielt keine Rolle. Nur den ideologischen Bauchaufzug, den hat sie bei mir vermißt.

Es ändert sich nichts. Alte, oft kranke und vereinsamte Menschen erfüllen ein wesentliches Kriterium für öffentliches Interesse nicht: Sie gelten nicht mehr als "brauchbar". Es muß schon zum individuellen Mord kommen, damit wenigstens einige auf den institutionellen Mord aufmerksam gemacht werden.

Es gibt nur eine Ausnahme: Wer es schafft, bis zum 100. Geburtstag irgendwie zu überleben, der kriegt einen Besuch vom Bürgermeister und einen Korb vom Konsum, in dem alles drin ist, was der Bürgermeister gern hat und was dem alten Menschen längst vom Speiseplan gestrichen worden ist. Dann bleibt der Mensch im Altensilo bis zum Ende allein.

Das Prinzip "Aussonderung" gilt für alle, die nach herrschenden Auslesekriterien nicht mehr gebraucht werden.

Ein Chaot am Opernball

In Februar 1987 kam Franz Josef Strauß nach Österreich. Der bayrische Ministerpräsident hatte gerade die offiziellen österreichischen Proteste gegen Wackersdorf abgekanzelt und war auf dem Weg zum Opernball.

Franz Josef Strauß hat sich in den letzten Jahren seines Lebens intensiv mit Österreich beschäftigt. Die Salzburger kriegten das Projekt Wackersdorf und alle Österreicher völlig umsonst einen Aids-Test, wenn sie nach Bayern wollen.

Die schlimmste Bedrohung der Menschheit ist die atomare Katastrophe. Atomwaffen und Atomkraftwerke bedrohen die gesamte Menschheit mit dem atomaren Chaos. Franz Josef Strauß war hauptverantwortlich für den Einstieg der BRD in beides. Franz Josef Strauß war ein bedeutender Chaot.

In einer Stadt, in der die Arbeitslosigkeit gerade unter Jugendlichen immer stärker steigt und die Maschen des sozialen Netzes zunehmend gelockert werden, empfinden immer mehr Menschen den Opernball als Provokation. Die Reichsten des Landes schließen sich in der Oper ein und prassen mit Regierung und einigen Hofkünstlern - und nur wenige

Schritte entfernt werden rund um die Zeit, wenn es auf Bällen so richtig lustig wird, die Obdachlosen aus der U-Bahnstation Karlsplatz vertrieben.

Im Februar 1987 wurde die Provokation "Opernball" durch die Provokation "Franz Josef Strauß" für viele ins Unerträgliche gesteigert. Eine Protestkundgebung vor der Oper verlief ohne wesentliche Zwischenfälle, bis die Polizei zur Tat schritt. Ich habe die Polizeiübergriffe selbst miterlebt. Aus der Verteidigung des obszönen Festes in der Oper wurde innerhalb von Minuten der haßerfüllte Totalangriff auf jene, die allein durch ihre Existenz die Ordnung stören.

Wir haben im Parlament Punkt für Punkt nachgewiesen, daß die Polizeiprovokation bewußt und geplant gesetzt wurde. Wir haben die Täter benannt und die Opfer zu Wort kommen lassen. Den Haß, der den Demonstranten vor der Oper von vermummten und schwer bewaffneten Polizisten entgegengeschlagen ist, haben wir im Parlament ein zweites Mal erlebt. Wenn es gegen Außenseiter geht, findet sich ganz automatisch die ganz große Koalition der Parlamentarier mit dem "gesunden Volksempfinden". An dem Tag kannte das Parlament keine Sozialisten, keine Konservativen und keine Freiheitlichen mehr - da wurde ganz einfach die Sau rausgelassen.

Das ist die Humanität der sozialen Marktwirtschaft: tausende Alte in Silos in Sterbebereitschaft, zehntausende ohne Wohnung auf der Straße, tausende Jugendliche im Aus. Wer auffällt, wird eingewiesen oder eingesperrt.

Es gibt eigentlich nur einen großen Unterschied zwischen den jungen Autonomen und den alten Isolierten: Während die alten und kranken Menschen längst keine Kraft mehr haben, um sich zu wehren, leisten die jungen Widerstand gegen ihren sozialen Untergang: offen, direkt, voll Haß auf jene, die sie für ihre Chancenlosigkeit verantwortlich machen. Sie haben keine Strategie und keine Perspektive. Sie sind so destruktiv wie die Gesellschaft, die sie ausgesondert hat. Und sie werden mehr, wie die Probleme, die sie ins autonome Eck getrieben haben.

Mit Polizei geht da schon lange nichts mehr.[67] Aber offensichtlich haben sich österreichische Sozial- und Kommunalpolitiker in den Kopf gesetzt, auch hier einmal ein brennendes Kreuzberg zu erleben.

67 Der Wiener Moralphilosoph Jean Margulies, der als Vertreter der GE im Bundesvorstand des ÖGB sitzt, hat schon vor vielen Jahren vor dieser Entwicklung gewarnt. Man hat auch auf ihn nicht gehört.

Frauen

Frauen erwirtschaften zwei Drittel des Reichtums der Welt und verfügen über ein Zehntel von ihm. Das schätzte die UNO vor zehn Jahren.

Die Ungleichheit ist so groß, daß sich die meisten Frauen noch immer mit einer Forderung nach gemilderter Ungleichheit begnügen. "Gleicher Lohn für gleiche Arbeit" - das geht am Kern der Sache weit vorbei. Die Ungleichheit besteht in erster Linie darin, daß Frauen im eigenen Land in Billiglohninseln gedrängt werden. Der Textilarbeiterin nützt es gar nichts, wenn sich in der Stahlindustrie das "Gleicher Lohn - gleiche Arbeit"-Prinzip durchsetzt. Sie zahlt weiter drauf.

Daß fast ein Fünftel der Frauen, aber nur 4,7 Prozent der Männer pro Monat weniger als 6640 Schilling verdient[68], ist keine Leistungs-, sondern eine Bewertungsfrage. So, als ob unsere Gesellschaft vom Steineheben leben würde, wird die rohe körperliche Kraft im Gegensatz zur Geschicklichkeit und Fingerfertigkeit honoriert. Für Lärm und Schmutz gibt es Erschwerniszulagen - für die typisch weiblichen Erschwernisse wie Monotonie, hohe Konzentration und Nervenbelastung gibt es nichts.

Der Europäische Gerichtshof hat in dieser Frage längst zugunsten der Frauen geurteilt.[69] Genützt hat es nichts.

In zehn Jahren wurden der Gleichbehandlungskommission elf Fälle vorgelegt. Zwei davon sind inzwischen zurückgezogen worden. Der Rest wurde abschlägig behandelt.

Ein Großteil der Frauenarbeit kommt aber nicht einmal in die Nähe der Lohnabhängigkeit. Als Hausfrauen, als billige Arbeitskräfte in der Landwirtschaft und als stündlich bereite Reservearmee für alle Formen von Teilzeitarbeit bis zum stundenweisen Einspringen im Weihnachtsgeschäft bleiben sie im Schatten der offiziellen Wirtschaft - ohne Sozialversicherung, ohne Pensionsanspruch und damit ohne die wirtschaftliche Selbständigkeit, die trotz allem ein formelles Arbeitsverhältnis bietet.

Solange Einkommen an das Schema vom männlichen Familienerhalter gebunden sind und Frauen am Arbeitsmarkt nur dann Platz finden, wenn bei den Männern Not am Mann ist, solange wird die Unterdrückung der Frau auch ökonomisch besiegelt bleiben.

Daß das so ist, hat aber kaum ökonomische Gründe. Müßte sich im Verhältnis Mann-Frau alles den Gesetzen des Marktes beugen, dann stünden die qualifiziertesten Frauen längst in direkter Konkurrenz mit

68 Bundesministerium für Arbeit und Soziales: Sozialbericht 1988, Wien 1989, S. 254.

69 S. Ninon COLNERIC: Gleichberechtigung von Mann und Frau im Europäischen Gemeinschaftsrecht, in: Betriebsberater, Heft 14, 20.5.1988, S. 970 ff.

ihren männlichen Pendants um die Führungspositionen in Wirtschaft und Politik. So kochen sie ihnen in der Regel den Kaffee. Die Stellung der Frau in der Erwerbsarbeit entspringt ihrer Stellung gegenüber dem Mann.

Vielleicht ist es tröstlich, daß einige[70], die von Grünen gern gelesen werden, aus der Not eine Tugend machen und zur Heroisierung des informellen Sektors unter dem Titel "Dualwirtschaft" schreiten. Die steigende Produktivität ließe die Arbeit ausgehen. Jeder müsse weniger arbeiten und habe Zeit für informelle Arbeiten. Vom Reich der Notwendigkeit könne ein wichtiger Schritt in Richtung Reich der Freiheit getan werden.

Wie das aber für die Trägerinnen der Arbeit im informellen Sektor funktionieren soll, darüber schweigen sich die Autoren in der Regel ebenso aus wie über den Umstand, daß ja nach wie vor die zentralen wirtschaftlichen und sozialen Entscheidungen im formellen, männlichen Sektor fallen. Die Männer werden jedenfalls kaum freiwillig aus dem formellen in den informellen Bereich übersiedeln. Und die Frauen werden, wenn man die Entwicklung sich selbst überläßt, an der Stelle der neuen Dualwirtschaft die alte Doppelwirtschaft vorfinden.

Die Beziehung zwischen den Geschlechtern ist nach wie vor von Herrschaft und Unterwerfung gekennzeichnet. Keiner käme auf die Idee, Männer vor Frauen zu schützen. Nach fast zwei Jahrzehnten Frauenbewegung spricht es sich dagegen langsam herum, daß Frauen auch im Zeitalter der Partnerschaftsbeschwörungen die Angegriffenen sind. Die parlamentarische Diskussion um die Vergewaltigung in der Ehe hat es wieder gezeigt: Den großen Lippenbekenntnissen folgt der geschickte Einbau von Hintertüren für die gewalttätigen Geschlechtsgenossen.

Vergewaltigung war früher ein Ermächtigungsdelikt. Jede Frau mußte zur Strafverfolgung erst ihre Zustimmung geben. Dieser rechtlich in jeder Hinsicht einmalige Zustand ist jetzt beseitigt. Vergewaltigung ist jetzt ein Offizialdelikt. Das ist ein Fortschritt. Die Hintertür: Der Frau wird die Möglichkeit zur Zurückziehung der Klage gegeben. Damit ist der soziale Druck auf die mißbrauchte Frau vorprogrammiert. Familie, Verwandte und Bekannte garantieren in der Regel dafür, daß die Frau doch nicht gegen den eigenen Mann...

Bei Vergewaltigung werden Hintertüren eingebaut. Bei der täglichen Belästigung sind sie gar nicht notwendig.

Die Zukunft herrschaftsfreier Geschlechterbeziehungen kann nur in der völligen ökonomischen und sexuellen Selbstbestimmung der Frauen

70 Z.B. André GORZ: Leben, ohne zu arbeiten? Das Ende der Politik der Vollbeschäftigung, Hamburg 1980.

liegen. Dabei geht es nicht nur um den Schutz der Person vor sexueller Gewalt. Es geht um die Verwirklichung sexueller Grundrechte, um das Recht auf gewaltfreie Liebesverhältnisse.

Die vier Grundfragen

Für die studentische Linke der späten siebziger und der frühen achtziger Jahre war die Sache noch einfach: Es gibt einen Hauptwiderspruch, und das ist der zwischen Arbeit und Kapital. Basta. Dann kam die Frauenbewegung, und wenige Jahre später begannen die ökologischen Fragen, alles andere in den Hintergrund zu drängen. Natürlich haben die Unterdrückung der Frauen und die Zerstörung der Natur ihre besondere Form unter den Bedingungen kapitalistischen Wirtschaftens angenommen. "Kapitalismus" als Generalantwort auf alle Fragen hat aber unwiderruflich ausgedient.

Vier miteinander verbundene Grundfragen stellen sich heute der neuen Opposition:

* Wird die Jagd nach einzelwirtschaftlichen Profiten weiterhin die einzig gültige Form der Wirtschaft bleiben?
* Wird sich die Herrschaft des Staats weiter an die Stelle der politischen Selbstbestimmung der Gesellschaft setzen?
* Wird die Unterdrückung und Ausbeutung der Frauen weiterhin die Mehrheit der Menschen von gleichen Rechten ausschließen?
* Und wird trotz aller Warnungen weiterhin versucht, den Endsieg über die Natur zu erringen?

Drei dieser Fragen sind Lebensfragen der Menschheit. Die vierte ist die Überlebensfrage.

DIE NEUE QUALITÄT DER KRISE

Die stoffliche Seite

Alles wächst. Das ist ein Grundsatz, der nach wie vor gilt. Und: Wachstum ist abstrakt. Gebannt starren alle auf einige wenige wichtige Kennziffern: Börsenkurse, Umsätze, Produktionsmengen und vor allem: BIP - Bruttoinlandsprodukt. Was hier wirklich wächst - Militärausgaben oder Sozialbudget etwa - interessiert weniger.

Diese Haltung hat Tradition. Nicht nur jene, die schon immer das Bestehende verteidigten, sondern auch jene, die Anfang dieses Jahrhunderts die Gesellschaft grundlegend verändern wollten, vertraten den Grundsatz: Die Produktivkräfte müssen wachsen, egal wie hoch der menschliche Preis ist, der dafür zu bezahlen ist.

Rosa Luxemburg, in vielem eine der weitsichtigsten und offensten Denkerinnen der Arbeiterbewegung, trat für das ungehemmte kapitalistische Wachstum ein, ohne sich - im Gegensatz zu den Sozialdemokraten - über den Preis dafür etwas vorzumachen: "Es ist klar, daß das, was die Technik der Produktion betrifft, das Interesse des einzelnen Kapitalisten mit dem Fortschritt und der Entwicklung der kapitalistischen Wirtschaft vollkommen zusammenfällt. Es ist die eigene Not, die ihn zu Verbesserungen anspornt. Die Stellung des einzelnen Arbeiters hingegen ist gerade entgegengesetzt: Jede technische Umwälzung widerstreitet den Interessen der direkt dadurch berührten Arbeiter und verschlechtert ihre unmittelbare Lage, indem sie die Arbeitskraft entwertet, die Arbeit intensiver, eintöniger, qualvoller macht. Insofern sich die Gewerkschaft in die technische Seite der Produktion einmischen kann, kann sie offenbar nur in letzterem Sinne, d.h. im Sinne der direkt interessierten einzelnen Arbeitergruppen handeln, d.h. sich Neuerungen widersetzen. In diesem Falle handelt sie aber nicht im Interesse der Arbeiterklasse im ganzen und ihrer Emanzipation, das vielmehr mit dem technischen Fortschritt, d.h. mit den Interessen des Kapitalisten übereinstimmt, sondern gerade entgegengesetzt, im Sinne der Reaktion." [71]

Was Rosa Luxemburg hier noch kritisch formulierte, war für die Sozialdemokratie - und damit für die einzige wichtige verändernde Kraft in Österreich - eine Selbstverständlichkeit, weit jenseits jeder Kritik. Mit der Anpassung der SPÖ ging der Blick auf die Produktion weitgehend ver-

71 Rosa LUXEMBURG: Sozialreform oder Revolution? in: Gesammelte Werke Bd.1/1, Berlin 1974, S. 389.

loren. Was blieb, war die Verteilung und die Vorstellung, es handle sich bei Wirtschaft um nichts anderes als um einen Kuchen, von dem man nicht mehr nur die Brösel, sondern ein schönes Stück haben wollte. Die Vorstellung, dafür müsse der Kuchen möglichst schnell wachsen, entwickelte sich zur fixen Idee.

Damit standen schon am Anfang des Jahrhunderts die wichtigsten Glaubenssätze fest:

* Wirtschaft ist gut, Industrie ist am besten. Alles soll industrialisiert und mechanisiert werden - zuerst das Gewerbe, dann auch die Landwirtschaft, heute die geistige Arbeit.
* Jede Industrie ist gut. Die größte ist die beste. Die einzige Ausnahme, die anfänglich noch gemacht wurde - die Rüstungsindustrie - schaffte spätestens nach dem Zweiten Weltkrieg die Wandlung zum Guten.
* Zwischen Unternehmern und Sozialdemokratie herrscht Arbeitsteilung. Die Unternehmer unternehmen, und die Sozialdemokratie schaut, daß dabei auch etwas für die Arbeiter abfällt.
* Was produziert wird, ist Sache der Unternehmer und geht weder Arbeiter noch Sozialdemokratie etwas an.
* Ist die Produktion ungesund, soll der Arbeiter - wenn möglich - dafür bezahlt werden.
* Später einmal - aber das werden wir alle nicht mehr erleben - wird alles anders. Ehrenwort.

Auf Partei- und Gewerkschaftstagen mit religiöser Inbrunst vorgetragen, wagte für Jahrzehnte niemand den Frevel der Kritik am rechten sozialdemokratischen Glauben. Und die Fakten schienen der Pfarre in der Wiener Löwelstraße recht zu geben:

* Den Arbeitern und den Armen geht es materiell besser als vor hundert Jahren.
* "Jeder" kann sich heute das "Wichtigste" leisten: Auto, Fernsehgerät und - oft auch - Einfamilienhaus.
* Und ein dichtes soziales Netz sorgt, daß keinem etwas passiert.

Daß der Preis dafür enorm hoch war, steht inzwischen fest. Die Umwelt wurde weitgehend verwüstet, der Mensch der Monotonie der Maschine unterworfen, und die Allmacht des Staates tritt Schritt für Schritt an die Stelle der Freiheit des Einzelnen.

"Anders ging das nicht." Das ist das letzte Argument, das zur Rechtfertigung des Prinzips "Wachstum durch Zerstörung" blieb. Alles war historisch "zwangsläufig".

Man hat sich nicht wehren können. Dieses Argument findet man dort immer wieder, wo historisches Versagen nicht anders mehr entschuldigt werden kann. Egal, ob der Siegeszug des Nationalsozialismus gegen die Demokratie oder des Autos gegen die Eisenbahn - es war unausweichlich. Der "objektive Wille der Geschichte" entschuldigt alles - und egal, ob man systematisch bei der Zerstörung der Demokratie oder des Handwerks mitgetan hat, man hat immer nur seine Pflicht erfüllt.

Basistechnologien

Basistechnologien wechseln einander in großen Abständen ab. Dabei handelt es sich prinzipiell nicht um ein- und dasselbe. Grundsätzlich gibt es zwei Arten dieser Technologien: offene und geschlossene.[72] Offene Technologien lassen mehrere gesellschaftlich bedingte Ausformungen und Anwendungen zu, geschlossene Technologien dagegen nur eine. Die Mikroelektronik etwa gehört im großen und ganzen zur Gruppe der offenen, die Atomenergienutzung zur Gruppe der geschlossenen Basistechnologien. Offene Technologien bieten Chancen: zur Konservierung herkömmlicher Strukturen ebenso wie zu deren Überwindung.

Um sich in diese Grundsatzentscheidungen einmischen zu können, bedarf es allerdings einer Voraussetzung: des Interesses an der stofflichen Seite der Produktion und an den Produkten selbst. Wem egal ist, was, für wen und unter welchen Bedingungen produziert wird, der überläßt diese Entscheidung jenen, die sich mit gutem Grund dafür ebensowenig interessieren - den einzelnen Unternehmern und ihren Vertretungen. Ihre Zielgrößen heißen Umsatz und Gewinn - und die konkreten Eigenschaften der Produkte interessieren sie nur, soweit sie die Rentabilität des Unternehmens erhöhen.

Manchmal kommt es allerdings dazu, daß Unternehmer Produkte aus politischen und moralischen Erwägungen ablehnen. Es war aber kein Zufall, daß auf Unternehmerseite in erster Linie Lebensmittelproduzenten und Spielzeughersteller die Produktion von Rüstungsgütern ablehnen. Sie haben eben nichts damit zu tun.

In der langen Entwicklung der kapitalistischen Wirtschaft hat es immer wieder die Möglichkeit anderer Schlüsselprodukte und anderer Produktionsformen gegeben. Es war zu Beginn dieses Jahrhunderts alles andere als ausgemacht, daß sich das langsame, laute und stinkende Auto auf miserablen Straßen gegen die damals moderne und gut vernetzte Eisen-

72 Siehe André GORZ: Wege ins Paradies, Berlin 1983.

bahn durchsetzt. *"Es bedurfte denn auch eines halben Jahrhunderts und eines weiteren Weltkriegs, bis der Straßenverkehr den Schienenverkehr von Platz 1 im Transportsektor verdrängte, und eines weiteren Vierteljahrhunderts, bis der Schienenverkehr in den hochentwickelten imperialistischen Ländern in eine Randposition gedrängt war, von der aus er keine ernsthafte Konkurrenz zum Straßenverkehr mehr darstellt. Es war ein Sieg der 'privaten Freiheit' über den 'staatlichen Zwang'; genauer: ein Sieg des privaten Kapitals über die inzwischen fast überall verstaatlichten Eisenbahnen."* [73] Die Weichenstellungen hängen damit nicht nur von der Qualität der neuen Technologie ab - sie haben in erster Linie mit den Interessen zu tun, die ihnen zum Durchbruch verhelfen.

Lange Wellen und große Gabelungen

Die Durchsetzung der kapitalistischen Produktionsweise ging Stück für Stück, Schub für Schub vor sich. Und mit ihr setzte sich auch das ständige Auf und Ab der Wirtschaft durch. Wirtschaftskrisen, früher plötzliche, überraschende und unerklärliche Einbrüche, wurden zur mehrjährigen Regel. Alle paar Jahre Krise und dann wieder Erholung - begleitet von diesen zyklischen Schwankungen wuchs die kleine Enklave "kapitalistische Wirtschaft" bis zum heutigen beherrschenden Weltmarkt an.

Neben diesen kurzfristigen Konjunkturzyklen beobachten Ökonomen und Statistiker konjunkturelle Schwankungen über weit längere Zeiträume.[74] Bisher sind vier "langen Wellen" der Konjunktur mit ihrer rund fünfzigjährigen Dauer für die Industrieländer plausibel belegt worden.

Beim Hinweis, daß lange Wellen keine zufälligen Randerscheinungen, sondern Ausdruck zentraler Verhältnisse unseres Wirtschaftssystems sind, treffen einander fast alle. Bei den Rezepten zum Umgang mit langfristig krisenhaften Entwicklungen und Entscheidungen am Wendepunkt von der langen Depression zur Aufwärtsentwicklung hört sich die Einigkeit auf. Manche - wie Josef Huber - empfehlen nur etwas guten Willen aller Beteiligten. *"Indes sind (die Bemühungen) vorhanden, und sie bedeuten, daß ein großer Krach vermieden werden kann, wenn alle Beteiligten weiter die Nerven behalten und Zeit schinden - Zeit, in der die Industrie sich weiter*

73 Winfried WOLF: Eisenbahn und Autowahn, Hamburg 1987, S. 92.

74 Einen ersten Versuch zur theoretischen Erklärung der langen Wellen unternahm der russische Statistiker Nikolai KONDRATIEFF. Im Rahmen der bürgerlichen Nationalökonomie wurden seine Überlegungen v.a. von Joseph SCHUMPETER, auf marxistischer Seite von Leo TROTZKI und Ernest MANDEL weiterentwickelt.

umorientieren kann auf neue Basisinnovationen. Bisher geschah dies immer bruchhaft-zwanghaft, nach dem Motto, wer nicht sehen will, muß fühlen, und bist du nicht willig, so braucht es Gewalt. Dies müßte nicht so bleiben."[75]

Der Autor weiß allerdings ohnehin, daß es allen guten Einigungsratschlägen zum Trotz so bleiben muß. *"Der Konflikt wird bleiben, daß die einen den Übergang verzögern und andere ihn beschleunigen wollen - die einen, um ihre Macht zu erhalten, die anderen, um Macht zu gewinnen oder zuzugewinnen."* [76] Die einen - das sind die Branchen und Basistechnologien, die am Ende ihres Lebenszyklus angelangt sind, die anderen sind die neuen Industrien.

"Hier wird der Generationenwechsel entscheiden", prognostiziert Huber.[77] Das greift zu kurz. Der Generationenwechsel wird es kaum sein, der über eben den Generationenwechsel entscheidet. Form, Zeitpunkt und Geschwindigkeit der Ablöse in Technologie und Industrie wird über die Konkurrenz entschieden - und hier setzt sich, wie in dieser Wirtschaftsform üblich, der Stärkere gegen den Schwächeren und der Modernere gegen den Zurückgebliebenen durch. Die betroffenen Menschen spielen dabei keine Rolle. Im großen Wechsel der Basistechnologien sind sie bestenfalls "Produktionsfaktoren" - Spielmasse des wirtschaftlichen Umbruchs.

Der Vernichtungskampf wird am Markt ausgetragen, und die Krise dient als Instrument zum Kehraus der sterbenden Betriebe. Freiwillig gehen Stahlwerke, Kohlengruben und Raffinerien nicht zugrunde. Mit staatlichen Subventionen aufgeputscht und von konservativen Gewerkschaften gestützt, wehren sie sich krampfhaft gegen den Untergang. In ihrem plötzlichen Sturz reißen sie Millionen Beschäftigte und dutzende Regionen mit.

Dieser Prozeß ist längst im Gange. Die englischen und elsässischen Industrieruinen finden ihre Pendants in Österreich. Felten & Guilleaume in Kapfenberg-Diemlach und die Pottendorfer Textilfabrik legen Beispiel davon ab.

75 Josef HUBER: Die verlorene Unschuld der Ökologie, Frankfurt 1986, S. 33.

76 Ebda., S. 80.

77 Ebda., S. 80.

Die Zukunft den Zukunftsindustrien

Die Industrie der Zukunft entsteht heute. Auf den Trümmern der alten, schmutzigen Stahlwerke entstehen die neuen, "sauberen" Fabriken. Scheinbar unabhängig vom Menschen, setzen sie sich quasi naturgesetzlich durch. Am Ende einer langen Welle formiert sich wieder einmal das Neue - und wird zur Kenntnis genommen.

Auf diese Art und Weise hat sich schon vor zweihundert Jahren die Dampfmaschine durchgesetzt. Die Gesetze, die scheinbar unabhängig vom menschlichen Willen zur Ablöse der Muskelkraft durch die Maschine geführt haben, gelten auch für die Umwälzungen der Gegenwart. Die Dampfmaschine mag zwar neben Biotechnologie und Lasertechnik wie das längst Versunkene erscheinen - die Ziele und die Art ihrer Durchsetzung sind die gleichen.

Die Technik des 21. Jahrhunderts setzt sich in den Formen des 19. Jahrhunderts durch. Möglich ist das nur, weil sich an den Grundlagen nichts Wesentliches geändert hat:

* Es ist nach wie vor eine kapitalistische Wirtschaft, die die ihr gemäßen Technologien durchsetzt.
* Nach wie vor bestimmt fast ausschließlich die Konkurrenz einzelner Unternehmen um die höchsten Gewinne die wirtschaftliche Entwicklung.
* Und nach wie vor halten sich Parteien und Verbände heraus, wenn es darum geht, was unter welchen Bedingungen für wen morgen produziert werden soll. Erst wenn es an die Verteilung geht, halten sie die Hand auf.

Das Entwicklungsmuster ist immer gleich: Die Industrie bringt eine neue Technologie zur Produktionsreife, staatliche Förderung setzt automatisch ein, Politiker halten das Standardreferat von den neuen Arbeitsplätzen, und Gesetze werden der neuen Technik nach Bedarf angepaßt. Ob am Ende Solartechnologie und Wärmedämmung oder Atomkraftwerke und Schützenpanzer stehen, spielt keine Rolle. Es wächst - egal was.

Unter kapitalistischen Bedingungen wird sich immer die wirtschaftliche und technische Neuerung durchsetzen, die dem Ziel "Gewinnmaximierung" am besten entspricht. Hohe Gewinne garantieren dabei:

* technischer Vorsprung. Wer als erster neue Produkte massenhaft verkaufen kann, hat wenig Konkurrenz - und kann über höhere Preise Extragewinne erzielen;

* bessere Ausnutzung der Beschäftigten. Wer länger und intensiver arbeiten läßt, profitiert mehr;
* optimale Nutzung billiger Ressourcen. Wer in hohem Ausmaß das Gratisangebot der Natur nutzen kann, überwälzt die Kosten dafür auf die Allgemeinheit;
* hohe Subventionen. Wer stark genug ist, um den Staat auch für die betriebliche Infrastruktur aufkommen zu lassen, verdient extra.

Es ist jedoch längst nicht nur ausschließlich die Jagd nach Gewinnen, die die Wahl an den technologischen Weggabelungen entscheidet. Zwei zusätzliche Entscheidungspaare spielen eine immer größere Rolle:

* zentral - dezentral. Die großen wirtschaftlichen Einheiten, die sich in mehr als einem Jahrhundert der Konkurrenz durchgesetzt haben, versuchen ebenso wie die großen Bürokratien, um jeden Preis ihre Macht aufrechtzuerhalten. Zentralisierende Technologien wie etwa die Atomkraftwerke hatten in Wirklichkeit nie die wirtschaftlichen, wohl aber die zentralistischen Argumente auf ihrer Seite.
* militärisch - zivil. Ohne Militär wären die Sowjetunion, aber auch die USA nur zwei Wirtschaftsmächte neben einigen anderen und zum Teil moderneren. Das Militär ist der wichtigste Garant des Status quo - nach innen und nach außen. Es ist damit zwar für die einzelne Firma, nicht aber für das System als ganzes egal, ob "genug" militärisch produziert und nachgefragt wird.

Der Staat spielt jedenfalls mit - und akzeptiert damit blind jede Technologie, Ausbeutung, Naturzerstörung und öffentliche Verschuldung.

Im Zeitalter des Kapitalismus steht jetzt zum vierten Mal die Frage nach der Durchsetzung der neuen Basistechnologien auf der Tagesordnung. Dabei gilt es einen Irrtum zu vermeiden: Entschieden wird heute nicht, ob es zu diesem grundsätzlichen Wandel kommt. Entschieden wird "nur" zweierlei: Welche Technologien im einzelnen die Zukunft prägen werden und in welcher Form sie sich durchsetzen. Beide Entscheidungsebenen markieren die entscheidenden Weichenstellungen für die Welt, die wir ansteuern.

Die Wege gabeln sich

Auch diesmal muß und wird sich nicht jede Technologie durchsetzen. Das liegt sowohl am Wesen der einzelnen Technologien als auch an den besonderen gesellschaftlichen Interessen, die mit ihnen verbunden sind.

André Gorz hat versucht, den wichtigen Unterschied zwischen den bereits erwähnten "offenen" und "verriegelnden" Basistechnologien historisch zu umreißen. *"Im Unterschied zu den Großtechnologien der industrialistischen Periode, die mit einer dezentralisierten, in den Basisgemeinschaften verwurzelten Entwicklung unvereinbar waren, ist die Automatisierung an sich gesellschaftlich ambivalent. Während die Großtechnologien 'verriegelnde' Technologien waren, ist die Mikroelektronik eine 'offene' Technologie: Weder verbietet noch gebietet sie einen bestimmten Entwicklungstypus. Im Unterschied zu Kernkraftwerken oder zur Raumfahrtindustrie kann sie sowohl der Hyperzentralisierung wie der Selbstverwaltung oder der selbstverwalteten Zentralisierung dienen."* [78]

Mit seiner Unterscheidung zwischen offenen und verriegelnden Technologien hat Gorz zweifellos recht. Im Gegensatz zu Gorz' Ansicht hat es jedoch bereits vor der aktuellen langen Welle offene Technologien gegeben - nicht ihre Existenz, sondern ihre breite Thematisierung ist neu.

An den Gabelungen geht es aber nicht nur um Technologien. Es wird viel mehr entschieden. In der Landwirtschaft etwa steht die Wahl zwischen ökologischer, dezentraler und kulturnaher Bauernwirtschaft und hochzentralisierter agrarchemischer Industrie an. Die Entscheidung über Technologien wie Bio- und Gentechnologien prägt auch die anstehenden Entscheidungen über Organisation, Arbeitsweise und Besitzverhältnisse in der Landwirtschaft. Gleiches gilt für Verkehr und Energie.

In unserem Jahrhundert ist bereits einige Male an den großen Gabelungen zielsicher der falsche Weg gewählt worden. Die Entscheidungen der "Aufbaugeneration" für Chlorchemie, Atomenergie und motorisierten Individualverkehr fallen den ersten ausbadenden Generationen heute voll auf den Kopf. Das blindwütige Wachstum schafft sich seinen Trampelpfad, und chlorierte Kohlenwasserstoffe, Radioaktivität und Straßenverkehr sorgen dafür, daß sich an seinen Rändern nichts mehr aufrichten kann.

Die Trampeltechnologien der nächsten Generation verschaffen sich gerade Einlaß.

Der Angriff auf das Genom

Mit Glück werden wir das Atomzeitalter überleben. Dann kommt die Gentechnologie.

78 André GORZ: Wege ins Paradies, Berlin 1983, S. 49.

Ihr Leitsatz lautet: Läßt sich die vorhandene Technik nicht an Natur und Menschen anpassen, dann müssen wir eben Natur und Mensch der Technik gemäß verändern. *"Da es höchst unwahrscheinlich ist, daß wir in der Lage sein werden, die umweltbedingten Risikofaktoren vollständig auszuschalten, ist es wichtig, daß wir so viel wie möglich über Faktoren der genetischen Prädisposition lernen und somit stark gefährdete Personen identifizieren können. Vorgeschlagen wird eine neue Art prädiktiver Medizin, die darauf abzielt, Personen vor Krankheiten zu schützen, für die sie von der genetischen Struktur her äußerst anfällig sind und, gegebenenfalls, die Weitergabe der genetischen Disponiertheit an die folgende Generation zu verhindern."* [79]

Dabei geht es längst nicht mehr nur um einige seltene, rein genetisch bedingte Krankheiten. Im Visier der Gentechnologen findet sich alles, was den Menschen unbrauchbar macht: Herz-Kreislaufkrankheiten, Krebs, Magengeschwüre, Arthritis, Diabetes und Psychosen. Natürlich wissen auch die Autoren in der EG-Komission, daß heute in erster Linie die schlechten Lebensbedingungen - Umwelt, Arbeit, Vereinzelung - krank machen. Aber keiner denkt daran, hier wirklich etwas zu ändern. Der große ökologische und soziale Umbau soll durch den großen technischen Eingriff vermieden werden.

Die letzten Barrieren, die sich dem noch in den Weg stellen, sind nicht technischer, sondern politischer Natur. Wie wird sich die Gesellschaft entscheiden, wenn ihr die Technokratie den Vorschlag macht, Embryos nach ihrer genetischen Tauglichkeitsprüfung zu selektionieren? Wird sie über Menschen, die zu Magengeschwüren oder zu Diabetes neigen, Fortpflanzungsverbote verhängen? Wie wird sie sich zum Vorschlag, den Menschen möglichst pflanzen- und industriegiftresistent zu machen, stellen? Wird sie neben dem maschinenlesbaren Personalausweis auch den genetischen Ausweis und die genetische Kontrolle des Menschen akzeptieren? Wie wird sich der genetische Eingriff auf die folgenden Generationen auswirken? Und letztlich: Was nützt Diagnose ohne die Chance zur Therapie?

Gentechnologie ist alles andere als neu. Tier- und Pflanzenzucht haben tausende Genome verändert. Und sie haben im kleinen vorexerziert, was uns jetzt im großen erwartet. Das schwer gestreßte, nur noch in pharmazeutischen Zuchtanstalten überlebensfähige EG-Schwein steht am Ende

79 Kommission der Europäischen Gemeinschaften: Vorschlag für eine Entscheidung des Rates über ein spezifisches Forschungsprogramm im Gesundheitsbereich: Prädiktive Medizin: Analyse des menschlichen Genoms, Brüssel 1988, S. 3. Nach massiven Protesten der Regenbogenfraktion im EG-Parlament wurde das Papier zurückgezogen und angekündigt, es "neuformuliert" dem Europaparlament wieder vorzulegen.

einer langen Kette von Mutationen: von einer Vielfalt gut angepaßter Lebewesen zu einem letzten Stück tierischen Lebens, auf das die Agrarmaschine noch nicht ganz verzichten kann.

In jahrtausendelangen Abfolgen von Züchtungen konnte sich die Natur mehr oder weniger gut mit den neuen Lebewesen abfinden. Geschützt durch die Notwendigkeit der engen Artenverwandtschaft des zu Kreuzenden blieb der Umwelt lange Zeit zur Anpassung. Jetzt fallen alle Hürden weg. Der kürzeste Weg in Pflanzenzellen und in tierische Keimbahnen ist frei.

Die ersten Schranken sind längst gefallen. Gegen jahrelangen Widerstand werden gentechnisch manipulierte Pflanzen freigesetzt. Der große Blindversuch hat begonnen. Dabei geht es vor allem um eines: Der großchemische Versuch zur "Schädlings"vernichtung hat unter den Nutzpflanzen zu viele Opfer gefordert. Nicht Boden oder Konsument, die Wirtschaftlichkeit war in Gefahr. Jetzt wird eine Pflanze nach der anderen den Agrargiften angepaßt. Das Dosisproblem fällt weg - aus der chemischen Keule wird ein chemischer Panzer.

Die nächste Stufe ist in Vorbereitung. Nach den Pflanzen sind die Mikroorganismen an der Reihe. Keiner weiß, wie sie auf die Umwelt und die Umwelt auf sie reagieren wird. Und keiner weiß, wie man sie im Notfall wieder zurückholt.

Die große Technik wird das große Geschäft. Die Garantie dafür lautet: Gentechnologisch erzeugtes Leben kann patentiert werden. Zum ersten Mal in der Geschichte der Menschheit fallen damit nicht nur einzelne Güter und Know-how, sondern ganze Formen des Lebens unter die Kategorie "Besitz". Wer das Geld hat und auch die Macht, der kann sich Leben kaufen.

Daß es nur einige wenige sein werden, dafür garantieren die Summen, um die es geht. Nur die Großen können Forschung, Entwicklung und Patentierung finanzieren. Die anderen müssen dann bei ihnen Lebens-Rechte einkaufen.

In den USA stehen dem noch einige wenige Gesetze und Richtlinien entgegen, die, wie die NIH-Richtlinien[80], dem Ansturm der Technokratie bis heute getrotzt haben. In Österreich droht das gentechnische Paradies. Jeder, der hier und heute gentechnisch erzeugte Mikroorganismen freisetzen will, kann das tun. Dr. Seltsam hat in seiner letzten Rolle als Wissenschaftsminister Tuppy durch konsequentes Ignorieren des Problems dafür gesorgt, daß die Gentechniker freie Schußbahn im ganzen Land haben. Und sein Nachfolger macht ihm alle Ehre.

80 National Institute of Health.

Eines zeichnet sich jedenfalls bereits ab: Man wird alles versuchen, um diese Frage nicht zur öffentlichen Entscheidung stehen zu lassen.

Festung Europa

Die beginnende Phase der Totalindustrialisierung schafft sich ihre eigenen Dimensionen. Statt Grenzen des Wachstums nun Wachstum der Grenzen - ausgerüstet mit den neuen Technologien startet der Angriff auf alles, was der Zerstückelung und Homogenisierung noch Widerstand leistet.

Der klassische Nationalstaat wird zu eng. An die Stelle der vielen Metropolen der nördlichen Hemisphäre treten wenige Blöcke - Nordamerika, die UdSSR, China und jetzt auch Westeuropa. Ihre Stärke liegt nicht in größerer wirtschaftlicher Effizienz. Sie haben den Kleinen einzig und allein eines voraus: wirtschaftliche und militärische Macht.

Otto Schily hat uns nun - gegen die große Mehrheit seiner eigenen Partei - empfohlen, den Schritt in die EG zu riskieren, um dort die ökologische Opposition zu stärken. Es hat sich niemand bei uns gefunden, der Schilys Position teilt. Dafür gibt es einen wesentlichen Grund:

Grundsätzlich sind wir für eine Überwindung nationaler und kultureller Grenzen und Beschränkungen. Die großen ökologischen und sozialen Probleme können nur über die Grenzen hinweg gelöst werden, und Liberalität und nationale Isolation vertragen sich nun einmal prinzipiell nicht miteinander.

Die EG ist aber alles andere als ein Projekt der sozialen und ökologischen Öffnung. Umweltschutz ist in ihr ein Handelshemmnis, und Sozialpolitik ist am Weg zum westeuropäischen Supermarkt längst als "nicht konsensfähig" abgehakt worden.

Ein demokratisches, soziales, umweltbewußtes und friedliches Europa, in dem auch Ungarn, Polen und andere Platz haben, läßt sich nur gegen die EG durchsetzen.

Mit dem Einsetzen der Debatte über den Anschluß Österreichs beginnen unsere Argumente zu greifen. Immer mehr Menschen wissen, daß Beitritt zur EG auch Beitritt zur Euratom - zur Europäischen Atomgemeinschaft - bedeutet. Es wird uns zwar auch dann niemand zwingen können, Zwentendorf in Betrieb zu nehmen. Den Atommüllspekulanten aber liefern wir uns mit dem Anschluß mit Haut und Haaren aus.

Immer mehr sehen auch, daß produktbezogener Umweltschutz in der EG am Ende ist. In der Ökologie der EG bestimmt immer der Langsamste das Tempo - und einen gibt es immer, der auf die Bremse steigt. Als der BRD-Umweltminister den Import hochgiftiger PCB-imprägnierter Möbel verbieten wollte, hat ihm die französische Möbelindustrie via Brüssel sehr schnell gezeigt, welchen Gesetzen die Europäische Gemeinschaft gehorcht.

Gerade den Tirolern, den Salzburgern und den Kärntnern ist in den letzten Jahren klar geworden, daß EG-Anschluß das Brechen der letzten Verkehrsdämme bedeutet. Laut EG-Komission soll sich das Gütertransitaufkommen auf der Straße bis zum Jahr 2000 verdoppeln. Scania entwirft gerade den 70 Tonnen-Euro-Laster. Und wir liefern die Autobahnen dazu.

Nicht nur die Bauern wissen, daß dezentrale biologische Landwirtschaft in der EG keine Chance hat. Jedes Jahr geben 245 000 Bauern in der EG auf. Die agrarchemische Industrie, die bei der Herstellung der modernen Futtermittel für den Menschen bereits ohne Boden auskommt, läßt den Kleinen keinen Platz. Als Eintrittspreis steht ein durchschnittlicher bäuerlicher Einkommensverlust von rund acht Prozent bereits offiziell fest.

Für die Arbeitnehmer und für jene, die auf soziale Leistungen der Gesellschaft angewiesen sind, steht fest, daß die Sozialpolitik in der EG auf der Strecke bleibt. EG-Länder wie Spanien, Griechenland und Portugal locken heute schon mit ihrem niedrigen sozialen Niveau. Die Industrien, die immer beweglicher von Standort zu Standort quer über den Kontinent ziehen, können sich die Angebote aussuchen.

Nach den einschlägigen Äußerungen von Mock, Khol & Co. ist auch klar, daß die Neutralität auf dem Spiel steht. Delors, Kohl und Schmidt haben klar zu verstehen gegeben, daß der Bau der "Festung Europa" wegen Österreich um keinen Tag verzögert wird. Nur wenn Österreich bereit ist, die NATO-Südflanke an den Zentralraum militärisch anzubinden, ist es in der EG willkommen.

Und letztlich hat sich herausgestellt, daß es mit dem Grundsatz, daß alle Macht vom Volk ausgeht, mit dem Anschluß auch formal vorbei ist. In der EG geht das Recht vom Ministerrat aus, und der besteht aus Vertretern der nationalen Regierungen. Exekutive und Legislative in einem - mit der EG wird der alte bürokratische Traum von der Aufhebung der Gewaltentrennung Wirklichkeit.

EG und grünes Europa schließen einander aus. Wer eine gemeinsame Welt der Regionen will, kann keine zerstückelte Welt der Blöcke hinnehmen.

DAS HARTE DENKEN

Zahlen statt Daten

"Als in den fünfziger Jahren die Messung des Wirtschaftswachstums in den Industrieländern in Mode kam, gab es hierfür vor allem zwei Gründe: Den Bevölkerungen in Ost und West sollte ihr steigender Lebensstandard deutlich vor Augen geführt werden, und zugleich sollte sich zeigen, welche Seite im Kalten Krieg die wirtschaftlich erfolgreichere war. Alle Hinweise der Experten auf die Problematik und die Fallstricke des Verfahrens fruchteten damals so wenig wie heute. Die Ökonomie wurde weitgehend auf Quantitatives reduziert und das Gemessene mit der Wirklichkeit gleichgesetzt. Jeder Anstieg der Zahlen sollte Fortschritt, jeder Rückgang Abschwung signalisieren." [81] Die Eingeweihten des wirtschaftlichen Zahlenkults kennen längst die Tricks der Voodoo-Ökonomen in WIFO und IHS. Mit ängstlichem Blick auf die OECD-Zahlen werden Prognosen maßgeschneidert, mit denen nicht allzuviel passieren kann.

Die ideologischen Daten der Technokratie verdienen angesichts der ökologischen und sozialen Zustände nur einen einzigen Namen: Sie sind Fälschungen, deren unglaubliche Plumpheit erst im beginnenden Zeitalter der ökologischen Aufklärung sichtbar wird.

Die Altlasten dieser Ideologie der Zahlen sind in jedermanns Kopf: Bruttoinlandsprodukt, Wirtschaftswachstum, Beschäftigung, Verschuldung, Geldwertstabilität und Produktivität. Dazu kommt jedes Jahr noch ein Modeindex - 1989 war das die "misery rate", die einfache Summierung von Inflationsrate und Rate der Arbeitslosigkeit.

Während das Statistische Zentralamt für die Voodoo-Parameter hunderte Beamte riesige Zahlenhaufen herankarren läßt, gibt es für die wahren misery rates keine Daten. Würde morgen eine Abwasserabgabe in Österreich eingeführt werden, niemand könnte sie vollziehen. Betriebsgeheimnis, lächerliche Bescheide und behördliche Unlust haben bis heute erfolgreich verhindert, daß irgendjemand Genaueres über die Abwässer erfährt. So arbeiten einige der größten österreichischen Konzerne nach wie vor mit provisorischen Wasserrechtsbescheiden. Ihr Vorteil daraus ist angesichts wachsender ökologischer Kritik nur in Gold aufzuwiegen: Sie scheinen damit nicht einmal im Wasserbuch auf.

81 Meinhard MIEGEL: Promille trüben den Blick. Ein Plädoyer gegen die Ideologie der Zahlen, in: Die Zeit 38/1988.

"Vernünftig"

Dem wirren Denken der Grünen wird Tag für Tag eines entgegengehalten: die Vernunft, oder zumindest ihre praktische Variante, die Kompetenz.

Die "Vernunft" plädiert heute für

* Steigerung der landwirtschaftlichen Produktivität zur Vergrößerung der Überschüsse;
* Müllverbrennung zur Müllvermeidung;
* Bespitzelung der Opposition zur Stärkung der Demokratie;
* Aufrüstung zur Sicherung des Friedens;
* Vergiftung von Lebensmitteln zur Bekämpfung von "Schädlingen";
* Selektion der Alten und Kranken zur Sicherung eines schönen Lebensabends...

Für einige hat die "Vernunft" allerdings "vernünftige" Auswirkungen. Raiffeisen, öffentliche und private Müllspekulanten, Rüstungsproduzenten, Staatspolizisten, Gesundheitsstadträte und Pflanzengifthersteller haben keinen Grund zur Kritik der herrschenden Vernunft. Auch hier kommt es auf die Sichtweise an - und die ist wie immer vom eigenen Standpunkt bestimmt. Was allgemein als "Vernunft" verehrt wird, ist "Interesse".

Zeit ist Geld

Die Räume unseres Lebens sind im großen und ganzen kolonisiert. Mit den Regenwäldern geht es jetzt den letzten großen Wildnissen an den Kragen, nur die Wüsten kann man ohnehin nicht mehr verwüsten. Da sind uns Natur und frühere Generationen bereits zuvorgekommen.

Das Maschinendenken kolonisiert die Zeit. Es zerhackt das Kontinuum von Tagen, Monaten und Jahreszeiten in kleine, maschinentaugliche Momente. Zeit ist Geld - das ist der Schlüsselsatz über das Funktionieren der industriellen Kultur. Man hat Zeit nicht mehr - man kann sie nur gewinnen oder verlieren. In der Mitte des Kopfes tickt die Stoppuhr - 12 Sekunden für drei Handgriffe am Fließband, zwanzig Minuten für einen Gesprächstermin im Parlament.

Die Mikroelektronik verlängert das Fließband in den Kopf. Die plumpen Maschinen der ersten Jahrhunderthälfte haben die körperliche Arbeit in maschinentaugliche Teile zerrissen. Jetzt ist die Kopfarbeit an der Reihe.

Das Resultat ist Entfremdung. So wie aus den Messerschmieden, die ihr Produkt vom Stahl bis zum Messer vollständig herstellten, unter dem Beifall ihrer gewerkschaftlichen Vertretungen Fließbandarbeiter wurden, so geht es jetzt Ingenieuren und Bauern. Die einen werden an CAD und CAM-Programme angehängt, die anderen kriegen neue Arbeitsplätze in der Nahrungsmittelindustrie - sauber, mit Kollektivvertrag und jährlichem Urlaub an der Algenpracht der Adria. Der Sinn der Arbeit - die Herstellung eines Produkts - geht endgültig verloren.

Es ist "normal", sein Leben in kleine, verwertbare Teile zerstückeln zu lassen. Anders ist es in dieser Welt nicht mehr brauchbar.

Die herrschende Vernunft ist das harte Denken. Zeit ist Geld und Leben ist Rohstoff. An der Härte des Denkens zerbricht das wirkliche Leben.

WIDERSTAND, GEWALT, UNTERDRÜCKUNG

Wo das System und seine Vertreter verrückt spielen, bleiben einige bei Vernunft. Sie leisten Widerstand.

Der Staat hat ein großes Ruhebedürfnis. Bürgerinitiativen und Bewegungen, kritische Menschen und Opposition stören die Ruhe. Das führt zum Konflikt.

Der Staat ist in der Lage, der Kritik und dem Widerstand auf verschiedene Art und Weise entgegenzutreten. Er verfügt über ein großes Arsenal von Instrumenten zum Schaffen von Ruhe und Ordnung - vom Verwaltungsrecht bis zum Bundesheer.

Wem gehört das Recht?

"Wir wissen heute, daß es nur wenige Entscheidungen gibt, in denen der Jurist das Gesetz einfach anwenden kann, indem er sein logisch-begriffliches Instrumentarium ansetzt. Letztlich muß das Gesetz ausgelegt, sein Wortlaut gestreckt oder eingeengt oder gebogen werden, und in den meisten Fällen sind auch bei Beachtung aller technisch-juristischen Regeln immer zwei Entscheidungen möglich: ja oder nein, Anwendung oder Nichtanwendung des Gesetzes. Wofür der Jurist sich dann entscheidet, das ist ein Problem, für dessen methodische Präzisierung in den letzten Jahren unerhört viel Scharfsinn aufgewendet worden ist. Und allgemein Überzeugendes ist dabei

nicht herausgekommen, denn jeder neue Versuch steht im Grunde unverbunden neben den anderen, es gibt so viele Meinungen, wie es Autoren gibt." [82]
Das ist der günstigste Fall.

"'Hat Herr Baumann Sie nun ersucht, auf die Seite zu gehen, oder nicht?'
'Er hat gehupt und laut geschimpft.'
'Und er hat Sie...'
'Er ist ausgestiegen, hat mich am Arm gepackt und gesagt: I hau dir ane eini, wannst net verschwindtst!'
'Und dann hat er Sie ersucht...?'
'Naja, wenn'S das unbedingt so nennen wollen.'
'Und warum sind'S nicht weggegangen?'" [83]

Der Falter schildert die Geschichte eines Fußgängers: *"Die Richterin am Strafbezirksgericht Wien kann nicht verstehen, warum der 38jährige Programmierer Manfred Steidl dem ihm am Gehsteig entgegenkommenden Mercedes einfach nicht Platz machen wollte. Der Autofahrer sah das auch nicht ein, stieß Drohungen aus und fuhr Steidl drei Mal an. Unter dem Druck der Stoßstange ließ sich der Fußgänger schließlich doch an die Mauer drängen."* [84]

Das Gerichtsverfahren läuft - gegen Steidl, wegen "Sachbeschädigung". Die Anzeige gegen den Autofahrer wegen "Nötigung und tätlicher Bedrohung unter mißbräuchlicher Verwendung eines Kfz" war fallengelassen worden.

Das Auto hat recht.

Seit vielen Jahren bauen Bürgerinitiativen ihre langen Tapezierertische am Straßenrand auf und informieren die Bevölkerung. Vom Gehsteig aus ist schon viel in Bewegung geraten: Hunderttausende Unterschriften sind hier gesammelt worden, unzählige Menschen sind informiert und überzeugt worden, und nicht selten ist es in zäher Standlarbeit gelungen, der Gemeinde oder der Regierung bei einem besonders menschenfeindlichen Projekt einen Strich durch die Rechnung zu machen.

Ein wichtiges Stück Demokratie findet am Straßenrand statt. Dieses Stück Demokratie ist der Verwaltung längst ein Dorn im Auge.

Bürgerinitiativen haben eines ganz sicher: kein Geld. Aus diesem Grund verlangt die Gemeinde Wien für jeden Stand Gebühren. Der Verfassungsgerichtshof hat ihr im April 1988 rechtgegeben.[85] Informa-

82 Uwe WESEL: Aufklärungen über Recht. Zehn Beiträge zur Entmythologisierung, Frankfurt 1981, S. 93/94.

83 Falter 32/1988.

84 Ebda.

85 Siehe Akin 3.5.1988.

tionsstände sind seit diesem Zeitpunkt nicht mehr "Versammlungen", sondern "Benützungen von Straßen zu verkehrsfremden Zwecken". Damit sind sie bewilligungs- und gebührenpflichtig.

Damit hat der Verfassungsgerichtshof festgestellt, daß es einen Unterschied zwischen der politischen Tätigkeit der Parteien und der der Bürger geben soll. Während die Parteien wenigstens theoretisch völlig unbeaufsichtigt tun und lassen können, was sie wollen, soll die politische Tätigkeit außerhalb der Parteien möglichst gebührenpflichtig und unter Aufsicht der Behörden stattfinden.

Der Bürgermeister hat recht.

Natürlich hat auch das Militär recht.

"Es muß der Beschuldigte sich gefallen lassen, daß seiner Meinung auch eine Kritik entgegengesetzt wird, vor allem dann, wenn er im Zuge seiner Stellungnahme auch die verfassungsmäßige Konstruktion des Bundesheeres und dessen Aufgaben und Pflichten teilweise in Frage stellt, wie dies beim Ankauf der Abfangjäger erfolgte oder bei den Objektschutztruppen. Wenn der Beschuldigte aber im Zuge der Diskussion sich auch sehr vordergründig mit verschiedenen Bemerkungen an die Bevölkerung wendet und deren Stimmung aufheizt, so bestand diese Kritik und Äußerung des Beschuldigten, selbst wenn sie so gefallen wäre, wie der Beschuldigte sie darstellt, als zu Recht. Es kommt somit dem Beschuldigten die Bestimmung des Paragraph 114 StGB der Straflosigkeit wegen Ausübung eines Rechtes zu." [86]

Wer ist jetzt der Beschuldigte? Im Verlaufe des Prozesses, den ich 1985 wegen übler Nachrede gegen den steirischen Militärkommandanten Hubert Albrecht geführt habe, war das von Anfang an klar. In einem von großem Verständnis für die Landesverteidigung geprägten Klima stellte Richter Esche schriftlich in der Urteilsbegründung dar, was mündlich während der ganzen Verhandlung gegolten hatte: Der Ankläger ist der Beschuldigte.

Natürlich kommt es selten zur derart gelungenen schriftlichen Präsentation des richterlichen Unterbewußten. Natürlich wird nur selten der Beweis für das tiefe Einverständnis zwischen der Ordnungsmacht "Bundesheer" und der Ordnungsmacht "Gericht" von einem der Beteiligten schwarz auf weiß geliefert. Ich danke es dem ehrlichen Grazer Richter Esche - und das ist schon einen verlorenen Prozeß wert.

"Es war daher spruchgemäß zu entscheiden" [87] - diesen Satz erntet fast jeder, der ein österreichisches Gericht gegen Polizei oder Militär bemüht.

86 Schriftliche Urteilsbegründung im Prozeß Pilz gegen Albrecht, Graz, 18.11.1985.
87 Ebda.

Das Recht ist vor allem und in erster Linie das Recht des Stärkeren. Stehen zwei sozial und politisch gleich Starke vor Gericht, spielen die Fakten wahrscheinlich die entscheidende Rolle für den Ausgang. Grundstücksstreitigkeiten zwischen zwei Bauern, Verkehrsunfälle, Erbschaftsstreitereien - da wird in der Regel zwischen Gleichen entschieden.

Treffen zwei Ungleiche aufeinander, ist auch das Recht ungleich verteilt.

Am "ungleichsten" geht es immer in zwei Standardsituationen zu:

* Bürger gegen Wirtschaft. Wahrscheinlich können sich nur wenige Bürgerinitiativen leisten, hundert Millionen Schilling in einem Zivilprozeß zu riskieren. Für die Wirtschaft ist das der Normalfall. Für den Bürger ist das Wirtschaftsrecht schlicht und einfach zu teuer.
* Bürger gegen den Staat. Dank des tiefen Verständnisses, das die Justiz der Exekutive und sich selbst entgegenbringt, bleibt der Staat fast immer Sieger.

Zehn Jahre nach dem Untergang der Lucona ist auch die Justiz in ihre Strudel geraten. Eines der wichtigsten Ergebnisse des Untersuchungsausschusses war: Große Teile der Justiz sind eng mit der politischen und wirtschaftlichen Macht verfilzt. Auf Oberstaatsanwälte und Gerichtspräsidenten kann man sich als Komplizen im täglichen politischen Geschäft nach wie vor verlassen. Ein Vorfall steht für viele: Der Lucona-Buchautor Pretterebner zeigt Blecha, Gratz & Co. wegen einer ganzen Reihe von Delikten an. Die üblichen Gegenanzeigen trudeln ein. Der Leiter der Wiener Oberstaatsanwaltschaft läßt die Verfahren gegen die Politiker einstellen und gegen den Aufdecker weiter untersuchen. Jahrelang standen so Proksch, Blecha, Gratz, Demel und ihr handverlesener Freundeskreis unter dem Schutz zentraler Teile der Justiz.

Vier Jahre nach den illegalen Noricum-Waffenlieferungen an den Iran steht die Justiz voll im Zwielicht. Obwohl bereits vor Lieferung der Kanonen klar war, welche Spuren man verfolgen müsse, verzichtete der Staatsanwalt auf die Vorlage der entscheidenden Telexe des österreichischen Botschafters in Athen, Herbert Amry; die Wirtschaftspolizei, die knapp davor stand, das Akkreditiv zu öffnen, wurde zurückgepfiffen; und statt dessen wurde überprüft, ob es eine geheime Kanonenproduktion gäbe. Zwar hatte niemals ein Verdacht in diese Richtung bestanden. Aber irgendetwas mußte man ja tun.

Am 30. April 1986, kurz nachdem es zu den Noricum-Geschäftsverhandlungen zwischen SPÖ und ÖVP gekommen war, wurden alle Erhebungen eingestellt. Und hätte Gernot Preschern nicht am 12. Juni 1987 bei Walter Geyer und mir im Linzer Landesgericht ausgepackt, Blecha, Gratz und Sinowatz wüßten bis heute von nichts.

Wenn es um die großen Fische geht, ist die Justiz blind und stocktaub. Einige wenige Untersuchungsrichter, die gegen den Strom der Mächtigen geschwommen sind, wissen ein Lied davon zu singen. Wenn es gegen die neue Opposition geht, dann läuft die Rechtsmaschinerie allerdings auf Hochtouren. Widerstand gegen die Staatsgewalt - genau das wird bestraft. Polizisten, Staatsanwälte unbd Richter legen sich gemeinsam ins Zeug. Und der Ermessensspielraum läßt ja einiges zu.

Vor wenigen Jahren war ich noch der Überzeugung, jeder solle versuchen, seinen Standpunkt, wenn notwendig, auch vor Gericht zu vertreten. Inzwischen, nach etlichen Prozessen, in denen Richter nur zu deutlich gezeigt haben, daß sie auch eine politische Meinung haben, rate ich jedem nach Möglichkeit davon ab. Wer die Gesellschaft verändern will, soll sich nur in äußerster Notwehr an Gerichte wenden. Es haben schon zu viele die Erfahrung gemacht, daß die kompromißlosesten Verteidiger des Bestehenden gerade dort sitzen, wo das Recht für alle da sein sollte.

Die Justiz lebt vom Schein der Objektivität. Für die Macht hat sie allerdings einen gravierenden Nachteil: Sie ist langsam und umständlich. Wenn die Zeit drängt, wenn "Gefahr im Verzug" ist, wenn etwa Bagger in Menschenhindernissen stecken bleiben, nimmt die Staatsgewalt gewalttätigere Züge an.

Freunde, Helfer und sonstige Polizisten

Die Justiz ist die zivilisierte Form der Staatsgewalt. Ihre gewalttätige Schwester ist die Polizei. Wo sich der lange Prozeß nicht lohnt, macht sie den kurzen. Die Kontakte zwischen Bürger und Exekutive verlaufen dabei ausgesprochen schematisch: Der Bürger

- erregt Lärm
- demonstriert
- wird sonst verdächtigt,

wird festgenommen, darf in der Regel immer noch weder Anwalt noch Familienmitglied verständigen und fällt nicht selten

- gegen die Wand
- gegen den Heizkörper
- über eine Treppe, unabsichtlich, versteht sich.

Dann sitzt er, bis er unterschreibt: ein Geständnis manchmal, einen Persilschein für die Polizei fast immer. Und damit es mit dem Sitzen klappt, ist Österreich der Menschenrechtskonvention auch nur unter

Vorbehalt beigetreten. Was anderswo ausschließlich Gerichten vorbehalten ist, soll hierzulande damit weiter gutes Recht der Polizei bleiben: das Verhängen von Freiheitsstrafen.

Ein paar Beispiele für viele:

Wien, 7. August 1980: Ein Polizist nimmt den betrunkenen Hausarbeiter Reinhard S. fest und schlägt ihn vor 15 Zeugen zweimal mit dem Kopf aufs Straßenpflaster, anschließend gegen den Türrahmen des Polizeiautos. Urteil: Geldstrafe für den Polizisten, keine Versetzung.

Graz, September 1980: Verstauchung des linken Handgelenks, Schädelprellung, Prellung des linken Knies, Prellung des Hodens - so lautete die Diagnose des Krankenhauses nach der Amtshandlung der Polizei bei einer Verkehrskontrolle. Polizei: "Der Lehrer Gerhard G. wollte nicht ins Röhrl blasen." Der Amtsarzt bescheinigte nachträglich, daß G. nicht alkoholisiert war. Der Polizist wurde freigesprochen.

Niederösterreich, Juli 1981: Der Diabetiker Franz R. gibt an, bei der Festnahme mißhandelt worden zu sein. Schläge in den Magen und in die Hoden. Der Gendarm habe ihm die Haare büschelweise ausgerissen. Ärztliche Betreuung wie auch die Verständigung seiner Ehefrau wurden ihm verweigert. Die Anzeige gegen den Beamten wurde von der Staatsanwaltschaft zurückgelegt.

Wien, 15. Jänner 1982: Der Student Helmut K. gibt an, am Kommissariat nach seiner Festnahme während eines Ballbesuchs mißhandelt worden zu sein: Beinbruch, Prellungen, Zerrung und Blutergüsse. Die Anzeige gegen die beschuligten Beamten wurde von der Staatsanwaltschaft zurückgelegt.

Wien, 16. Juli 1982: Roman R. wurde von seiner Hochzeitstafel weg festgenommen, weil seine Gäste angeblich zu laut lachten. Von seiner Hochzeitsnacht im Polizeiarrest kam er mit Striemen und Prellungen zurück. Fünf Polizeibeamte wurden schwer belastet und in erster Instanz zu je 21 000,- Schilling verurteilt. Das Urteil wurde in zweiter Instanz aufgehoben, da nicht mehr geklärt werden konnte, welcher Beamte zugeschlagen hatte.

Wien, 26. August 1983: Der jugoslawische Busfahrer Radomir P. wurde während einer Verkehrskontrolle vor dreißig Businsassen beschimpft, geschlagen und mit vorgehaltener Pistole abgeführt. Die jugoslawische Botschaft protestierte beim Innenministerium. Die Beamten wurden freigesprochen.

Wien, 29. September 1983: Die Wirtsfamilie S. wird wegen Mißachtung der Sperrstunde von der Polizei festgenommen. Die Familie gibt an, geschlagen worden zu sein. Gegen die beschuldigten Beamten wird kein Verfahren eingeleitet.

Wien, 14. Oktober 1983: Der Auspuff seines Mopeds war zu laut, er war zu schnell. Der Lehrling Alfred P. wurde festgenommen. Das blaue Auge wurde vom Lehrherrn angezeigt. Urteil: 12 000,- Schilling Geldstrafe für den Polizisten.

Wien, 7. April 1984: Walter H. wurde als Zeuge einer Rauferei festgenommen. Er gibt an, einen Schlag erhalten zu haben und erst im Polizeiauto ohne Zahnprothese aufgewacht zu sein. Über den Verbleib der Prothese widersprachen einander drei Polizisten. Walter H. wurde wegen Widerstands gegen die Staatsgewalt angezeigt.

Wien, 27. April 1984: Der Medizinstudent Thomas K. wollte wegen eines Verkehrsdelikts im zuständigen Kommissariat eine Eingabe machen. In der Folge mußte er sich nackt ausziehen. Seine Freilassung verdankte er einer Intervention. Gegen die Beamten wurde keine Anzeige erstattet.

Salzburg, Mai 1984: Ein Jugendlicher wurde wegen "Erregung öffentlichen Ärgernisses" festgenommen und schwer mißhandelt. Vorwurf der Behörde: Widerstand gegen die Staatsgewalt, Folgen für den Jugendlichen: über 60 000,- Schilling Anwalts- und Verfahrenskosten. Das Verfahren gegen die Beamten wurde von der Staatsanwaltschaft eingestellt.

Oberösterreich, Juli 1984: Der 16jährige Schüler Klaus B. rauchte und konnte sich nicht ausweisen. Der Schüler gibt an, am Gendarmerieposten geschlagen worden zu sein. Das Verfahren gegen die Beamten wurde von der Staatsanwaltschaft eingestellt.

Wien, 10. August 1984: Der Sicherheitswachebeamte Johann T. schüttete einem Lokalbesucher ein Glas Wein über den Kopf und gab ihm einen Stoß, durch den dieser sich eine Platzwunde am Kopf zuzog. Der Polizist wurde bereits einmal wegen Körperverletzung zu zehn Monaten bedingt verurteilt. Urteil: 3 000,- Schilling Strafe für den Beamten.

Niederösterreich, 1. Dezember 1984: Der 17jährige Egon N. konnte seine Taxirechnung nicht bezahlen. Er gab an, am Weg zum Gendarmerieauto vom Beamten geschlagen worden zu sein. Der Beamte zog sich dabei eine Prellung der Hand zu. N. wurde daraufhin wegen schwerer Körperverletzung verurteilt. Gegen die Beamten wurde keine Anzeige erstattet.

Salzburg, 7. Jänner 1985: Der gehörlose, stumme und verwirrte Ante A. wurde 114 Tage im Polizeigefangenenhaus festgehalten. Die Anzeige gegen die beschuldigten Beamten wurde von der Staatsanwaltschaft zurückgelegt.

Wien, 16. März 1985: Obwohl auf einem Foto eindeutig zu sehen ist, wie ein Kriminalbeamter mit dem Funkgerät auf eine Demonstrantin einschlägt, wird der Beamte vom Richter freigesprochen.

Wien, 14. April 1985: Der Angestellte Silvio I. wurde festgenommen, nachdem er eine Verwaltungsübertretung begangen hatte und sich nicht ausweisen konnte. Auf dem Kommissariat wurden ihm nach eigenen

Angaben büschelweise die Haare ausgerissen und eine stark blutende Kopfwunde zugefügt. Nachdem er die Kontrolle über seinen Körper verloren und in die Hose gemacht hatte, wurde ihm die Hose mit seinen Exkrementen in den Mund gestopft. Das Verfahren gegen die beschuldigten Beamten wurde von der Staatsanwaltschaft zurückgelegt.

Wien, 8. Juli 1985: Erst mit einem Videofilm konnte der Angestellte einer Disothek beweisen, daß ihn zwei Kriminalbeamte verprügelt hatten. Die Beamten hatten das Gegenteil behauptet und ihm Widerstand gegen die Staatsgewalt vorgeworfen. Die Beamten wurden zu einer Geldstrafe verurteilt, aber nicht versetzt.

Wien, 15. März 1986: Eine Jugendgruppe gibt an, im Kommissariat von Beamten zu Geständnissen gezwungen worden zu sein. Verletzungen konnten sie mit ärztlichem Attest nachweisen. Alle beschuldigten Beamten wurden freigesprochen.

Niederösterreich, Mai 1986: Renate K. gibt an, von einem Beamten vom Fahrrad gerissen, beschimpft und geschlagen worden zu sein. Ein Zeuge, der den Polizisten um sein Dienstnummer fragte, erhielt ebenfalls eine Ohrfeige. Beide wurden wegen Widerstands gegen die Staatsgewalt angezeigt, letztlich aber freigesprochen. Gegen die Beamten wurden keine Ermittlungen eingeleitet.

Wien, 31. August 1986: Drei Jugendliche werden wegen Sachbeschädigung festgenommen. Zwei werden ihren Angaben nach mißhandelt, alle drei eine Nacht lang festgehalten. Erst nach Unterzeichnung eines Rechtsmittelverzichts werden sie freigelassen. Gegen die Beamten wurde keine Anzeige erstattet.

Kärnten, 12. März 1987: Rudolf G. wurde festgenommen, weil er keine Fahrzeugpapiere bei sich hatte. Auf der Fahrt zum Gendarmerieposten, so G., gab es die ersten Schläge. Im Posten wurde er mehrmals mißhandelt. Nach 15 Stunden Haft sieht er sich einer Anklage wegen Widerstands gegen die Staatsgewalt und Körperverletzung konfrontiert. Urteil: 14 000,- Schilling plus Schmerzensgeld für den Polizisten. Gegen die Beamten wurde kein Verfahren eingeleitet.

Oberösterreich, 26. November 1987: Friedrich B. gibt an, daß ihm während der Polizeihaft dringend benötigte Medikamente verweigert wurden. Auch Medikamente, die ihm seine Lebensgefährtin brachte, bekam er nicht. Die Beamten behaupten das Gegenteil.

Salzburg-Stadt, März 1988: Erich S. gibt an, in einem Wachzimmer von Beamten schwer mißhandelt worden zu sein. Das Verfahren ist noch nicht abgeschlossen...[88]

88 Diese und dutzende weitere Fälle sind in der Polizeigewalt-Studie des Grünen Klubs im Parlament dokumentiert.

Bisweilen ist das alles sogar der Exekutive selbst peinlich. *"Ich habe unter meinen Beamten einige gerichtlich Verurteilte, und es gibt für mich keine Handhabe, sie loszuwerden"*, kränkt sich Günther Bögl, der Wiener Polizeipräsident.[89] *"Die Justiz arbeitet sicherlich korrekt, dennoch sind die Freisprüche mangels an Beweisen unbefriedigend."* [90]

Hier irrt der Präsident in aller Befangenheit, denn Zweifel an der Korrektheit der Justiz sind mehr als angebracht. Der Wurm liegt aber im System der Polizei selbst. Ohne Prügel und Gewalt geht offensichtlich nichts, wie schon das Polizeilehrbuch "Kriminalistik" [91] in aller Blauäugigkeit zugibt:

"In der Hitze des Gefechts, in der hochgespannten psychischen Auseinandersetzung, wie sie eine Vernehmung einmal ist, kann sie niederfahren wie ein Blitz. Eine zynische Bemerkung, ein besonders provokantes Verhalten... Der Verdächtige hat sie bis aufs Blut gereizt, Ihre Hand hat sich selbständig gemacht... So etwas ist nicht schön, aber es kommt vor... Werden Sie angegriffen, so seien Sie nicht zimperlich und stecken Sie das weg, wenn Sie ohne fremde Hilfe auskommen... Sie steigen im Prestige, wenn Sie Ihren Gegner zwar niederringen, dann aber über den Vorfall hinwegsehen... Der Verdächtige steckt eine aus der Situation kommende Ohrfeige auch weg. Sie wird nicht als Folter empfunden und ist auch keine..." [92]

Der damalige Innenminister Karl Blecha wünschte dem Werk bei seinem Erscheinen übrigens "größtmögliche Verbreitung".

Trotz allem gibt es einige wenige, die Prügel und erniedrigende Behandlung durch die Exekutive nicht widerspruchslos hinnehmen. Sie beschweren sich, ein Teil von ihnen erstattet auch Anzeige. Eine Beantwortung einer grünen parlamentarischen Anfrage durch Innenminister Löschnak zeigt, daß sie genausogut auch zum Salzamt gehen könnten.[93] Zwischen 1986 und 1988 beschwerten sich 844 Menschen wegen "unzulässiger Gewaltausübung im Dienst". 533 erstatteten Anzeige. Das Resultat: sechs Geldstrafen, eine davon bedingt. Pro Beschwerde 122 Schilling Strafe - billiger wird auf der ganzen Welt nicht geprügelt.

Die Exekutive hat allerdings zurückgeschlagen: In 95 Fällen wurden die Beschwerdeführer selbst angezeigt. 33 von ihnen wurden verurteilt. Jeder dritte Schuß sitzt.

89 profil 27/1988.

90 profil 27/1988.

91 F. RAFFENSTEIN: Kriminalistik, Verlag Adolf Holzhausens Nfg.

92 Ebda.

93 Anwort auf die parlamentarische Anfrage der Abg. Pilz und Freunde am 31.7.1989, 3858/AB zu 3957/J.

Bürgerkontrolle

Der Staat mißtraut seinen Bürgern. Daher wird die Überwachung immer wieder auf den neuesten Stand gebracht. Neue Kontrolltechniken spielen dabei ebenso eine zentrale Rolle wie der ständige Versuch, die Grenzen des Rechts um den einzelnen Bürger enger und enger zu ziehen.

"Die klassisch-liberalen Grenzlinien zwischen Staatsgewalt und Bürger - die 'konkrete Gefahr' und der 'konkrete Verdacht' einer Straftat - werden abgeschafft. Die neuen Eingriffskriterien sind vom Observierungs- und Datensammlungsapparat der Polizei bis weit in die nach dem Grundgesetz polizeifreie Privatsphäre der Bürger verschoben worden. Die Polizei wird damit von einem reaktiven Schutz- zu einem aktiven Kontrollinstrument der Gesellschaft." [94]

Es ist heute schon schlimm genug. Die Lucona-Vernehmungen wiesen darauf hin, daß die Staatspolizei ohne rechtliche Grundlagen und ohne bekanntgewordenen Auftrag über zwanzig- bis dreißigtausend Menschen in unserem Land Personalakten angelegt hat. "Wir passen auf Rechtsextremismus und Terrorismus auf." So lautet monoton die Rechtfertigung der täglichen Gesinnungskontrolle. 20 000 Rechtsextremisten und Terroristen - Österreich muß wirklich ein unsicheres Land sein.

Rund 500 Staatspolizisten schnüffeln rund um die Uhr, was die Bürger außerhalb der Altparteien politisch treiben. Der einzelne erfährt nichts davon. Wie in jeder geheimen Staatspolizei hat er kein Recht auf Akteneinsicht. Einsicht erhalten andere: Arbeitgeber, Parteifreunde und natürlich jederzeit der Minister, wenn er sich jemanden, der ihm Schwierigkeiten macht, vornehmen will. Das Parlament bleibt jedenfalls ausgeschlossen. Ich wollte vom Innenminister in einer schriftlichen Anfrage wissen, gegen wie viele und welche Abgeordnete staatspolizeiliche Dossiers existieren. Am 30. April zeigte die Antwort des Innenministers dem Parlament seine Grenzen: "Die Beantwortung dieser Frage ist mir, abgesehen von der teilweisen faktischen Unmöglichkeit, unter Hinweis auf die Verpflichtung zur Amtsverschwiegenheit aus Gründen der Staatssicherheit nicht möglich." Solange der Innenminister etwas zu reden hat, ist der Staat vor seinen Abgeordneten sicher.

Nach dem Willen von ÖVP, FPÖ und großen Teilen der SPÖ liegt die Zukunft der Exekutive immer mehr in der aktiven Kontrolle der Gesellschaft. Und die neuen Technologien machen es möglich. Wenn staatliche Bürgerkontrolle wieder einmal auf dem neuesten Stand der Technik ist, wenn von dem maschinenlesbaren Personalausweis, der Verknüpfung der

94 Reinhard MERKEL: Unrecht wird Gesetz, in: Die Zeit 23/1989, S. 14.

wichtigsten staatlichen Dateien etwa im Zentralen Auslagerungssystem des Bundesheeres in der Salzburger Liechtensteinklamm bis zur Genomanalyse alles in einer staatlichen Hand vereinigt ist, dann wird George Orwells "1984" endgültig zu einer Anekdote aus der guten alten Zeit.

Im Graubereich des Datenschutzes lebt es sich für die Exekutive nicht erst, seit der Ruf ruiniert ist, ganz ungeniert. Der Lucona-Ausschuß brachte etwa zutage, daß ein Informationsverbund zwischen Geheimdiensten und Polizei existierte. Verfassungsrechtliche Bedenken spielen hier offensichtlich keine Rolle. Verdeckte Ermittler und illegale Datensammlungen und -verwertungen könnten die nächsten Schritte sein. Schon heute treiben verdeckte Ermittler der EBS[95] Leute aus der "Szene" in die Rauschkriminalität. Der Fall "Norbert Bisko", wo der Verdacht besteht, daß verdeckte Fahnder als Dealer den inzwischen Verurteilten zur Straftat anstifteten, hat gezeigt, daß das Interesse an einer beeindruckenden Aufklärungsstatistik ohne Wimperzucken auch über ganze Familien hinwegrollt.[96]

Im Bereich der politischen Polizei wird der Zusammenhang zwischen den verschiedenen neuen Technologien besonders deutlich. Hochzentralisierte, katastrophenanfällige und extrem verwundbare Technologien lassen sich nur unter Hochsicherheitsbedingungen betreiben. Atomkraftwerke oder gentechnische Produktionen sind ohne Polizeischutz weder denk- noch machbar. Je mehr sich die Maschinen vom Menschen absondern, desto mehr müssen sie vor ihm geschützt werden.

Vielleicht gibt es für Regenwälder und Donauauen in der neuen Industriewelt keinen Platz mehr. Für den Platz der Polizei ist jedenfalls gesorgt.

95 Einsatzgruppe zur Bekämpfung der Suchtgiftkriminalität im Bundesministerium für Inneres. Bis heute gibt es für die verdeckten Ermittler keine Rechtsgrundlage.

96 S. Wiener, März 1989.

DIE VERKÄUFER

Selbstverständlich ist Österreich eine Insel. Und ein Boot, in dem alle zu sitzen haben. Und das erste Opfer Hitlers, wenn man schon darüber reden muß.

Inzwischen sind mehr als 200 000 Arbeitslose und 30 000 Obdachlose aus dem Boot gefallen.

Inzwischen sind wieder Filme verboten und Theaterstücke "unter dem Druck der öffentlichen Meinung" abgesetzt worden.

Inzwischen ist Kurt Waldheim Bundespräsident geworden. Von der Judenserie der Kronenzeitung führt ein gerader Weg zum vergeßlichen Staatsoberhaupt. In den kurzen Momenten, in denen das öffentliche Gedächtnis des Landes aufflackert, werden die Opfer, die als Zeugen gegen das Österreich, das nur seine Pflicht erfüllt hat, auftreten könnten, ein zweites Mal verurteilt. Und ein drittes Mal. Solange, bis Ruhe ist.

Die Nomenklatura

Den Blicken des Publikums voll preisgegeben saßen sie alle dicht nebeneinander: Gesundheitsminister Löschnak, Innenminister Blecha, Vizekanzler Mock, Nationalratspräsident Gratz und Bundespräsident Waldheim.

Franz Löschnak stand gerade im Verdacht, beim Bau seiner Villa illegale Hilfe in Anspruch genommen zu haben.

Karl Blecha wurde beschuldigt, sowohl im Waffen-Skandal als auch in der Lucona-Affäre die Ermittlungen zumindest schleppend geführt, vertuscht und möglicherweise selbst mitgetan zu haben.

Alois Mock hatte die Weitergabe entscheidender Beweismittel in der Causa "Noricum" verzögert.

Proksch-Intimfreund Leopold Gratz stand sowohl bei Noricum als auch bei Lucona zumindest in ebenso schiefem Licht wie sein Kollege Blecha.

Und Kurt Waldheim konnte sich nur verschwommen erinnern.

Der ORF war live dabei, und hunderttausende Fernseher konnten sehen, wie fünf der zehn angegriffensten österreichischen Politiker mit steinernen Minen das Geschehen rund um sie verfolgten.

Es war keine Anklagebank. Löschnak, Blecha, Mock und Gratz saßen auch nicht da, um sich den Fragen eines parlamentarischen Untersuchungsausschusses zu stellen. Die fünf Herren gedachten gemeinsam des 50. Jahrestages des Einmarsches der Nationalsozialisten in Österreich. Sie repräsentierten auch noch an diesem Tag das offizielle Österreich.

Kriminalfilme und politische Skandale haben eine Gemeinsamkeit: Sie schüren die Illusion vom großen, unverwechselbaren Einzelfall. Von dieser Illusion lebt die österreichische Nomenklatura.

Die Macht ist in Österreich ganz normal organisiert: Das große Geschäft, die hohe Bürokratie und die offizielle Politik führen seit Menschengedenken eine ungetrübte Dreierbeziehung. Jeder ist auf jeden angewiesen: Der Oberstaatsanwalt auf den Staatspolizisten, der Staatspolizist auf den Minister und der Minister auf den Versicherer oder den Versicherungsbetrüger, je nachdem, wie das Geschäft gerade angelegt ist.

In der Regel geht es um ganz normale Geschäfte: Straßen, Kraftwerke, Milch und Kanonen. Und meist ist es gar nicht notwendig, Gesetze zu brechen. Man kann sie sich ja ohnehin fast nach Belieben selbst maßschneidern.

Der Gesetzesbruch ist die Spitze des Eisbergs. Seine Basis bildet die politische Kultur der Nomenklatura.

Seit Jahrzehnten, seit es in Österreich keine politische Opposition mehr gab, wird die Macht im Staat parzelliert: Das Innen-, das Außen-, das Sozial- und das Wissenschaftsministerium gehören ebenso der SPÖ wie die Oberstaatsanwaltschaft Wien, die verstaatlichte Industrie und die Wiener Gemeindeverwaltung. Die ÖVP nennt dafür neben den meisten Landesverwaltungen das Landwirtschafts-, das Unterrichts-, das Verteidigungs- und das Justizministerium ihr eigen. Aus der Zeit der rot-blauen Koalition stammen noch einige freiheitliche Posteneinsprengsel: Überall dort, wo die FPÖ am Drücker war, zeigte sie, daß sie wenigstens die hohe Kunst des Postenschachers wie ein Großer beherrscht.

Natürlich ist da alles in Bewegung. In Zeiten der Großen Koalition gibt es wieder schwarze Einsprengsel in Wissenschaft und Außenpolitik. Kuhhändel sind immer drin.

Die Eigentumsrechte an der öffentlichen Verwaltung schaffen jedoch durchaus zweiseitige Abhängigkeiten: So haben Jahrzehnte der Parteibuchwirtschaft in Wien dazu geführt, daß die Wiener SPÖ ihre Funktionäre fast nur noch unter Gemeindebediensteten findet. Gemeinde und SPÖ sind damit so innig verschmolzen, daß längst nicht mehr klar ist, wer wen in dieser Umklammerung dominiert. So wie der Staat in streng abgegrenzte Parteireviere aufgeteilt wurde, so wurden die Parteien der Zweiten Republik - in unterschiedlichem Ausmaß - verstaatlicht.

Dabei wird von den gerade Regierenden peinlich darauf geachtet, daß die momentane Opposition gut eingebunden bleibt. Die FPÖ kann sich noch so kämpferisch gebärden - ihr Volksanwalt wird ihr von den beiden anderen Altparteien nach wie vor zugeschoben.

Lucona

In diesem Zusammenhang war der Lucona-Untersuchungsausschuß nur aus einem einzigen Grund einmalig: Er hat zum ersten Mal einen detaillierten Einblick ins Innere der Macht gegeben.

Wahrscheinlich war der Untersuchungsausschuß am Anfang nicht mehr als ein sozialistischer Betriebsunfall. Der Druck der Opposition wurde von Monat zu Monat unangenehmer. Karl Blecha und Leopold Gratz hatten ihrer Partei versichert, daß es nichts zu befürchten gäbe. Die Westen seien blütenweiß und keine Spur von Butter am Kopf. Da entschloß man sich, den Sprung ins Ausschußwasser zu riskieren.

Später habe ich mich bei Sozialisten erkundigt, warum sich die SPÖ auf den Ausschuß eingelassen hätte. Sie erzählten mir von einer dreifachen Kalkulation: Erstens sei die Zeit zur Vorbereitung so kurz bemessen, daß die Opposition kaum Chancen zur ordentlichen Vorbereitung habe. Zweitens sei bei Untersuchungsausschüssen noch nie etwas herausgekommen. Und drittens habe man die Medien weitgehend unter Kontrolle.

Der Sprung ins Wasser wurde ein Bauchfleck. Unsere Vorbereitung funktionierte auch dank des Einsatzes der Richterin Marianne Geyer besser, als wir es zu hoffen und die Sozialisten es zu fürchten gewagt hatten. Acht Stunden vor Beginn der Vernehmungen waren wir mit den Akten durch.[97] Entscheidend war aber die Öffentlichkeit. Zum ersten Mal mußten die Zeugen in Anwesenheit von Journalisten aussagen - und damit war die Öffentlichkeit praktisch live bei der großen parlamentarischen Expedition in den österreichischen Zentralsumpf dabei.

Ich habe vor keiner Arbeit im Parlament soviel Bauchweh gehabt wie vor diesem Ausschuß. Die anderen Parteien hatten ihre besten Juristen in den Ausschuß geschickt. Ich kannte die Justiz immer nur von der anderen Seite. Heute weiß ich, daß Koziol/Welser und Foregger/Serini nichts gegen Chandler/Hammett und Malet/Manzoni sind. Wer an der Wahrheit interessiert ist, tut gut daran, sich den Blick nicht durch die juristische Weltsicht trüben zu lassen.

97 Ich weiß bis heute nicht, ob es 100 000 oder 200 000 Seiten waren.

Karl Blecha jedenfalls redete sich um Kopf und Kragen, und Leopold Gratz zog es vor, rechtzeitig vor seiner Einvernahme ins Altenteil zu verschwinden. Rund um die beiden Spitzenpolitiker wurde aber der Sumpf erstmals ausgeleuchtet. Erstaunliche Handelnde traten auf: der schwer alkoholkranke Sicherheitsdirektor, der den Minister mit seinem vorauseilenden Gehorsam ganz schön in Schwierigkeiten brachte; der Salzburger Kriminalbeamte, der von den Interventionen die Nase voll hatte; der Sektionschef, der die Staatspolizei gekonnt einsetzte und der von einem Tag auf den anderen das Gedächtnis wiederfand; der Interpol-Chef, dessen Aktenvermerk verschwand; der ORF-Pressesprecher, der den Verschlußakt für den Minister zu Hause aufbewahrte; der Bruder des Ministers, der es mit einer Intervention probierte; der Gerichts- und Club 45-Präsident, der mit Proksch eine Spur zu gut befreundet war; der Oberstaatsanwalt, bei dem die Weisungswut ausbrach; der nächste Oberstaatsanwalt, der die Verfahren gegen die Politiker einstellte und gegen den Aufdecker ermitteln ließ, der gegen das Staatsanwaltschaftsgesetz verstieß und der den Ausschuß belog; der Sicherheitsdirektor, der die Entsendung von Interpol-Beamten zu Proksch nach Manila verbot; der Major, der den Sprengstoff frei Haus lieferte; der Generaltruppeninspektor, der die kürzesten "umfangreichen Untersuchungen" aller Zeiten vornehmen ließ; und schließlich die rivalisierenden schwarzen und roten Militärgeheimdienstler, die von nichts gewußt hatten.

Zehn Jahre Lucona-Vertuschung waren nur deshalb möglich, weil fast alle mittaten. Zehn Jahre lang wehrte sich ein knappes Dutzend Beamte gegen ein Heer von Mitläufern, das stur und ohne Rücksicht auf Gesetze und Bestimmungen auf dem Club 45-Kurs vor sich hintrabte. Und zehn Jahre lang wurden die, die noch immer keine Ruhe geben wollen, eingeschüchtert und gemaßregelt. Von Disziplinarverfahren bis zur Stapo-Bespitzelung quer durch das ganze Land probierten die Freunde des Herrn Udo alles.

Die Zeugenvernehmungen waren eine Serie von Dammbrüchen. Ein Spitzenpolitiker und ein Spitzenbeamter nach dem anderen ging unter. Als die SPÖ von Blecha und Gratz immer weiter in die Tiefe gezogen wurde, tat sie etwas für sie Außergewöhnliches: Sie trennte sich von zwei verdienten Genossen. Genützt hat es ihr nicht viel. Die Begleitmusik zur groß angekündigten Selbstreinigung spielte einfach zu falsch. Niemand glaubte auch nur ein Wort, als Parteivorsitzender Vranitzky die historischen Verdienste des gefallenen Innenministers würdigte.

Wir haben im Lucona-Ausschuß einen langen Marsch durch die Eingeweide der österreichischen Macht hinter uns gebracht. Wir haben dabei erstmals berichten können, wie der Filz aus Politik, Geschäft und

Bürokratie wirklich funktioniert. Nach diesem Ausschuß ist das Leben für die Nomenklatura unsicherer geworden. Wenn einem Spitzenpolitiker die übliche Mitwisserschaft nachgewiesen werden konnte, hat es bisher fast immer gereicht, das Amt zurückzulegen. Mehrere hunderttausend Schilling Pension und einige Millionen Abfertigung waren Schweigegeld genug.

Ab einer gewissen Schadenshöhe und ab einem gewissen Rang des Beschuldigten läßt das Strafrecht einfach aus. Jetzt haben Verdächtige vom Ex-Bundeskanzler abwärts zum ersten Mal mit gerichtlicher Gleichbehandlung zu rechnen. Damit ist das wichtigste Sicherheitsnetz der feinen Gesellschaft zerrissen: Wenn man sich nicht mehr darauf verlassen kann, daß nichts passiert, dann bleibt einem im Ernstfall oft nichts anderes über, als auszupacken. Sonst bleibt alles an einem selbst hängen.

Bei Gernot Preschern ist am 12. Juni 1987 das Netz zum ersten Mal gerissen. Mit seinem Geständnis hat er die Noricum-Lawine zum Abgehen gebracht. Das Mauern ist vorbei.

Der Lucona-Ausschuß war für mich aber auch aus einem ganz anderen Grund wichtig: Ich habe Tag für Tag die mächtigsten Männer hinter den Kulissen der Staatsmacht kennengelernt. Genau das waren die größten Überraschungen. Hinter den kalten, glatten Masken der hohen Bürokratie verbergen sich in der Regel teils furchtsame, teils unfähige, gar nicht selten auch schwer deformierte und kranke Menschen. Führende politische Polizisten, die stockbetrunken durch den Alltag polizeilicher Macht taumeln, geben einen klaren Hinweis darauf, wie enorm die persönlichen Zerstörungen gerade dort sind, wo Menschen zum Träger des Unmenschlichen werden: der Bespitzelung, der politischen Einschüchterung, stets bereit zum Dienst an der Willkür der Mächtigen.

Unsere Zusammenfassung der vier wichtigsten Ergebnisse des Ausschusses gilt nach wie vor:

"Der Lucona-Untersuchungsausschuß hat in den letzten Monaten große politische Bedeutung gewonnen. Einige hohe politische Funktionäre haben ihre Ämter zurücklegen müssen. Das ist vielleicht das spektakulärste, mit Sicherheit aber nicht das wichtigste Ergebnis des Ausschusses.

Dem Lucona-Ausschuß ist es erstmals gelungen, die konkreten Verhältnisse von Macht und Machtmißbrauch in unserem Land darzustellen. An die Stelle allgemeiner Anschuldigungen sind handfeste Beweise getreten. Die Macht hat sich mißbrauchen lassen und über weite Strecken auch noch penibel Buch darüber geführt.

Darüber hinaus ist es dem Ausschuß zumindest zum Teil gelungen, verlorengegangenes Vertrauen in das Parlament als wichtigstes Organ zur Kontrolle staatlicher Macht wiederzugewinnen.

Und nicht zuletzt ist das erste Mal der überzeugende Beweis geführt worden, daß die wichtigste Voraussetzung für eine funktionierende parlamentarische Demokratie die Herstellung von Öffentlichkeit ist. Ohne die erstmalige Zulassung von Öffentlichkeit hätte der Ausschuß ohne Weiteres das Schicksal vieler seiner Vorgänger erleiden können - die Öffentlichkeit hat das verhindert. Wo kritische Journalisten Augenzeugen sind, ist schwer zu vertuschen." [98]

Parlament

Im Dezember 1986 sind wir als kleinste Fraktion ins Parlament eingezogen. Die Realität der parlamentarischen Demokratie haben wir schnell kennengelernt.

Plenartage - im Hausmund "Haussitzungen" - sind die Besichtigungszeiten der Demokratie. Haussitzungen finden an zwei Austragungsorten statt: im Plenum und in der Cafeteria.

Im Plenum stehen einander politische Gegner gegenüber. Ihre Aufgabe: Sie stellen eine Debatte dar. Abgeordnete, deren Namen wenige Bänke weiter nur Eingeweihte kennen, lesen monoton vom Blatt. Die Kür wird im Hohen Haus zwei- bis dreimal pro Jahr lustlos absolviert - wissen doch rund 160 von 183 Abgeordneten, daß sie nur für das Protokoll reden. Der Nachweis, gesprochen zu haben, genügt - höhere Anforderungen stellt das Parlament an den Großteil seiner Abgeordneten nicht.

Das Plenum ist die Scheinwelt, die Cafeteria die Wirklichkeit. Das Du-Wort ist üblich, und der Alkoholkonsum findet mit zunehmender abendlicher Länge der Plenardebatten fraktionsübergreifend statt. Gegen Abend wandert das Plenum in die Cafeteria. Nur zwischendurch, kurz vor Abstimmungen oder wenn plötzlich politische Gegensätze aufbrechen, fluten die Abgeordneten zurück in die Debatte. Dann herrscht im Plenum manchmal Bombenstimmung.

Die Mandatare sind sich ihrer Machtlosigkeit wohl bewußt. Ihr willenloses Hinterhertrotten hinter den Leithammeln ihrer Fraktion ist kein Ausdruck einer unpolitischen Grundhaltung. Es ist Resultat klarer

98 Bericht der Grünen zur Arbeit des parlamentarischen Lucona-Untersuchungsausschusses, Beilage zu profil 27/1989, S. 29/30.

Einsicht in die realen politischen Verhältnisse. Sie haben zur Kenntnis genommen, daß die Politik, die sie zu bereden haben, nicht in diesem Haus gemacht werden darf. Einige von ihnen - die Vertreter der großen Verbände an der Spitze - sind damit zutiefst einverstanden. Andere haben sich zumindest eine Zeitlang gewehrt. Dann haben auch sie resigniert. Und wenn sie schon keine Gegenwart haben, dann bleibt ihnen hin und wieder als Verschnaufpause auf der parteiinternen Karriereleiter doch wenigstens eine Zukunftswerkstätte.

Manchmal wird es im Plenarsaal trotzdem spannend. Es ist uns einige Male gelungen, Widersprüche aufbrechen zu lassen und Debatten zu provozieren. Der Streit um die Nebenbahnen und um die EG, die Eskalation der Immunitätsfrage im Herbst 1988 und immer wieder die Skandale von SPÖ und FPÖ, da haben viele gespürt, was das Parlament eigentlich sein könnte.

In diesen Momenten ist immer dasselbe passiert: Die Klubobmänner der drei Altparteien rasen zu ihren Sitzen und beginnen, dem ratlosen Präsidenten oder seiner Stellvertreterin Regiezeichen zu geben. Nationalratspräsident Pöder hat sich so von SPÖ-Klubobmann Heinz Fischer durch die gesamte EG-Debatte leiten lassen. Soll eine "tatsächliche Berichtigung" der Grünen nach hinten verschoben werden, soll man der Opposition das Wort entziehen - die unsichtbaren Fäden, an denen das Präsidium zappelt, werden in der Hitze der wenigen wichtigen Debatten zu dicken, gut sichtbaren Stricken.

Einmal allerdings brach die gesamte Regie zusammen. Die Klubobmänner Fischer und König hatten sich in der Immunitätsfrage in eine heillose Situation taktiert. Eine Abstimmungsniederlage der SPÖ drohte. Beide hatten ihre Klubs längst nicht mehr im Griff. Der Klubzwang war in Gefahr. Da kam Hilfe von außen. Vom Bundeskanzler auf der Regierungsbank und dem ÖVP-Generalsekretär in der Ehrentribüne überwacht, ließ sich noch einmal das Schlimmste verhindern. Und niemanden störte etwas an dem Gedanken, daß jetzt schon parlamentsfremde Parteigranden nötig waren, um die Ringe durch die Nasen der großkoalitionären Abgeordneten zu ziehen.

Seit wir im Parlament sind, hat die Geschäftsordnung übrigens eine neue Funktion bekommen: In einer Reform haben sich die Großparteien ein dickes Paket zur Einschränkung des freien Rederechts geschnürt. Mit dem Trick "Blockredezeit" kann dem einzelnen Abgeordneten jetzt von der Mehrheit überhaupt sein Rederecht verweigert werden.

Hinterbänkler

Rund 160 der 183 Abgeordneten sind daher aber noch längst nicht funktionslos. Weitab von ihrem verfassungsmäßigen Auftrag vertreten sie Interessen - eigene und eigenartige. Ein paar Beispiele stehen dabei für viele:

Zink + Umweltsprecher = Umweltpreis

"Was wir ins Wasser leiten, ist völlig legal', betont Lenzing-General Winter, 'für Zinkemissionen gibt es keine gesetzlichen Vorschriften. Die Sache wird von Leuten hochgespielt, die keine Ahnung haben." [99]

Die oberösterreichischen Grünen, "die Leute, die keine Ahnung haben", stellten folgendes fest:

- Die Chemiefaser Lenzing AG speist die Ager, den zweitgrößten oberösterreichischen Fluß, Woche für Woche mit 14 000 kg Zink.
- Im Flußsediment beträgt das Zinkvorkommen bereits 33 000 mg pro kg und liegt damit an der unteren Grenze zu abbaubaren Erzvorkommen. *"Die Ager könnte also als Bergwerk dienen".* [100]
- "In der Nähe des Werkes der Lenzing AG wurde der höchste Wert (für Schwefelgehalt in Baumnadeln) in ganz Österreich festgestellt", meldet der "Grüne Bericht 87" der oberösterreichischen Landesregierung.
- 1986 erhielt die Lenzing AG den Umweltpreis des Landes Oberösterreich.
- Peter Keppelmüller ist Industriechemiker der Chemiefaser Lenzing AG. Und Umweltsprecher des SPÖ-Parlamentsklubs.

Immer, wenn es um Chemie geht, wird Keppelmüller kämpferisch. Solange der sozialistische Umweltsprecher noch etwas zu sagen hat, ist die Chemie zumindest in seiner Partei vor der Umwelt sicher. Bei der PVC-Enquete etwa fand der angefeindete Kunststoff in Keppelmüller seinen vehementesten Fürsprecher. Der Lenzinger Abgeordnete muß überzeugend gewesen sein: Umweltministerin Flemming setzte sich sogar über einen Beschluß des Ausschusses hinweg und beauftragte via UBA ausgerechnet das von Keppelmüller gewünschte, vom Umweltausschuß aber abgelehnte Kunststoffinstitut mit einer Expertise über PVC.

99 profil 28/1988.
100 Ebda.

Die vollständige Liste umfaßt weit mehr als hundert Namen. Nur wenige im Parlament sind keinen Lobbies verpflichtet. Da sitzen die Raiffeisen-Funktionäre und teilen sich die Bauern auf. Weiter rechts haben die Betriebsräte aus der Energieindustrie mit ihrem Bauchladen aus Staudämmen, kalorischen Kraftwerken, E-Heizungen und 380 KV-Leitungen ihre Sitze. Dazwischen, auf beiden Seiten des Hauses, die Kollegen vom Bau auf der Suche nach Flecken Land, die noch nicht mit Beton und Asphalt versiegelt worden sind. Es ist ein ständiges Hin und Her hinter den Kulissen. Ein paar ruhige Stunden im Plenum sind dann die Verschnaufpausen, die sich die namenlosen Interventionisten verdient haben.

Um ihre Diäten wenigstens zum Teil rechtzufertigen, geben alle miteinander Tag für Tag die Posse "Hohes Haus". Da offene Interessenspolitik in aller Öffentlichkeit viel zu gefährlich wäre, greifen alle gemeinsam zum Politikersatz. Aus dem banalsten, nebensächlichsten Unsinn wird ein "Thema" gemacht. Und dann laufen die Münder heiß.

Die Debatte um die Nummerntafeln war ein Musterbeispiel. Die alten müssen weg - wahrscheinlich will der Verkehrsminister nummernmäßig europareif werden. Die neuen sind weiß, warum nicht. Wie man die Bewegungskonserve "Auto" durchnumeriert, ist doch letzten Endes egal.

Dann kam der Maler, der damals, als er in den Hörsaal schiß, erster Staatsfeind war, und erklärte, daß die nationale Eigenart in Gefahr sei. Schwarz müsse die Tafel sein, das sei österreichisch.[101] Der Kärntner Kleinführer hängte sich an, und mit ihm die ÖVP. Damit hatten es die Nummerntafeln geschafft: Sie waren ein Politikum.

Selbstverständlich sind jedem der Beteiligten die Nummerntafeln vollkommen wurscht. Der große Tafelstreit hat aber einen großen unbezahlbaren politischen Vorteil: Man kann sich rückhaltlos engagieren und gleichzeitig völlig sicher sein, daß man niemandem damit weh tut. Genau zu diesen Bedingungen engagieren sich die Damen und Herren Mandatare am liebsten.

In den Pausen zwischen den großen Lächerlichkeiten erstickt das Parlament in der täglichen Banalität. "Handelsausschuß am 10. Mai 1989 um 10 Uhr, Lokal III: Ergänzte Tagesordnung, Punkt 5.) Regierungsvorlage: Abkommen zwischen der Republik Österreich und der Schweizerischen Eidgenossenschaft betreffend anderes Joghurt aus der Unternummer 0403 10 B des Österreichischen Zolltarifs, ausgenommen

101 Derselbe Maler hat sich übrigens dem Wiener Bürgermeister zur Behübschung der abgebrannten Müllverbrennungsanlage in der Spittelau angetragen. Zwischendurch läßt er sich als Grüner feiern.

Joghurt mit Zusatz von Kakao samt Anhang (899 der Beilagen)." Wir haben uns durch die schwierige Materie durchgekämpft und unseren Joghurtfrieden mit der Schweiz geschlossen. Genau dafür ist das Parlament ja da.

Was es für die Demokratie bedeutet, wenn Volksvertreter ihrer eigenen Entmündigung auch noch applaudieren, welche Auswirkungen es hat, daß das Gros der Abgeordneten das Parlament als politischen Markt nützt und dort ungeniert und für jedermann gut sichtbar den Stand seiner Lobby aufstellt, was es heißt, wenn die Geschäftsordnung für jede Fraktion völlig unterschiedlich und willkürlich interpretiert wird, das läßt sich in vollem Umfang wohl schwer abschätzen. Zur Stärkung demokratischer Verhältnisse trägt es kaum bei.

Das ist die eine Seite. Wie es aber sein könnte, wenn das Parlament sich selbst ernst nimmt, das hat der Lucona-Ausschuß gezeigt. Mit jeder Woche haben sich einzelne Abgeordnete aus den Fesseln ihrer Klub- und Parteizwänge befreit. Ludwig Steiner von der ÖVP brillierte als genauer, korrekter und witziger Vorsitzender. Felix Ermacora fragte oft auch dort weiter, wo für seine Partei nichts zu holen war. Michael Graff ließ oft auch dann nicht locker, wenn es gegen einen "Eigenen" ging. Und auch Sepp Rieder von der SPÖ enttäuschte mit zunehmender Ausschußdauer immer öfter die Hoffnung seiner Parteifreunde, ihnen um jeden Preis die Mauer zu machen.

Sicher sind die Genannten nicht wirklich über die Schatten ihrer Parteien gesprungen. Sie haben aber dazu beigetragen, daß diese Schatten kürzer wurden. Und jeder hat gespürt, was es bedeuten kann, wenn wirklich freie Abgeordnete vor den Augen einer wachen Öffentlichkeit die Interessen ihrer Wähler vertreten.

Vom Mensch zum Funktionär

Jungpolitiker werden aus verschiedenen Motiven zu ebensolchen. Manche reden gern mit Menschen und tun sich in anderen Berufen schwer. Für andere ist es ein Job wie jeder. Und einige fühlen sich berufen. Sie wollen etwas verändern, die Welt sozialistischer oder deutscher oder sonstetwas machen. Sie sind wichtig für die Parteien, denn sie füllen ein wenig von der Substanz nach, die den Altparteien aus vielen Löchern zerrinnt. Cap war Jungpolitiker, und vor ihm waren es Blecha, Steinbauer und viele andere.

Jungpolitiker werden irgendwann alt. Irgendwann kommen sie drauf, daß sie die geworden sind, die sie vor einer Ewigkeit aus tiefster Überzeugung bekämpft hatten. Damit ist ihr Reifungsprozeß abgeschlossen.

Sie sind Teil einer ehrenwerten Gesellschaft geworden. Man kann sich auf sie verlassen.

Die Domestizierung eines Jungpolitikers findet entgegen einem alten Vorurteil nicht in einem einzigen, dramatischen Akt statt. Das Einbrechen setzt sich aus vielen kleinen Brüchen zusammen - "taktische Zugeständnisse" alle für sich und eine immer gleiche Chronologie des Versagens, der Ängstlichkeit und der Korrumpierung alle nacheinander.

Der Jungpolitiker durchläuft dabei mehrere, im großen und ganzen standardisierte Anpassungsverfahren. Das bekannteste davon: die öffentliche Unterwerfung. Josef Cap hat diese Dressurnummer bei der parlamentarischen Abstimmung über Frischenschlager nach der Reder-Affäre zur Zufriedenheit absolviert. Eleganz und Stil werden dem Jungpolitiker bei diesem Auftritt fairerweise nicht abverlangt, sie wären schlicht und einfach nicht möglich.

Wohl ebenso wichtig ist ein zweites Verfahren: der Einsatz in einer Strafaktion gegen den jüngeren Nachwuchs und gegen die eigene Überzeugung. Ich habe selbst einen damaligen Partei-Zentralsekretär - damals noch "Linker" in der SPÖ-Spitze - erlebt, als er von der Partei losgeschickt wurde, um den VSStÖ, die sozialistischen Studenten, zu maßregeln. Wir hatten gemeinsam mit anderen, darunter auch Kommunisten, gegen die Neonazis demonstriert. Der Sekretär erledigte die Arbeit und ein weiteres Stück seiner Vergangenheit. Später war er dann ein bekannter Innenminister.

Dabei haben jene, die ihre Vergangenheit auf diese Weise loswerden müssen, immer mit dem Kainsmal des politisch vielleicht doch nicht ganz Zuverlässigen zu leben. Nicht nur ihre oft übergroße Bereitschaft zum Bückling, auch ihre Vergangenheit macht sie verdächtig. In einer Zeit, in der der Supermarkt "Partei" immer mehr richtigen Managern direkt aus der Wirtschaft anvertraut wird, gilt der traditionelle Politiker als vorbelastet. Das Blatt "Vranitzky" kann von Werbefachleuten je nach Bedarf neu beschrieben werden, während am Blatt des ehemaligen Innenministers oder des aktuellen Zentralsekretärs ganz oben immer noch etwas von "sozialistischer Jugend" und "links" steht. Und da helfen noch so viele Polizeieinsätze nichts - der Mann hat vielleicht immer noch ein Gewissen, und wenn es nur ein schlechtes ist.

Das Resultat der verzwickten Situation sind dann Unterwerfungen, die niemand verlangt hat. Oder vielleicht ist das auch schon Gewohnheit. Der eine entdeckt dann plötzlich das Bundesheer, der andere wird ein politischer Polizist, und der Dritte bietet Jörg Haider die Hand zur Koalition. Alle drei bleiben sie im Regen stehen. Sie haben als Linke nicht das Gefühl für notwendige Distanzen gefunden, als Heimat lose finden sie es schon gar nicht.

Arbeitsloses Einkommen - ein Grundrecht

Der durchschnittliche Abgeordnete ist einem doppelten Arbeitsleid ausgesetzt: Zum ersten geht es mit dem Lobbyismus nicht mehr so einfach wie früher. Zu viele legen sich quer. Und zum zweiten macht es einfach keinen Spaß, ständig mit dem Kainsmal des Klubzwangs den Blicken der kritischen Öffentlichkeit ausgesetzt zu sein. Daß es dafür 42 000 Schilling netto gibt, ist zumindest ein kleiner Trost.

Ein wichtiger Ansatz zur Lösung der sozialen Probleme liegt in der Entkopplung von Erwerbsarbeit und sozialer Absicherung. Das Glück, Arbeit zumindest gehabt zu haben, soll nicht mehr die Voraussetzung für eine menschenwürdige Existenz sein.

Die führenden Politiker von SPÖ, ÖVP und FPÖ stehen diesem Vorschlag nach wie vor durch die Bank negativ gegenüber. Sie vertreten den alten Grundsatz "Wer nicht arbeitet, soll auch nicht essen". Die große Ausnahme von dem Grundsatz sind sie selbst.

Da ist zum Beispiel der Wehrsprecher der SPÖ und Abgeordneter zum Nationalrat. Er hat jahrelang einen Großteil seiner Arbeitskraft für die Beschaffung des Draken eingesetzt. Der Wehrsprecher ist aber noch mehr: Neben dem Nationalrat steht er auch als Vizepräsident der Arbeiterkammer und als leitender Beamter der ÖBB zur Verfügung. Die schwer defizitäre Eisenbahn läßt sich den Abgeordneten monatlich rund 60 000 Schilling kosten.[102] Der Wehrsprecher ist ein eifriger Parlamentarier. Für die Bahn bleibt da wenig Zeit. Er ist zwar Leiter der Transportabteilung der ÖBB-Direktion Villach. Er ist aber bei vollen Bezügen freigestellt.

Die Richterin und Anti-Privilegien-Kämpferin der FPÖ kassiert wie viele andere 75 Prozent Gehalt für 25 Prozent Arbeit: *"Ich verzichte nicht, weil ich dafür auch arbeite."* [103]

Und so wie der Wehrsprecher und die Richterin halten es auch fast alle anderen. Ein einziger ist bisher aus diesem System ausgebrochen: Der frühere grüne Abgeordnete Walter Geyer wollte mit Antritt seines Mandats auf seinen gesamten Bezug als Staatsanwalt verzichten. Am 30. Jänner 1987 wies die Republik dieses Ansinnen zurück: "Aufgrund

102 S. Kleine Zeitung 13.3.1988.
103 Ebda.

der dargelegten Rechtslage und mangels anderer gesetzlicher Bestimmungen war spruchgemäß zu entscheiden."

Walter Geyer prozessierte weiter um sein Recht, für nicht geleistete Arbeit auch nicht bezahlt zu werden. Ende 1987 gewann er seinen Prozeß. Damit konnte er der Republik bereits aufgelaufene 200 000 Schilling zurücküberweisen.

Würden die anderen 513 Politiker, die sich aus dem gleichen Topf ihre Doppelbezüge holen, ebenfalls verzichten, könnte das Budget jedes Jahr um 184 680 000 Schilling entlastet werden. Die Abgeordneten von SPÖ, ÖVP und FPÖ garantieren dafür, daß auch hier nichts passiert.

Die Sozialpartner lassen warten

Die große Überraschung für wohl alle Neulinge im Parlament ist dessen geringe Bedeutung. Von den wichtigsten Informationsquellen abgeschnitten und dem Klubzwang mit Haut und Haaren ausgeliefert, sitzen 175 Abgeordnete ihre Sitzungsperioden ab. Das ständige Lauern auf einen Wink des Zentralsekretärs, der routinemäßig wiederholte Versuch, gut sichtbar vor allen Klubkollegen einmal ein paar Minuten ganz allein mit dem Bundeskanzler plaudern zu dürfen, prägen mehr als die politischen Fronten, die ab und zu doch noch quer durch den Plenarsaal und quer durch die Parteien selbst sichtbar werden.

Im Juni 1987 stand der Finanzausschuß vor wichtigen Beratungen. Mit der Teilprivatisierung der ÖMV sollte die große Privatisierungswelle eingeleitet werden. Für die schwer angeschlagene verstaatlichte Industrie sollten 30 weitere Milliarden beschlossen werden.

Eines Morgens wartet der Finanzausschuß. Fast alle sind anwesend. Nur die Wichtigsten von ÖVP und SPÖ - wie Taus und Novotny - fehlen. Nach einer knappen Stunde Warten kommt ein Klubsekretär. Man habe sich noch nicht geeinigt. Der Ausschuß möge bitte noch ein wenig Geduld...

Eine halbe Stunde später sind die Sozialpartner einen Stock höher noch immer nicht soweit. Ein weiterer Sekretär kommt und schickt den Ausschuß nach Hause. Der Vorsitzende bedauert, man werde uns wieder rufen...

.... Tage später sind wir wieder vorgeladen. Taus & Co. fehlen. Nach einer halben Stunde ein Klubsekretär. Geduld. Die Kollegen von SPÖ und ÖVP wissen auch nicht genau, wo es sich spießt. Dann ein Sozialist: Die ÖVP habe ihre Zustimmung zur Einkommensteuerreform von einer Erhöhung des Margarinepreises abhängig gemacht.

Nach einer weiteren halben Stunde sind Taus und die anderen plötzlich da. Die Koalitionsabgeordneten werden in Sekundenschnelle informiert und haben sofort eine Meinung. Einer nach dem anderen beginnt die Vorzüge der neuen Gesetze zu preisen. Das Ritual wird unter peinlich genauer Beachtung aller Usancen absolviert. Die FPÖ protestiert "im Namen der Wirtschaft", alle lachen einander freundlich an. Abstimmung, aus.

Verteilungsbericht

Ähnliches passiert immer wieder - wie etwa beim Verteilungsbericht. Viele Jahre hat die Regierung gebraucht, um einem Auftrag des Parlaments nachzukommen. 1987 war der Bericht über die Auswirkungen der staatlichen Ausgaben auf die Einkommensverteilung dann fertig. Ein Jahr später stand er am 20. September auf der Tagesordnung des Finanzausschusses.

Der Finanzminister war verhindert. Staatssekretär Stummvoll, sein Stellvertreter aus der ÖVP, stand dem Ausschuß an seiner Stelle zur Verfügung.

Nach der ersten Wortmeldung war klar: Der Herr Staatssekretär hatte von der Sache keinen Tau. Dafür gab es auf jede Frage ein sonniges und verständnisvolles Lächeln und jede Menge Offenheit: Ja, er kenne sich da eigentlich nicht aus. Ja, er wisse nicht, wie das ganze mit der Steuerreform zusammenhänge. Ja, bei ihm sei man in diesem Ausschuß an der falschen Adresse, aber sonst sei leider niemand da.

Am Anfang versuchten einzelne ÖVP-Abgeordnete noch, dem völlig hilflosen Staatssekretär beizustehen. Dann ließ man es bleiben und saß wieder einmal eine Sache durch. Keinem fiel auf, wie leicht es sich die Regierung schon mit diesem Parlament machen konnte. Nicht einmal das Auskunftsrecht wird von den Abgeordneten mehr ernstgenommen. Das nächste Mal schickt der Finanzminister den Osterhasen, und einer nach dem anderen wird seiner wirtschaftspolitischen Brillanz ein Loblied singen.

1938 - das Parlament schweigt

Die tägliche Routine des Parlaments wird im großen und ganzen zutreffend als "Abstimmungsmaschine" beschrieben. Fast jeder hat sich damit abgefunden, daß die politischen Entscheidungen woanders fallen. Manchmal kann sich das Parlament aber um große politische Auseinandersetzungen nicht drücken. Manchmal wählt sich die Geschichte gegen den Willen der Parteien das Parlament als Bühne. Immer dann wird es besonders peinlich.

1987 war es allen schon klar: Das Jahr 1988 könnte für einige sehr unangenehm werden. 50 Jahre nach dem Tag, an dem die Erste Republik beendet worden war, herrschte nach wie vor Sprach- und sonstige Verwirrung. Alois Mock erinnerte sich an ein Österreich, das erstes Opfer geworden war, Franz Vranitzky machte auch ein paar Täter aus, und Kurt Waldheim hatte wieder alles vergessen.

Für das Parlament war das Programm im Herbst 1987 vorgegeben: In einer Sondersitzung des Nationalrats würde am 11. März von Vertretern aller vier Parteien des Anschlusses gedacht werden. Würdig, versteht sich. Alois Mock wollte einen fünften Redner: Kurt Waldheim. Das war sogar dem Kanzler zuviel.

Ein paar Wochen später waren die Hosen der Großen Koalition gestrichen voll. Man war daraufgekommen, daß eine Debatte im Nationalrat der Kontrolle der Koalition entgleiten könnte. Daß über die Wurzeln des Faschismus debattiert werden könnte. Und über das Dollfuß-Bild, das nach wie vor im Klub der ÖVP hängt. Und über Haider. Und über Michael Graffs Würgversuche. Und eben über Waldheim. Die Sondersitzung - bereits im Parlamentskalender eingetragen - wurde wieder abgesagt.

Der nächste Versuch bescherte dem Parlament eine Bundesversammlung. Nationalrat und Bundesrat sollten gemeinsam feiern. Die Gefahr, daß die Panne einer Diskussion passieren könnte, war verkleinert worden, aber nicht völlig gebannt. Die Bundesversammlung wurde wieder abgeblasen.

Dritter Anlauf. Kurt Waldheim lud zu einem Staatsakt in den Leopoldinischen Trakt der Hofburg. Vranitzky sagte zu - unter der Voraussetzung, daß der Gastgeber den Mund halte. Kurt Waldheim, Demütigungen gewohnt, versprach präsidiales Schweigen. Wenn nur jemand zu ihm in die Hofburg käme.

Fürs Parlament war's zu wenig. Irgendwas mußte am 11. März, an dem Tag, an dem die Welt genau auf Österreich schauen würde, im Hohen Haus passieren. Das Parlament konnte nicht einfach geschlossen bleiben.

Da hatte Klubobmann Fischer eine seiner Ideen. Eine Gedenktafel, Musik, und Reden: eine vom Präsidenten des Nationalrats und eine von seinem ÖVP-Kollegen aus dem Bundesrat. Und ein Maulkorb für das Parlament.

Das nächste Problem bescherte die Ehrentafel der Koalition. Beide Regierungsparteien konnten sich einigen, darauf Parlamentarier, die zu

Opfern des Faschismus geworden waren, zu verewigen. Für die SPÖ begann die Ära des Faschismus in Österreich mit 1934, für die ÖVP erst vier Jahre später. Die ÖVP setzte sich durch. Die SPÖ schlug vor, nur Opfer der Nazis parlamentarisch zu ehren, die als Verteidiger der österreichischen Demokratie in die Geschichte eingegangen sind. Die ÖVP lehnte ab und setzte sich durch. Das Problem der ÖVP war klar: Die christlichsozialen Parlamentarier, die sie aufbieten konnte, hatten allesamt aktiv an der Zerschlagung der österreichischen Demokratie 1933/34 mitgewirkt.

Ein Kompromiß wurde gefunden: Jede Partei - Sozialdemokraten, Christlichsoziale und Deutschnationale - bekam ein Kontingent, das sie nach Gutdünken mit Opfern eigener Wahl auffüllen konnte. Die SPÖ hatte kein Problem. Und die ÖVP löste das ihre mit gewohntem Taktgefühl: Sie nominierte Richard Steidle.

Richard Steidle war Führer der Heimwehr. Der Historiker Charles Gulick schildert Steidles Rolle beim erfolgreichen Versuch der Heimwehr, die Demokratie in Österreich zu vernichten:

"Schließlich proklamierte Steidle am 18. Mai 1930 bei einer Versammlung in der kleinen niederösterreichischen Stadt Korneuburg 'die Politik und das Gesetz der Heimwehr'. Jedes Mitglied mußte feierlich geloben, den Grundsätzen treu zu bleiben, die in diesem bemerkenswerten Dokument niedergelegt sind, das in die politische Geschichte Österreichs als 'Korneuburger Eid' eingegangen ist. Die entscheidenden Partien dieser Proklamation lauteten:

> *'Wir wollen Österreich an Stamm und Wurzeln erneuern. Wir wollen den Volksstaat der Heimwehr... Wir wollen die Macht im Staat ergreifen und Staat und Wirtschaft umwandeln. Wir müssen bedingungslos alle Parteibindungen und alle Parteiforderungen unserem Kampfziel unterordnen... Wir verwerfen den westlichen Parlamentarismus und den Parteistaat. Wir wollen ihn durch die Selbstverwaltung der Stände und eine starke Führung des Staates ersetzen, die nicht aus Parteienvertretern gebildet sein wird, sondern aus den führenden Persönlichkeiten der großen Stände und den besten und fähigsten Männern unserer Bewegung... Jeder Kamerad... kennt die drei Quellen seiner Kraft: seinen Gottesglauben, seinen eigenen zähen Willen und das Wort seiner Führer.'*

Und in der Rede, in der Steidle dieses Programm verkündigte, sagte er: 'Die schicksalsschwere Frage für die Heimwehr lautet: Will sie wie bisher bloß der Einpeitscher politischer Parteien sein oder will sie sich - um ein Schlagwort zu gebrauchen - für das faschistische System erklären? Das ist eine klare und einfache Formulierung.'" [104]

104 Charles GULICK: Österreich von Habsburg zu Hitler, Bd. III Wien o.J., S. 162.

Das ist auch heute noch klar und einfach: Alois Mock und seine ÖVP gedenken der Opfer des Faschismus mit der Ehrung eines der bedeutendsten Faschisten Österreichs. Die Opfer und die Täter werden auf eine Stufe gestellt.

Wir blieben der Ehrung Richard Steidles in der Säulenhalle des Parlaments fern. Trotzdem ist es ÖVP, SPÖ und FPÖ gelungen, sich über diese Tage hinwegzuschwindeln. Der schmierige Umgang mit der eigenen Geschichte hat sich noch einmal gelohnt. Das Gedenkjahr wurde einfach vorzeitig abgeblasen. Das Parlament hat jedenfalls mit seinem historischen Totalausfall vor aller Welt belegt, daß es nichts mit sich anzufangen weiß.

Parteien

In den achziger Jahren ist die österreichische Parteienlandschaft nach einer langen Zeit der Erstarrung wieder in Bewegung gekommen. Was dabei heute hierzulande passiert, ereignet sich parallel dazu in großen Teilen der Welt: Die traditionellen Führungsparteien der Nachkriegszeit verlieren massenhaft an Einfluß, und mit der neuen Rechten auf der einen und den Grünen auf der anderen Seite entwickeln sich politische Kräfte, deren Zukunft in weiten Bereichen noch offen ist.

Schöne neue SPÖ

Das Ende der Sozialdemokratie

Hundert Jahre ist sie jetzt alt, die österreichische Sozialdemokratie. Viktor Adler, der Gründervater der Partei, würde sie nicht wiedererkennen. Wahrscheinlich macht das aber nicht viel - nur wenige an der Spitze der SPÖ würden heute ihrerseits Viktor Adler erkennen.

Von Otto Bauer zu Adolf Schärf, von Bruno Pittermann zu Bruno Kreisky - die politischen Charaktere der Parteiführer spiegeln die Entwicklung wieder: von der sozialdemokratischen Massenpartei der Arbeiter zur Massenpartei mit Arbeitern unter Duldung von Sozialdemokraten.

Die österreichische Sozialdemokratie war nie viel mehr als das - einmal wenigstens strahlende - Spiegelbild der bürgerlichen Gesellschaft, deren Überwindung sie als Ziel proklamiert hatte. Sie wollte eine Gesellschaft der großen Industrie, aber ohne ihre Herren, die ohnehin nur unförmig in zu klein geratene Nadelstreifanzüge gezwängt riesige Zigarren rauchten. Eine heroische, möglichst klassische Kultur - für alle, und nicht nur für wenige wie bisher. Und einen wahrhaft demokratischen Staat. Das Haus war ihr recht - der Wohnraum sollte nur anders verteilt werden.

Die österreichische Sozialdemokratie bot schon früh ihr Mitmachen, ihre zumindest teilweise Integration in das politische System, an. Das Bürgertum war aber in der Ersten Republik nicht bereit, ihr einen Teil der Macht abzutreten. Erst nach 1945 klappte die Zusammenarbeit - und 1950, beim großen Streik, bewies die SPÖ, daß auf sie Verlaß ist. Sozialdemokraten marschierten als Streikbrecher auf, und in großer Koalition gelang es, den letzten großen Streik der österreichischen Arbeiter in einen "kommunistischen Putsch" umzudeuten.

Mit der Teilhabe an der Macht änderten sich auch die Parolen. Dem "Sozialismus" folgte die "Demokratie in allen Lebensbereichen". Aber auch das ist vorbei: Heute lebt die SPÖ für ein einziges Ziel: die "Modernisierung". Nach hundert Jahren hat die sozialistische Partei den Sozialismus endgültig aus den Augen verloren.

Mit ihrer politischen Machtergreifung auf längere Zeit hat sich die Sozialdemokratie selbst vollendet - und beendet. Ohne dominante Bindungen an gesellschaftliche Sonderinteressen ist die SPÖ heute die einzige allgemeine Partei - die Partei des Staates.

Josef Cap weiß das inzwischen. Und als einziger der ehemaligen Linken, die in der SPÖ verblieben sind, hat er verstanden, daß es nicht vor allem persönliches Versagen war, das die SP-Linke scheitern ließ. Es war auch nicht Pech. Die Zeit für Linke in der SPÖ ist vorbei.

In den siebziger Jahren kämpfte ein Häuflein von Jugendfunktionären um den Sozialismus in der SPÖ. Der Reformismus sollte überwunden und die Partei auf den geschichtlichen Pfad des Klassenkampfs zurückgeführt werden.

Der Reformismus ist inzwischen überwunden. Vranitzky, Löschnak und Streicher sind dabei, ihn mit Stumpf und Stiel auszurotten. Und am Rande des Geschehens steht ein Häuflein Aufrechter und singt die alten Arbeiterlieder. Bei jeder Strophe verabschieden sich ein paar Chormitglieder, ziehen das blaue Hemd aus und melden sich beim Bundeskanzler.

Staats Partei Österreichs

Die SPÖ hat Zukunft. Während sich ÖVP und FPÖ um die Reste des traditionellen bürgerlichen Lagers balgen, macht sich die SPÖ mit der Zukunft vertraut. "Mit uns zieht die neue Zeit" - der alte Slogan wird wieder aktuell. Während die alten Genossen in menschenleeren Sektionslokalen vertrocknen, steht die neue SPÖ ohne den Ballast nach rückwärts gerichteter Interessen gewerblicher und landwirtschaftlicher Lobbies für

* konsequente Durchsetzung der neuen Basistechnologien Mikroelektronik und Telekommunikation, Bio- und Gentechnologie;
* völlige Öffnung des Landes für internationales Kapital - bedingungsloser EG-Anschluß;
* Ankopplung von Wissenschaft und Forschung an die Industrie und ihre Interessen;
* "Mobilisierung" der "Produktionsfaktoren" [105];
* großindustrielle "Lösung" der ökologischen Krise.

Das Konzept ist in sich weitgehend schlüssig. Während andere noch Endzeiten herandämmern sehen und mit Kuhglocken um den Hals das Ende des Kapitalismus, der Industriegesellschaft, der Menschheit und allen Drumherums einläuten, schreibt die neue Führung der SPÖ gerade an den ersten Rezepten zum österreichischen Beitrag zur systemkonformen Überwindung der langen Krise des Kapitalismus.

Linke Kapitalismuskritiker und rechte Naturburschen haben diesen einen blinden Fleck gemeinsam: Jede lange Krise, jede große Veränderung ist ihnen die Endzeit. Und die Menschheit wird in schöner Regelmäßigkeit von ihnen vor die gattungsgeschichtliche Schicksalsfrage gestellt: Wollt Ihr den Untergang oder das Paradies? Während sich bei der Beschreibung des Letzteren die Meinungen teilen und "Sozialismus" und "Zurück zur Urnatur" offensichtlich nicht auf einen Nenner zu bringen sind, wird der Untergang in den gleichen grellen Farben aufgetragen: Im Strudel zunehmender wirtschaftlicher und politischer Katastrophen werde die Menschheit in die Tiefe gezogen - gerechterweise, denn sie hat ja nicht hören wollen.

105 Das große internationale Kapital ist mobil und erhöht diese Mobilität mit der Durchsetzung der Telekommunikation ständig. Die neue SPÖ mobilisiert nun die Arbeit. "Flexibilität" ist gefragt - Bereitschaft zum Ortwechsel, zu variablen Arbeitszeiten, zur Arbeit auf Abruf usw.
Im Zusammenhang damit hat die SPÖ ihre traditionell ablehnende Haltung gegenüber der Leiharbeit aufgegeben. Das hat zwei schwerwiegende Konsequenzen: Der Rationalisierungsdruck kann noch unmittelbarer an die Beschäftigten weitergegeben werden, und die Overheadkosten pro Beschäftigtem steigen, da sie ja nur auf fix Beschäftigte und nicht auf Leiharbeiter bezogen werden. Der betriebswirtschaftliche Druck, traditionelle Arbeitsverhältnisse weiter durch Leiharbeit zu ersetzen, steigt damit enorm.

Es ist auch auf dem großindustriellen Weg möglich, daß die ökologische oder militärische Selbstvernichtung vermieden wird. Es ist vorstellbar, daß sich der Mensch in eine synthetische Schutzhülle einspinnt, durch Filter und Katalysatoren mit einer vergifteten Umwelt verbunden, die er durch Monitoren immer mehr als eine zweite Welt wahrnimmt. Vielleicht wird auch die Lebenserwartung des industrialisierten und kontrollierten Menschen weiter steigen. Von Organbanken gut versorgt und in seinen Gefühlen wohl stimuliert, wird er vielleicht nicht mehr wahrnehmen, daß es um ihn leer wird.

Endzeitprophezeiungen - die Garantie, nicht nur die Möglichkeit des Untergangs - haben jedenfalls immer nur ihren Predigern genützt. Oppositionelle Bewegungen sind durch sie in der Regel geschwächt worden. So konnte die Sozialdemokratie vor neunzig Jahren auf die Überwindung des Kapitalismus verzichten - er würde ohnehin von selbst zusammenbrechen.

Heute hat die SPÖ dieses Problem nicht mehr. Vom "Arzt am Krankenbett des Kapitalismus" hat sie sich längst zu dessen Schicksalsgenossen gewandelt. Und die kaum erschöpfte Regenerationsfähigkeit des Kapitalismus scheint der neuen SPÖ recht zu geben. Der Kapitalismus überlebt - und ist fähig und willens, das Schauspiel seiner immensen Produktivität und Zerstörungskraft eine Stufe höher wiederaufzuführen.

Die SPÖ macht ihm das Bett. Und sich selbst auch. Denn mit der alten Ideologie, mit Sozialismus und Arbeiterkultur ist auch etwas anderes über Bord gegangen: die persönliche Anständigkeit der alten Arbeiterführer. Mandolinenorchester, Arbeiteresperantisten und Vertrauensleute passen ebensowenig in das zweite Jahrhundert der SPÖ wie Unbestechlichkeit, saubere Buchhaltung und Desinteresse an Privilegien. In der alten SPÖ lief der Kassier als unterster in der Parteihierarchie von Stiege zu Stiege und kassierte für die Partei. Heute stehen die Kassiere an der Spitze der Partei. Die Konten lauten auf ihre eigenen Namen. Die Genossen haben Nehmerqualitäten entwickelt.

Skandale sind dabei längst nicht mehr nur Zeichen für die besondere Qualität etlicher Spitzenfunktionäre. Sie sind keine Betriebsunfälle. Sie sind exemplarische Berichte aus dem Inneren des Selbstbedienungsladens. Und ihre Wurzeln sind leicht beschrieben: Diebe werden zu solchen erstens durch die Gelegenheit, zweitens durch Mangel an anderen Motiven, der Partei weiter zu dienen. Wer das Projekt der radikalen Reform aller Lebensbereiche ersatzlos streicht, braucht einen anderen persönlichen Grund für die Politik. Das Geld ist der verbreitetste.

Daß die SPÖ-Skandale denen der ÖVP sowohl von der Quantität als auch von der Qualität davoneilen, hat aber noch einen weiteren Grund: Während führende Funktionäre der ÖVP von vornherein über Besitz und Vermögen verfügen, gibt ihren sozialistischen Pendants erst das Amt die Chance dazu. Im Römischen Reich versuchte man, eine Provinz zur Verwaltung übertragen zu bekommen. Heute reicht eine Krankenkasse oder ein Ministeramt.

Die alte Basis wird nicht mehr gebraucht, sie bleibt zu Hause. Zu Hause - das ist die Adresse für die Informationsintendanz des ORF und für das Kleinformat. Die SPÖ kennt längst keine Bildungsarbeit mehr. Ihre Öffentlichkeit besorgen ihr Kunz und Dichand - ersterer, weil er alles der Partei verdankt, letzterer, weil er die Puppen, die er tanzen läßt, ab und zu ja auch füttern muß. *"Diese alte Organisationsform kann auch Heimat bilden. Das ist für sozial Schwache oft sehr wichtig."* [106] Mehr fällt dem Wiener Planungsstadtrat Hannes Swoboda im hundertsten SPÖ-Geburtstagsjahr zu seiner traditionellen Partei nicht mehr ein. Während sich die Sektionslokale leeren, füllen sich die Auftragsbücher der Meinungsforschungsinstitute.

Wahrscheinlich waren die alten Sozialisten keine zufriedenen Menschen. Wenn sie die Auflehnung gegen Ausbeutung und Unterdrückung probierten, litten sie mit deren Opfern mit. Wahrscheinlich waren sie auch nicht besonders glücklich. Die Geschichte der Arbeiterbewegung kennt wenige Feiertage und viele Tage der Niederlage, und ihr höchster Feiertag gedenkt nicht zufällig eines Gemetzels unter amerikanischen Arbeitern. Besonders lustig waren sie auch nicht. Der religiöse Ernst der Arbeiterkultur, das erdrückende Pathos der Kampflieder, der revolutionäre Massenkitsch und nicht zuletzt auch die spießige Moral ließen den ketzerischen Gedanken an Spaß gar nicht aufkommen. Die alte Sozialdemokratie war eine große Glaubens- und Leidensgemeinschaft.

Die neuen Herren der Partei haben andere Probleme. Sie sitzen auf Posten, auf die auch andere scharf sind. Sie wissen möglichst viel über die Konkurrenten in der eigenen Partei. Nur was man über sie weiß, wissen sie nicht. Die Erleichterung, wieder eine Sprosse auf der Parteileiter geschafft zu haben, währt nur kurz. Dann tritt wieder die Angst vor dem Stolpern an ihre Stelle. Selbstverständlich wird der Genosse in der Öffentlichkeit verteidigt. Und dann wird wieder einmal ein anonymes Kuvert an die Redaktion adressiert. Hinter den Charak-

106 profil 21/1989.

termasken gestählter Parteiführer verbergen sich in der Regel furchtsame Bürokraten.

Natürlich gibt es auch nach wie vor andere in der Partei. Der alte antifaschistische Nationalrat, die junge Abgeordnete, die sich um die Integration der ausländischen Arbeiter bemüht, der Tiroler Mandatar, der immer wieder versucht, in der Sozialpolitik die Grenzen ein kleines Stück zu verschieben, oder der Vorarlberger Nationalrat, der als einer der wenigen internationale Solidarität noch bitter ernst nimmt. Ihnen allen ist eines gemeinsam: In der neuen SPÖ haben sie nichts zu plaudern. Und weil sie die Augen vor der Frage, ob es sich lohnt, um eine Veränderung der SPÖ zu kämpfen, fest verschließen, bleiben ihnen derzeit nur zwei Möglichkeiten: aufrecht in ihren kleinen Nischen zu verharren oder den großen Bückling zu machen. Es muß ja nicht gleich in Purzelbäume wie bei Josef Cap ausarten.

SPÖ heißt heute Staats-Partei Österreichs. Mit der Machtübernahme durch die Banker ist das hundertjährige Projekt "Sozialdemokratie" abgeschlossen. Die SPÖ ist heute keine Reformkraft mehr. Vor zwanzig Jahren hätte sich niemand träumen lassen, daß die Spitze der SPÖ einmal fast geschlossen für eine Bande von Waffenschiebern Schmiere stehen wird. Heute traut jeder der SPÖ alles zu.

Der Spitze der Partei scheint das alles egal zu sein. Zu sehr hat man sich in die Macht verkrallt, als daß man noch einfach zur Seite treten könnte. Zu sehr hat man die Bewegung verstaatlicht, als daß man sich noch aus dem Filz lösen könnte. Und zu sehr hält die tägliche Korruption aus Wohnungs- und Postenvergabe die Partei zusammen, als daß man sich - wenn auch nur vorübergehend - von den Futtertrögen zurückziehen könnte.

Viele haben aber an der historischen Abkehr der SPÖ von der Sozialdemokratie nicht teilgenommen. Für sie ist die Lösung der sozialen Frage immer noch aufgeschoben und nicht aufgehoben. Und viele von ihnen beginnen zu verstehen, daß jetzt erst wieder eine Zeit der großen Kämpfe und Reformen beginnt. Das Projekt des ökologischen, sozialen und demokratischen Umbaus fällt in wachsenden Teilen der SPÖ auf fruchtbaren Boden. Ob sich hier ein neuer Flügel der Partei heranbildet, ist noch völlig offen. Vielleicht gibt es eine zweite große Wende in der SPÖ. Dann kann ich mir unter rot-grün viel vorstellen.

Die neue FPÖ - Yuppies im Bierzelt

Am 21. April 1988 stellte die FPÖ eine dringliche Anfrage an Bundeskanzler und Vizekanzler. Sie wollte alles wissen: von der Steuerreform und dem EG-Beitritt über Pensionen und Waldsterben bis zur Rüstungsproduktion und Dallingers Bundesheer-Gegnerschaft. Es ging durch Wald und Wiese und endete dort, wo der erfolgreiche Führer der FPÖ seine politische Heimat hat: im Bierzelt.

Jeder der Anwesenden - Abgeordnete und Journalisten - wußte, daß alles nicht so ernst gemeint war. Konnte es auch nicht, denn man kann nicht gleichzeitig

* für den EG-Beitritt und gegen das Bauernsterben
* gegen das Waldsterben und gegen jedes Tempolimit für Kraftfahrzeuge
* ein Jahr für eine große und im nächsten gegen eine kleine Zinsertragssteuer sein.

Man kann nicht? Jörg Haider kann. Zwei charakterliche Eigenschaften machen es ihm möglich: die Fähigkeit, eigene Aussagen von gestern in einem Tempo zu vergessen, das Kurt Waldheim vor Neid erblassen lassen muß, und die Bereitschaft, jedem nach dem Mund zu reden. Dazu gesellt sich ein selektiver Umgang mit Freundschaften - der "liebe Hannes Androsch", dem Haider noch bis in den Jänner 1988 quer durch alle Affären die Stange hielt, wurde ebenso im rechten Moment fallengelassen wie die diversen Ziehväter in der eigenen Partei, die ihrem politischen Patenkind nie lange über den Weg trauten.

"Populismus" ist ein irreführender Versuch, den Erfolg Haiders zu erklären. Dort, wo er Publikum in Vortragssäle lädt, kommt meist nicht mehr als die traditionelle Klientel der FPÖ: alte Nazis und Antisemiten, Kriegshelden und Ausländerfeinde, der rechte Bodensatz der Republik. Haiders Erfolg liegt in moderner Kommunikation und optimaler Mediennutzung. Und - vor allem - in Medien, die mit Haider die Unzufriedenheit in für sie völlig harmlose Kanäle ableiten wollen.

Jahrelang hat die Kronenzeitung nur auf einem politischen Klavier gespielt - dem rechten Flügel der SPÖ von Benya bis Androsch und Vranitzky. Für tragende Elemente des Kleinformats wie "Sozialschmarotzer" und Judenserie, Haß auf "die korrupten Politiker" und Verehrung für die, die "es zu etwas gebracht" haben, bot sich lange kein Träger an. Erst Jörg Haider konnte in den Anzug, an dem Hans Dichand jahrelang geschneidert hatte, schlüpfen.

Will man Haider gerecht werden, ist es unsinnig, Rechtsextremismus und Opportunismus einander gegenüberzustellen.

Natürlich ist es skurril, wenn es einem saturierten Großgrundbesitzer gelingt, den schimpfenden Zukurzgekommenen glaubwürdig darzustellen. Aber warum nicht? Die Welt der Kronen-Zeitung ist skurril. Und wer glaubt, daß Juden auf dem Weg zur Weltherrschaft hilflose deutsche Schäferhunde beißen, wird auch Haider über den Weg trauen.

Steigt man in den politischen Keller der SPÖ, dann muß man sehr achtgeben, nicht über die vielen politischen Leichen zu stolpern. Bei der FPÖ ist das anders: Da sitzen alle in der Beletage: die Steuer-Generalsekretärin, der stellvertretende Draken-Klubobmann, der Ex-Lucona- und Noricum-Justizminister und schließlich auch der Parteiobmann aus dem Bärental selbst hätten in der SPÖ schon längst ihren Hut nehmen müssen. Gestolperte Sozialisten kleben an ihren Sesseln - gestrauchelte Freiheitliche sind mit ihnen fest verwachsen. Auf den kleinen Unterschied kommt es auch hier an. In der Öffentlichkeit macht das - noch - keinen Unterschied: starke Töne überdecken nicht nur fehlende Substanz, sondern auch die Unmengen Dreck am eigenen Stecken.

Dabei ist die Zukunft der FPÖ nach wie vor völlig offen. Im Gegensatz zu SPÖ und ÖVP hat sie längst noch kein schlüssiges Konzept der Wirtschafts- und Gesellschaftspolitik anzubieten. Ihr zentrales Programm ist der Wadenbiß. Und das reicht auf Dauer auch bei steigender Unzufriedenheit mit Sozialpartnerschaft und Parteienfilz nicht. Die Wut der kleinen Leute ist zuwenig - wie die Wut verraucht, kann sich auch der reine Protest in kurzer Zeit verlaufen. Und: Dichand kann Haider wieder fallen lassen. Dann hat Haider viel Zeit, seine jugoslawischen Forstarbeiter im Bärental anzutreiben und mit Norbert Burger gegen die Gastarbeiter zu schwadronieren.

Neben dem Modernisierungsprojekt der SPÖ und dem Wendekonzept der ÖVP bleibt der FPÖ mittelfristig nur ein Weg offen: der zur rechtsradikalen Massenpartei. Noch immer von liberalen Restbeständen und vom Schielen auf Regierungsbeteiligungen gehemmt, drängt Jörg Haider instinktiv in diese Richtung. Ob daraus blaue Sturmabteilungen werden, hängt vor allem von drei Faktoren ab:

* Gelingt es der SPÖ mit Unterstützung der ÖVP, ohne Massenwiderstand ihr Modernisierungsprojekt durchzuziehen?
* Entschließt sich die Haider-Führung in der FPÖ für den Weg der rechtsradikalen Mobilisierung?
* Und schaffen es die Grünen, einen wesentlichen Teil der Unzufriedenheit in demokratische, antifaschistische Bahnen zu lenken?

Es wird an Haider, den Großparteien und den Grünen liegen, ob eine rechtsradikale FPÖ in Österreich Zukunft hat.

Arme, alte ÖVP

Die ÖVP hat ein großes Problem: Sie ist die traditionelle Vertreterin jener Teile der österreichischen Wirtschaft und Gesellschaft, die dem Projekt der Modernisierung im Wege stehen. Gemessen an ihrer Zukunft ist sie die älteste Partei Österreichs.

Sie hat die Wahl: Verfolgt sie das Projekt der neuen Welle der Industrialisierung, dann stellt sie sich diametral gegen die Interessen der Bauern und Gewerbetreibenden, die sie zu vertreten vorgibt. Vertritt sie deren Interessen, dann bekommt sie es mit der Privatindustrie zu tun. Wie sich die ÖVP entscheidet, der Schaden ist garantiert.

Die Bauern haben keine Zukunft in der ÖVP, und die ÖVP hat langfristig auch keine bei den Bauern. Wenn der Kitt aus Kirche und Raiffeisen Risse bekommt, zerbröselt die Basis der ÖVP. Zwei Wege führen aus dieser Krise: Die ÖVP kann sich ihrer traditionellen Werte besinnen. Sie kann versuchen, das Modell Niederösterreich, diese Mischung aus Parteibuchterror und strengster Provinzialität, auf das ganze Land zu übertragen. Dann wird sie mit dem Segen der neuen Kirchenfürsten der weltliche Arm des Opus Dei - klein, aber hart. Oder sie kann sich öffnen - nur: womit und wohin? Ergrünt sie, sind die überlebensnotwendigen Industriemillionen weg, liberalisiert sie sich, verliert sie ihren Kern.

Sämtliche Versuche, sich aus diesem Dilemma herauszuschleichen, sind gescheitert. Die windigen Kompromißvorschläge "ökosoziale Marktwirtschaft" und "Ökopartnerschaft" haben nicht einmal als Gags gewirkt, und der Versuch, einen neuen Besen an die Spitze zu stellen, hat überzeugend bewiesen, daß sich der Schutt von Jahrzehnten nicht mit Besen wegkehren läßt.

Wenn man heute an eine politische Gabelung kommt, steht schon die ÖVP dort und bietet sich an. Über ein Jahrzehnt war sie weg von der offiziellen politischen Macht. Heute zahlt sie jeden Preis, um dabei zu bleiben.

Den einen, die die Interessen der Industrie gegen Umwelt und Arbeitnehmer vertreten, ist dafür eine große Koalition lieber. Die anderen, die ideologischen Kerntruppen der Volkspartei, schielen nach dem rechten Experiment mit der FPÖ. Hauptsache bleibt aber der olympische Gedanke: Man muß nicht immer gewinnen, dabeizusein ist alles.

Mit ihrer gemischten Klientel kommt die ÖVP - ganz anders als die weit monolithischere SPÖ - immer wieder in Legitimationsprobleme. Eines, das nun schon ständig wiederkehrt, liegt im Umweltbereich. Das ist auch der Grund, warum es in einzelnen Fällen möglich ist, die ÖVP als ökologischen Reformhebel gegen die SPÖ einzusetzen. Das darf aber über eines nicht hinwegtäuschen: In der Frage des Umbaus der Industrie, der Neuordnung des Sozialbereichs und der Gewinnung realer Demokratie wird das grüne Projekt bei ÖVP und FPÖ auf den härtesten Widerstand treffen. Letzten Endes wissen ja beide, wes Brot sie essen und wes Lied sie daher zu singen haben.

ÖGB: Der Riese schläft

Die zweite große Wende der Sozialdemokratie hat eine Voraussetzung: einen schwachen Gewerkschaftsbund. Im Gegensatz zur SPÖ bleibt dem ÖGB nichts anderes über, als bestimmte Gruppen- oder Klasseninteressen zu vertreten. Die Arbeiter, die Angestellten und die Beamten sind seine Klientel - und das läßt sich eben nicht ändern. Verdrängen läßt es sich aber schon. Und hier hat der ÖGB ganze Arbeit geleistet.

Kein wesentliches gesellschaftliches Problem, zu dem der ÖGB sich nicht mit leisen Schnarchtönen zu Wort meldet. Kein wirtschaftliches Tief, das die Gewerkschaft nicht durchschlummert. Und kein "wirtschaftlicher Anpassungsprozeß", bei dem der ÖGB nicht das Schlimmste verhindert: ein rechtzeitiges Eingreifen der Gewerkschaft nämlich.

Nur zu zwei ganz bestimmten Anlässen wacht der ÖGB kurz auf: bei der Bestellung des ÖGB-Präsidenten und bei allen Versuchen, die Gewerkschaft im ÖGB wiederzubeleben.

Der Niedergang des ÖGB hat Namen. Einer davon ist Alois Rechberger. Der Schmied aus dem Kapfenberger Böhlerwerk hat einen langen Weg hinter sich. Aus dem kleinen Betriebsrat aus der Gesenkschmiede ist etwas geworden: Nach einem Gastspiel im Nationalrat steht Alois Rechberger heute an der Spitze der steirischen Arbeiterkammer. Zentralbetriebsratsobmann, Chef der Werkskrankenkasse, Präsidialfonds... Rechberger läßt sich seine Verantwortung honorieren. Mit geschätzten 300 000 Schilling im Monat[107] verdient er nicht einmal das Doppelte des Bundeskanzlers und das zwanzigfache derer, die er noch immer vertritt. Bei der Arbeiterkammerwahl im Juni 1989 war Rechbergers Reichtum ein Thema. Der Präsident machte es sich leicht: Nach der Wahl werde er die Höhe seiner Bezüge bekanntgeben.

Es ist nicht allein das neue Verhältnis zum Geld, das an den Rechbergers der ausklingenden Arbeiterbewegung auffällt. Es ist vor allem ihre Ziellosigkeit, ihr planloses Herumtapsen in einer fremden Welt.

107 Kleine Zeitung 26.3.1989.

Der steirische Adelige, den sich Rechberger jetzt als Pressereferenten leistet, ist ein Stück der Sehnsucht des neureichen Betriebsrats nach der Welt der feinen Leute. Wo die Arbeiterbewegung zum Gewerkschaftsstillstand geworden ist, kommen die Rechbergers auf den Adel.

Quallose Wahl

"Das Volk hat nicht die Wahl zwischen zwei (oder mehreren) grundsätzlich verschiedenen Gruppen von Politik oder Programmen; es hat nur die Wahl zwischen verschiedenen Garnituren von Politikern, deren Politik - bis auf geringfügige Unterschiede - grundsätzlich dieselbe ist." [108]

Gorz hat hier schon 1964 beschrieben, was heute vom "Volksmund" mit "Die Politiker sind alle gleich" abgetan wird. Wer die Wahl hat, hat die Qual - und im menschenfreundlichen Österreich hat das politische System bis heute recht gut verstanden, seine Bürger vor größeren Wahlschmerzen zu bewahren.

Wo die politischen Unterschiede verschwimmen, bleiben nur die handelnden Charaktere zur Unterscheidung der Parteien übrig. Das Drama "Arbeiterpartei gegen Partei der christlichen Bürger" mußte am Spielplan längst dem Schwank "junger Feschak gegen alten Dodl" Platz machen. Der Spruch tritt an die Stelle der Sprache, und das Hirn ist etwas, das in erster Linie eine gute Fernsehfrisur abzustützen hat.

Die neue Technik der Medienkultur baut heute in erster Linie auf kurzen optischen und akustischen Reizen auf. In Büchern, in Zeitungen und Magazinen war es noch möglich, längere Gedanken zusammenhängend zu begründen und darauf zu vertrauen, daß der Leser sich die Zeit nehmen kann, aufmerksam und nachdenklich eben zu lesen. Das Fernsehen hat die Regeln neu geschrieben. Für Wichtiges gibt es ein bis zwei Minuten, für Großkoalitionäres bis zu drei. Der "Sager", das Bonmot, entscheidet. Wer ohne vorbereitete Gags in die Pressekonferenz geht und dort nur zur Sache spricht, schafft Ratlosigkeit unter dem Gros der Journalisten.

Damit fallen alle durch, die ihr politisches Anliegen nicht in einem dreizeiligen Gag zusammenfassen können. Wer mehr sagen müßte, um eine Chance auf Verstandenwerden zu haben, muß aus "rein technischen Gründen" wegen Überlänge ausgeblendet werden. Es ist nicht alles willkürliche politische Zensur, was grundsätzlich anderes und

108 André GORZ: Strategy for Labour. A Radical Proposal, Boston 1967, S. VII (Übers. d. Verf., Originalausgabe Paris 1964).

Neues nicht zu Wort und Bild kommen läßt. Es sind oft genug Sachzwänge. Wer konform geht, kommt mit der Gagminute aus und kann "rein technisch" genommen werden. Wer querdenkt und dafür mehr Platz braucht, kriegt in der Regel gar keinen.

Für jeden, der sich auf herrschende Mediendarstellung einläßt, erhöht der technische Anpassungsdruck den Zwang zum modernen Produktmanagement. Die Werbeagentur nimmt Stück für Stück den Platz des Zentralsekretariats ein, und die Meinungsforschung löst die Meinungsveränderung endgültig ab.

Der Einheitsbrei der Altparteien kann allerdings nur unter einer Voraussetzung als "Parlamentarische Demokratie" verkauft werden: Die Medien müssen politisch mitspielen. Und dafür ist in Österreich gut gesorgt.

Der Grundkonsens

Der Unterschied zwischen den Altparteien liegt vor allem in zweierlei: in ihrer Geschichte und in den Charaktermasken der auftretenden Personen. Das Gemeinsame überwiegt und wird an wichtigen Feiertagen auch immer wieder gemeinsam hochgehalten: der "Grundkonsens".

Die unverrückbaren Glaubenssätze des Grundkonsenses lauten:

1. Nur eine Minderheit entscheidet, was produziert wird. Waffen oder Lokomotiven, Ultragifte oder naturverträgliche Stoffe -das alles ist der öffentlichen Entscheidung entzogen.
2. Nur eine Minderheit entscheidet, wie produziert wird. Ob an gesundheitsfeindlichen Arbeitsplätzen unter extremer Arbeitsteilung und ständiger sozialer Unsicherheit - die Betroffenen sind von den Entscheidungen ausgeschlossen.
3. Nur eine Minderheit entscheidet, wie die Früchte der Arbeit verteilt werden.
4. Diese Minderheit besitzt und kontrolliert die wichtigsten Wirtschaftsunternehmen.
5. Dieser Grundkonsens wird mit allen zu Gebote stehenden Mitteln verteidigt.
6. Jenseits des Grundkonsenses beginnen die demokratischen Freiheiten.

Man kann heute in Österreich fast alles angreifen - Gesundheit, Umwelt, die Einkommen der Schwächeren, die Freiheit in Kultur und

Politik. Solange der Grundkonsens aus dem Spiel bleibt, wird fast alles toleriert. Nur wer Privateigentum, Sozialpartnerschaft und Marktwirtschaft in Zweifel zieht, kriegt die Grenzen der Geduld umgehend zu spüren. Herbert Marcuse hat das "repressive Toleranz" genannt. Wenn die Zeiten härter werden, ist von Toleranz allerdings in der Regel nicht mehr viel zu spüren.

ÖVP, FPÖ - und heute auch SPÖ - sind die Parteien des Grundkonsenses. Darüberhinaus berücksichtigen die beiden Großen je nach ihrer Herkunft bis zu einem gewissen Grad noch immer die Interessen ganz bestimmter sozialer Schichten: die SPÖ die der Arbeiter und Angestellten und die ÖVP die von Bauern und Gewerbetreibenden.

Der Grundkonsens bricht auf. Immer weniger Menschen glauben, daß alles gleich, nur etwas sauberer weiterwachsen kann. Mit der Krise des Grundkonsenses erwächst die Chance zur Veränderung. Dem steht allerdings ein Hindernis entgegen: Aus Bittstellern und Untertanen müssen kritische, freie Bürger werden. Wie schwer das ist, zeigt die österreichische Realität. Wo die bürgerliche Revolution Sache einiger versprengter Burschenschafter und weniger Liberaler war, steht die Republik noch auf guten monarchistischen Fundamenten. Wer einmal erlebt hat, wie sich noch vor wenigen Jahren alte Menschen in burgenländischen Dörfern bis zum Boden verneigten, wenn der schwarze Mercedes mit dem Kennzeichen B 1 vorbeifuhr, der kennt die Wurzeln.

Die moderne Variante der burgenländischen Demutsgeste liefert die Bundeshauptstadt. Rund 80 000 Interventionen überfluten Jahr für Jahr die Wiener Bezirksvertretungen, dazu kommen noch rund 5000 Hilfsersuchen an die Gemeinderäte. 30 bis 40 Prozent davon sind nach einer Schätzung Wohnungsangelegenheiten. Das meiste läuft aber direkt über die Parteien, je nach Wichtigkeit an den Richtigen adressiert: Die Bitte um ein günstiges Adoptionsgutachten landet ebenso beim Parteikassier wie das Wohnungsansuchen, der Versuch, als Lehrer unterzukommen, geht an den Zentralverband, und die großen Brocken hat sich die Spitze vorbehalten. Die geschätzten 300 000 jährlichen Parteiinterventionen entsprechen dabei wahrscheinlich rein zufällig ziemlich genau der Zahl von 220 000 Wiener SPÖ- und 55 000 ÖVP-Mitgliedern. Pro Parteimitglied geht sich so jedes Jahr eine Intervention aus.[109] Die "normalen" und "zuständigen" Institutionen spielen jedenfalls keine Rolle. Wenn es um existenzielle Entscheidungen geht, geht auch der Wiener zum Schmied und nicht zum Schmiedl.

109 Die Furche 31/1989.

Dabei handelt es sich um alles andere als um ein Ein-Parteien-System. *"Auf Grund ihrer traditionellen Vormachtstellung ist der Hauptinterventionskanal die SPÖ, welche aber bestimmte 'Interventionskontingente' an die ÖVP abtritt."* [110] Wer mitmacht, kriegt verläßlich seine Ration.

Wohnung gegen freie Meinung - das Geschäft wird per Zuweisungsschein dutzende Male pro Tag abgewickelt. Wie ein Spinnennetz liegen die Beziehungen über den Menschen - und jeder, der sich darin bewegt, wird noch dichter eingewickelt.

Am Rande des Lucona-Ausschusses gratulierte mir einer der Herren, die am Gang und im Foyer grau-unaufdringlich von früh bis spät für unsere Sicherheit sorgen. Ich solle nur so weitermachen, mit der ganzen Bagage gehöre endlich aufgeräumt, so einer wie ich habe kommen müssen. "Hean's, i hob so a klane Wohnung und Familie, könnten'S net amoi..." Seit damals bin ich noch fester davon überzeugt, daß es sich auf jeden Fall lohnt, die Hand zur Faust zu ballen. Dann kann man sie nämlich nicht gleichzeitig aufhalten.

Die österreichische Gefährdung

Die staatliche Befassung mit dem Faschismus hat eine Konstante: seine Bagatellisierung. Die Schrecken werden in allen Details ausgemalt - und der Schluß wird jedem nahegelegt: Das gibt's nur einmal.

Den autoritären Staat Österreich kann es wieder geben -

* wenn das Vertrauen der Menschen in die Demokratie weiter unterminiert wird;
* wenn sich in ÖVP und FPÖ weiter die Kräfte durchsetzen, für die "Demokratie" nur eines von mehreren möglichen Mitteln zur Erreichung ihrer politischen Ziele ist;
* wenn der Ruf nach dem starken Mann, der den Augiasstall "Parlament" endlich ausmistet, lauter und deutlicher wird;
* wenn die bewaffneten und gewalttätigen Teile der Staatsmacht immer mehr der öffentlichen Kontrolle entzogen und einer klaren politischen Führung unterstellt werden;
* wenn das Bundesheer mit seinen Objektschutztruppen weiter den Bürgerkrieg üben darf;
* und wenn noch mehr Arbeitslose glauben, daß es unter Hitler wenigstens den Autobahnbau gegeben hat.

110 Ebda.

Es ist kein Zufall, daß heute der Zeigefinger der demokratischen Weltöffentlichkeit immer öfter nach Österreich gerichtet ist. Dahinter stecken keine Verschwörungen. Dahinter steckt eine einfache Tatsache: Viele Leute in diesem Land sind anfällig: für Antisemitismus, für Minderheitenfeindlichkeit, für autoritären Staat, für die Einschränkung demokratischer Rechte. Schon kleine Anlässe - wie Waldheim oder wie die beiden Opernballdemonstrationen - haben genügt, um einiges von dem aufbrechen zu lassen, dessen Existenz lange geleugnet worden ist.

Kein Platz für Kunst

Das gesunde Volksempfinden, es ist noch da, in Hülle und Fülle. Die dumpf-aggressive Mischung aus Antisemitismus und Ausländerfeindlichkeit, die falschen Trachten und die echten Nazis, das alles mieft nach wie vor vor sich hin. Wenn ein System in die Krise kommt, dann wuchern die Angsttriebe des Rechtsextremismus. Ab und zu fühlt sich das Volksempfinden provoziert. Dann quillt es auf und macht mobil. Daß es dabei in ruhigeren Zeiten meist um Kunst geht, ist nicht verwunderlich. Der Rechtsextremismus hat immer erst an der Kunst ausprobiert, was er dann in der Politik versucht hat.

"...Solange mit Steuergeldern die sogenannte Moderne Kunst gefördert wird und die Mafia der Abartigen und Abnormen unsere Gesellschaft zu diktieren versucht, werden wir auf Bundesebene unsere Forderungen lautstark vertreten...

Es ist einfach nicht hinzunehmen, daß einerseits Gendarmerieposten, die die Sicherheit der Bevölkerung verkörpern, eingeschränkt werden müssen, daß man unserem Heer die notwendige Bewaffnung nicht geben kann... Andererseits aber werden Aktionskünstler und Gotteslästerer wie zum Beispiel ein Nitsch mit Steuergeldern ausgezeichnet, ganz zu schweigen von den Ergüssen einer Valie Export oder des Dichters Claus Brenner und vieler Scheußlichkeiten mehr. Man müßte sich nach denen fast schämen, ein Normalbürger mit normalen Empfindungen zu sein. Oskar Wilde hat geschrieben: 'Wer in schönen Dingen einen schönen Sinn entdeckt, hat Kultur. Für ihn steht zu hoffen.'

Die häßlichen Auswüchse werden, so hoffe ich, samt ihren Verursachern im Dunkel der Vergessenheit verschwinden, denn wir haben schon Ärgeres überlebt. Wir dienen unserer Heimat aus der Überzeugung, daß die Zukunft den Tüchtigen und Opferbereiten gehört." [111]

111 Jahresbericht 1986/87 des steirischen Bergrettungsdienstes, S. 18/19.

Daß der tüchtige und opferbereite Autor den homosexuellen "Normalbürger mit normalen Empfindungen" Oskar Wilde als Zeugen zitiert, ist eine bezeichnende Panne beim ungeübten Kulturaufguß. Daß sich obige Ergüsse im Jahresbericht der Bergrettung finden, ist schon bemerkenswerter. Ein Stück Alltagskultur in all ihrer Agressivität, Kunstverachtung und Intellektuellenfeindlichkeit bezeugt hier, daß die kulturellen Bemühungen österreichischer Autoren von Nimmerrichter bis Reimann auf fruchtbaren Boden gefallen sind. Von der Bergnot zur Kulturnot - Rettung ist angesagt.

Einige Rettungsversuche der letzten Jahre haben bereits ihre Spuren hinterlassen:

* Herbert Achternbuschs Film "Das Gespenst" wurde im November 1983 nach kirchlichen Interventionen - "Gotteslästerung" - verboten. Die Anzeiger hatten den Film selbstverständlich nicht gesehen.
* Im September 1984 wird Thomas Bernhards Roman "Holzfällen" beschlagnahmt, genau ein Jahr später verfällt sein nächster Roman "Alte Meister" der Ungnade der Minister Moritz und Vranitzky.
* Im November 1985 mobilisiert die Kronen Zeitung wochenlang gegen Elfriede Jelineks Stück "Burgtheater" in Bonn. Wieder hat niemand das Stück gesehen.
* George Taboris Inszenierung des Oratoriums "Das Buch mit sieben Siegeln" für die Salzburger Festspiele ruft im August 1987 den örtlichen Erzbischof auf den Plan. Das Stück wurde abgesetzt. Der damalige ÖVP-Generalsekretär Graff empfiehlt Tabori eine "schöne Bedürfnisanstalt".
* Der Sommer 1988 wird dem Kulturkampf gegen Alfred Hrdlickas Faschismus-Mahnmal vor der Wiener Albertina gewidmet. Die Kronen Zeitung mobilisiert, und Helmut Zilk, der sich vor Hrdlicka stellt, muß einige Wochen später mit einem Sozialschmarotzer-Kotau die Verstimmung bei Dichand wiedergutmachen.
* Im September 1988 entschließen sich Dieter Berner, Rudi Palla und Peter Turrini, an die Öffentlichkeit zu gehen. Der ORF hatte sein Versprechen. die sechsteilige "Arbeitersaga" zu produzieren, gebrochen. Monatelang hatte ORF-Generalsekretär Zeiler zensuriert. Der sachlich völlig unzuständige und politisch höchst zuständige SPÖ-Funktionär Zeiler dekretierte in einer Verfügung unter anderem: *"Der Ausdruck 'Kinderfreundezumpferl' könnte als, wenn auch nicht strafrechtlich durchsetzbare, Verspottung aufgefaßt werden und sollte hinsichtlich des Attributes 'Kinderfreunde' durch ein Äquivalent, an denen die Sprache diesbezüglich reich ist, ersetzt werden... Der vorkommende Gewerkschaftspräsident soll entpersonalisiert werden, wes-*

halb die angemerkten und allfälligen sonstigen bestimmten Artikel beziehungsweise Personalpronomina nicht geeignet und durch unbestimmte Artikel zu ersetzen sind." [112]

* Und dann wieder Bernhard. Keiner kannte das Stück "Heldenplatz" und alle nahmen Stellung. Der Herausgeber gab als "Cato" das Zeichen und das große Bellen der Reflexpolitiker begann: "Paranoid" (Zilk), "Wiederbetätigung" (Mock), "Kann mich nicht beleidigen" (Vranitzky), "Boykottieren" (Busek), "Hinaus mit dem Schuft" (Haider), "Absetzen" (Waldheim)...

Ich habe den letzten öffentlichen Amoklauf gegen Thomas Bernhard im Parlament miterlebt. Übel waren die einen. Peinlich die anderen, die vorgaben, ihn zu verteidigen. Unterrichtsministerin Hawlicek nahm die Freiheit der Kunst in Schutz, aber: Sie hätte, wäre sie Schriftstellerin, das Stück nicht geschrieben, und wäre sie Theaterdirektorin, hätte sie es nicht aufgeführt. Da ich ihr das durchaus zutraue, habe ich versucht, mich in die Ministerin heineinzudenken. Wie hätte sie das Stück geschrieben, wie liest sich eine echte Hawlicek, wo steht heute der sozialistische Realismus? Das Resultat meiner Einfühlung habe ich ihr vom Rednerpult des Parlaments aus vorgetragen. Es heißt selbstverständlich nicht "Der Heldenplatz", sondern

DER BESERLPARK
(von H. Hawlicek)

1. AKT
Bundeskanzler und Vizekanzler treffen einander.

Da sagt der Bundeskanzler:	Guten Tag, Herr Vizekanzler!
Da sagt der Vizekanzler:	Grüß Gott, Herr Bundeskanzler!
Da fragt der Bundeskanzler:	Ist Österreich nicht ein schönes Land?
Da sagt der Vizekanzler:	Ich und meine Fraktion haben festgestellt, daß Österreich ein schönes Land ist.

Beide beschließen, gemeinsam mit der Unterrichtsministerin in der Sache beim Bundespräsidenten vorzusprechen.

112 Presseunterlage zur Pressekonferenz von Berner, Palla und Turrini am 3.10.1988 im Presseclub Concordia.

2. AKT

Da sagt der Bundespräsident:	Guten Tag, Herr Bundeskanzler, Grüß Gott, Herr Vizekanzler, Guten Tag, Frau Unterrichtsminister!
Da sagt der Bundeskanzler:	Guten Tag, Herr Bundespräsident!
Da sagt der Vizekanzler:	Grüß Gott, Herr Bundespräsident!
Da sagt die Unterrichtsministerin:	Guten Tag, Herr Bundespräsident!
Da fragt der Bundespräsident:	Ist Österreich nicht ein schönes Land?
Da sagen alle:	Ja, Österreich ist ein schönes Land!

Trotzdem lebt die Kultur. In Theater und TV werden Denkmäler gepflegt, und in Wien gibt es Tag für Tag die Realoperette. Der Bürgermeister trifft den bekannten Maler, und beide amüsieren sich gegen das Waldsterben. Der Bürgermeister lädt die bekannte Schauspielerin ein, und beide essen gegen das Wettrüsten. Der Maler baut für die Gemeinde ein Haus und erklärt sich bereit, die Müllverbrennungsanlage bunt anzumalen. Und alle fünf Jahre wieder haben der Maler, die Schauspielerin und der Architekt natürlich auch eine kolossale Idee: Sie gründen ein Komitee zur Wiederwahl des Bürgermeisters.

ÖFFENTLICHKEIT

Wem gehört der ORF?

"Ich habe in den vergangenen Wochen mindestens zehn Gespräche in unserer Sache geführt, unter anderem mit Minister Löschnak und Herrn Dr. Keller. Beide sind der Ansicht, daß die Angelegenheit positiv erledigt werden sollte; beide haben mich aber gebeten, die Sache im Einvernehmen mit dem Bundeskanzleramt zu lösen. Ich habe daraufhin Herrn Mag. Krammer, heute Nachmittag, telefonisch erreicht..., und dieser teilte mir mit, daß nur der Bundeskanzler sein 'O.K.' dazu geben könnte. Ich bitte Sie daher, den Bundeskanzler anzurufen und ihn über diese Sache zu informieren." [113]

113 Wochenpresse 8/1988, S. 25.

Der Brief ging von ORF-Generalsekretär Gerhard Zeiler an Paul Lendvai, den Intendanten der Kurzwelle. "Die Sache" war die Bestellung eines leitenden Redakteurs für die Kurzwelle. Der ORF hat in diesem Fall die volle Personalhoheit - auf dem Papier, wie Zeilers Brief belegt. Der wahre Personalchef des ORF ist der Bundeskanzler - und der Vizekanzler steht ihm beratend zur Seite. Das System arbeitet klaglos - sind doch die Schlüsselstellen des ORF mit erfahrenen Partei- und Regierungsfunktionären besetzt:

* Gerhard Zeiler, der Generalsekretär, diente unter Sinowatz als Sekretär des Bundeskanzlers;
* Johannes Kunz, der Informationsintendant, übte dieselbe Funktion bereits unter Bruno Kreisky aus;
* Andreas Rudas, der Pressesprecher, war jahrelang Sekretär des Innenministers.

Ihre medialen Qualifikationen sind praktisch ident: Sie verkauften für die Regierung die Regierungspolitik und qualifizierten sich damit für die Aufgabe, im ORF die Regierungspolitik zu verkaufen. Einzig Johannes Kunz war auch schriftstellerisch tätig: Als Autor eines Witzbuchs wird er der Nachwelt erhalten bleiben.

Nagymaros

Es war anläßlich des Club 2 über das ungarische Kraftwerksprojekt Nagymaros. Einen Tag nach der Demonstration, an der in Budapest zum ersten Mal seit 1956 mehr als 50 000 Menschen teilgenommen hatten, saß ich bei einem ungarischen Freund in der Wohnung. Das Telefon läutete, am anderen Ende war die Club 2-Redaktion: wer von den ungarischen Kraftwerksgegnern in ein paar Stunden am Club teilnehmen könne. Die Wahl fiel nicht schwer: Janos Vargha, der Vater des Donaukreises, hatte die meiste Erfahrung und das Vertrauen aller. Der ORF lehnte ab. Vargha spreche nicht deutsch, und Übersetzer wolle man keinen, das störe nur. Ein paar Stunden später machte sich ein ungarischer Kraftwerksbauer für den Staudamm stark - auf ungarisch, sein Übersetzer saß in der Club 2-Garnitur neben ihm.

Als österreichischer Kritiker war Franz Meister vom Ökologie-Institut eingeladen worden. Meister ist hierzulande unbestritten der beste Nagymaros-Kenner. Das dürfte sich am Sendetag bis in die höheren Etagen des ORF durchgesprochen haben. Meister wurde ausgeladen.

Wir wurden gar nicht eingeladen. Sicher, wir waren als einzige jahrelang im Parlament gegen Nagymaros aufgetreten. Von illegalen Flugblattaktionen in Budapest bis zu Anträgen im Parlament hatten wir alles probiert. Das war aber nicht genug, eine entscheidende Qualifikation konnten wir nicht nachweisen: Wir waren nicht bei der ÖVP. Und so saß dann ÖVP-"Umweltsprecher" Bruckmann dort - ahnungslos, inkompetent, aber bei der richtigen Partei.

Natürlich ist Nagymaros nur ein Beispiel. Genau das gleiche passierte ein Jahr vorher bei einem Club über die Waffenaffäre. Ein ORF-Gewaltiger hatte die Teilnahme der Grünen, die den Skandal gemeinsam mit Basta und Profil aufgedeckt hatten, persönlich untersagt. Die Begründung klang für alle Politikverdrossenen akzeptabel: keine Politiker in dieser Runde. Am Abend konnte der FPÖ-Abgeordnete und Ex-Verteidigungsminister Krünes ohne politischen Widerspruch den Waffenhändlern im Club die Stange halten.

Wackersdorf ist kein Produkt

Im März 1988 wollte die überparteiliche Plattform gegen Wackersdorf informieren. Das Geld war gesammelt, und damit sollte ein bezahlter Spot im Salzburger Regionalprogramm geschaltet werden. Der ORF lehnte ab. Begründung: Im ORF könne nur für Produkte geworben werden. Wackersdorf sei aber kein Produkt. Daher sei Werbung darüber auch nicht gestattet.

Die überparteiliche Verbundgesellschaft wollte für ihre Energiepolitik im ORF werben. Der ORF kassierte und sendete.

Die Hakenkreuzfahne

Wahrscheinlich hat kurzfristig kein öffentlicher Auftritt die Grünen so geprägt wie Andreas Wabls Herzeigen einer Hakenkreuzfahne. Mißzuverstehen gab es dabei eigentlich nichts - denn jedem war klar, daß vielleicht einige andere in diesem Parlament - aber sicherlich nicht Wabl - Positives mit dieser Fahne verbanden.

Am 14. Mai 1987 hielt Andreas Wabl seine Waldheim-Rede. Er entrollte die Hakenkreuzfahne unter folgenden Worten:

"Wabl: Meine Damen und Herren. Ungeheuerlich ist, daß solche Menschen wie der Kollege Probst, die in Kärnten eine andere Politik als hier im Haus machen, nicht verstanden haben, was die Katastrophe, was die Tragödie in Österreich, aber nicht nur in Österreich vor allem, sondern

auf der ganzen Welt bedeutet hat, nämlich daß unser Präsident, als er gefragt worden ist, was er im Krieg getan hat, nichts anderes zu sagen gewußt hat, als daß er seine 'Pflicht' erfüllt hat, und zwar unter einer Fahne - und ich sage Ihnen, diese Fahne habe ich hier, damit Sie wissen, unter welcher Fahne unser Präsident seine Pflicht erfüllt hat - unter dieser Fahne hat unser Präsident... (Der Redner enthüllt eine Hakenkreuzfahne - Rufe: unerhört!)" [114]

Die Koalition schaltete perfekt. Man ließ den Präsidenten sofort die Sitzung unterbrechen. Und in der Zwischenzeit wurde Strategie gemacht. Jedem war klar, daß die Aktion von Andreas im Bild für sich spricht. Augenzeugen konnten das Bild, das sich ihnen bot, nicht mißverstehen. Daher ging es vor allem um eines: Das Bild durfte nicht gezeigt werden. Konnte man Bildberichte über die Aktion verhindern, bestand die Chance, den Sinn der Aktion in sein Gegenteil zu verkehren und Wabl und Hakenkreuzfahne gleichzusetzen.

Es ging also um den ORF. Und der spielte mit. "Im Interesse des Landes" weigerte sich das Fernsehen, einen Bildbericht zu zeigen. Und dann wurde ohne Bild breit berichtet. Und jene, denen der Mund bei Waldheim fest verklebt war, rissen ihn plötzlich ganz weit auf. Antifaschismus war gefragt, und zwar gegen den Antifaschisten Wabl. Ein einziger Journalist - Günther Nenning - verteidigte Andreas öffentlich. Für die meisten war D-Day - "D" wie Desinformation.

Wem gehört die Öffentlichkeit?

Erfahrungen wie diese gehören zum täglichen Brot der Grünen. Natürlich bekommt es, wer es sich mit den herrschenden Verhältnissen anlegt, auch mit der herrschenden Meinung zu tun. Daß die Politik der Kronenzeitung Grünen gegenüber einige ihrer schillerndsten Blüten treibt, beweist nicht nur Andreas Wabls Krone-Aids-Biß.[115]

Es gibt aber auch ein anderes Medien-Österreich. Es gibt die Journalisten, die ein Jahr lang auch gegen den Zeitgeist Kurt Waldheim keine Ruhe ließen. Es gibt die Reporter, die bei Lucona und Noricum so lange bohrten, bis Oberstaatsanwaltschaft, Innenministerium und

114 Walter LENDL u.a.: Die Republik im Fieber. Ein Jahr Grüne Alternative im Parlament, Graz 1988, S. 175/176.

115 Die Kronenzeitung hatte im Sommer 1988 in riesiger Aufmachung einen Polizisten präsentiert, der behauptete, von Wabl gebissen worden zu sein. Er lebe seitdem in Aids-Angst und nähere sich nicht einmal mehr seiner Frau. Der Dankbrief der Polizistengattin steht noch aus, die Folgen für Wabl waren eindeutig: Obwohl sich das ganze als die übliche Sumpfblase herausgestellt hatte, war trotzdem mit Sicherheit etwas an dem grünen Abgeordneten hängengeblieben.

Partei gemeinsam nicht mehr abdichten konnten. Und über Mißstände wird nicht mehr nur dann berichtet, wenn sie jenseits des Eisernen Vorhangs ausmachbar sind.

Wie Künstler sind auch Journalisten oft Vorboten kommender Entwicklungen. Noch bevor die neuen Fragen und die Versuche neuer Antworten breite Gruppen der Bevölkerung beschäftigen, finden sie ihren Widerhall unter den Journalisten. So nimmt es nicht wunder, daß unter den Jungen nur noch wenige bereit sind, im traditionellen sozialpartnerschaftlichen Stil zu berichten. Viele der neuen journalistischen Generation wehren sich erfolgreich gegen die überkommene Aufteilung der Reviere - schwache Hälfte SPÖ, etwas mehr ÖVP, ein paar Posten für die FPÖ. Ein liberaler Journalismus beginnt sich zu regen. Und ein Chefredakteur nach dem anderen stellt erschreckt fest, daß er sich entscheiden muß: zwischen journalistischem Erfolg oder Parteitreue.

Daß dabei noch nicht allzuviel passiert, dafür sorgen ein paar Vertrauensleute am richtigen Ort. An den wenigen Schaltstellen der großen österreichischen Medien sitzt fast immer noch der Aufpasser. Ständig von den Objekten seiner Berichterstattung bedroht, erzählt er schonungslos von der Hobbys der Mächtigen, recherchiert beinhart den Urlaubsort des Bundeskanzlers und schielt - so er noch nicht dort ist - nach einem Posten im Nirwana der österreichischen Medienbeamten - dem Fernsehen. Die Fühler immer weit ausgestreckt, justiert er im Stakkato der Interventionen ständig seinen Kurs - ein bisserl herüber, der Industriellen-Sekretär hat angerufen, noch ein Stückerl, die ÖVP hat protestiert, schnell wieder zurück, der Bundeskanzler ist am Apparat.

In den Parteisekretariaten sitzen ihre Kontrolleure, die Sekundenzähler. Bei der täglichen Intervention wird dem Chefredakteur dann wütend vorgehalten, daß die andere Partei jetzt schon drei Tage lang in der ZiB 1 um zehn Sekunden mehr hatte. Die Wiedergutmachung folgt in der Regel auf dem Fuß.

Natürlich überleben etliche auf anständige Art und Weise in den wenigen Nischen, die ihnen der österreichische Proporz läßt. Natürlich stinkt mancher Skandal so zum Himmel, daß auch die chronisch verstopfte Nase einzelner Chefredakteure Witterung aufnehmen muß. Und natürlich gibt es auch einzelne Zeitungen, Zeitschriften und sogar Teilbereiche des ORF, wo sich Journalisten immer größere Freiräume erkämpft haben.

Es ist umgekehrt aber auch leicht, in Österreich vor den Medien feig zu sein. Als der Kronenzeitung nach der Geschichte vom Schweinchen, das alles macht, sogar gerichtlich bestätigt wurde, wa sie alles macht, daß sie nämlich "über eine Hilfskrankenschwester aus Lainz die Lüge der Geheimprostitution verbreitet und ihre Zuständigkeit bis ins Puff erweitert" (Handelsgericht Wien, 2.6.1989) habe, kam ein Abgeordneter der FPÖ die paar Reihen zu meinem Platz im Plenum herüber, beugte sich mit Verschwörermine zu mir herab und flüsterte mir zu: "Herr Kollege Pilz, jetzt müßten wir die Kronenzeitung vor den Presserat bringen". Ich forderte ihn auf, das zu tun und bot ihm meine Unterstützung an. "Nein, machen Sie's, machen Sie's, bei mir geht das nicht."

Der Zeitungsgründer Oscar Bronner hat Gründe für all das beschrieben:

"profil: Du hast erklärt, 'Politiker, die sich nicht kontrollieren lassen wollen', hätten dafür gesorgt, daß diese Zeitung nicht erscheinen kann.

Bronner: Zunächst einmal grundsätzlich: In normalen Demokratien kontrollieren Zeitungen die Politiker. In Österreich ist es genau umgekehrt. Hier kontrollieren Politiker Zeitungen." [116]

Oscar Bronner ist kein schlechter Zeuge. 1970 hat er "Trend" und "profil" gegründet. Jetzt probiert er es mit einer neuen Zeitung, dem "Standard", und jetzt erlebt er österreichische Medienpolitik ein zweites Mal hautnah.

Bronners Analyse stimmt: Die meisten Medien in Österreich unterscheiden sich durch ihren Grad an Unfreiheit. Das hat vor allem einmal mit den Eigentumsverhältnissen zu tun. Vom Kurier etwa ist bis heute kein ernsthafter Versuch zur Aufdeckung der Machenschaften der Großagrarier gekommen. Und in der Kronenzeitung war einer für Kurt Waldheim - Hans Dichand. Waldheim gewann mit der Krone seine Wahl.

Mit dem Einbrechen des WAZ-Konzerns hat die Meinungsmonopolisierung in Österreich eine völlig neue Qualität erhalten. Das WAZ-Printmonopol umfaßt jetzt: Kronenzeitung, Kurier, Profil, Trend, Wochenpresse, Basta, Rennbahn-Expreß. Es gibt nur noch zwei Große: WAZ und ORF. Was früher Konkurrenz war, sind jetzt nur noch die Versuche der Kleinen, im Strudel, der sie alle ins Monopol zieht, möglichst schöne Figuren zu schwimmen. Weit ist es gekommen, daß man sich heute darüber freuen muß, daß der Springer-Konzern dem Standard von der BRD aus den Rücken stärkt.

Pressefreiheit in Österreich heißt heute, möglichst viele internationale Medienmonopole auf den kleinen heimischen Markt zu locken. Der Ausverkauf ist schon vorbei.

116 profil 26/1988.

Die G'schicht

Es sind aber nicht immer die Interessen der Eigentümer, die die Schere im Journalistenkopf in Gang setzen. Meistens funktioniert das Ganze viel trivialer. Um rund zehn Uhr beginnt jeden Vormittag bei mir im Parlament das Telefon zu läuten. Ein großer Teil der Anrufe verteilt sich auf zwei Standardsätze: "Hos'd a G'schicht" und "Ham's a G'schicht". Ich weiß inzwischen, was eine "G'schicht" ist: Heide Schmidt und Krimhild Trattnig raufen öffentlich; Karl Blecha hat zum dreißigsten Mal einen Aktenschrank verschwinden lassen; Vranitzky mag Lacina noch immer und Fischer schon gar nicht; Androschs zwölfter Erbonkel; Flemming hat ihrem Sekretär wieder einmal...

Die G'schicht ist die vom miesen, geldgierigen, haltlosen Politiker.

Die anderen Themen bleiben liegen. Österreichs Sprung in die Gentechnologie, Alternativen zum Autoverkehr, Frauendiskriminierung, die Verrücktheit der A 4, sanfter Tourismus... Wir konnten in der Regel keinen Gauner mitliefern, die Geschichte wurde keine G'schicht.

Wenn die besten Journalisten nur noch halb besinnungslos um die Wette hinter Skandalen herhecheln, bleibt die Aufklärung auf der Strecke. Viel zu wenige leisten sich noch die Ruhe, über fundamentale gesellschaftliche Entwicklungen nachzudenken und dann auch zu schreiben. Es war daher kein Zufall, daß wir nach der schweren grünen Krise in Winter 1988 nicht in erster Linie mit unserem Widerstand gegen den EG-Anschluß, sondern mit dem Lucona-Skandal wieder öffentliches Oberwasser bekamen. Udo Proksch hat das sicher nicht gewollt.

ZUVIEL PANZER, ZUWENIG HIRN

Der Grund für das Aussterben der Dinosaurier wird in vier Worten beschrieben: zuviel Panzer, zuwenig Hirn. Das Militär ist ein Dinosaurier.

Das Militär ist aber auch in anderer Hinsicht eine vorzivilisatorische Einrichtung. Trotzdem sind seine Grundsätze noch immer für viele selbstverständlich. "Man" glaubt:

* daß ein Krieg in Europa heute noch führbar ist. Damit trägt das Bundesheer zur Verharmlosung der Gefahr der Menschheitsvernichtung durch den Dritten Weltkrieg bei.

* daß es die höchste Tugend junger Männer ist, für den Staat jederzeit sterbebereit zu sein. Barbarische Staaten brauchen barbarische Menschenopfer.
* daß der Staat nach außen und nach innen verteidigt werden muß - immer der Staat, nie der Mensch.

Persönlich im Kriegsfall völlig ungefährdete Schreibtischtäter im Generalsrang planen in ihren Sandkastenspielen die Staatstoten. Sie planen die Draken-Piloten, die sich in den ersten und damit auch letzten Minuten des Luftkriegs über Österreich zusammenschießen lassen sollen. Sie planen die Milizsoldaten, die in ihren Schützenlöchern erschossen, verbrannt und vergiftet werden. Sie planen die Panzerbesatzungen, die in den beklemmend engen Bäuchen der Jagd- und Kampfpanzer mit Hochrasanzmunition in Brand geschossen werden.

Dabei unterscheiden sich die Opfer untereinander in einem wesentlichen Punkt: Während die Handvoll Draken-Piloten mehr oder weniger freiwillig in die fliegenden Särge einsteigt, werden zehntausende "Jungmänner" zum Heldentum gezwungen. Mit "Wehrpflicht" wird emphatisch der Umstand, daß sich der Staat das Recht nimmt, über Leben und Tod junger Menschen zu entscheiden, umschrieben. Und jeder, der vernünftigerweise das Leben über das Staatsinteresse stellt und sich "unerlaubt von der Truppe entfernt", verfällt als "Deserteur" und "Verräter" der Strafe und der gesellschaftlichen Ächtung.

Eine einfache Wahrheit wird außer Kraft gesetzt: daß es kein Leben ohne Überleben gibt.

Grüne - immer auf der Seite der Landesverteidigung

Die Grünen stehen seit Menschengedenken - zumindest aber solange es sie gibt - fest und unerschütterlich auf der Seite der Landesverteidigung. Stimmt nicht? Der Beweis ist leicht angetreten. Die Grünen verteidigten ihr Heimatland:

- in Zwentendorf
- in Hainburg
- im Kamptal
- im Dorfertal
- in Zeltweg und Graz-Thalerhof - gegen alle Abfangjäger natürlich
- im Inntal und im Wipptal und wo sonst noch Menschen und Leben bedroht waren.

Einige Male waren die grünen Verteidiger erfolgreich, einige Kämpfe gingen verloren, bei manchen ist noch kein Ende abzusehen.

Bei ihren Aktivitäten zur Förderung der Landesverteidigung stoßen die Grünen vor allem auf zwei Hindernisse: auf Geldmangel im Budget und auf jene, die auf die Frage nach "Landesverteidigung" immer nur ein einfältiges "militärisch" hervorbringen.

Landesverteidigung ohne Militär

Es gibt heute immer noch eine einflußreiche Gruppe Ewiggestriger, die tief und fest glauben, daß man Österreich militärisch verteidigen muß. Es gibt allerdings niemanden, der zu erklären vermöchte, wie man Österreich militärisch verteidigen kann.

Das liegt nicht an der Unfähigkeit heimischer Strategen. Das liegt an einem einfachen und doch unlösbaren Problem: Der nächste Krieg, der Österreich betrifft, wird der Dritte Weltkrieg sein. Und in diesem Krieg spielt das österreichische Bundesheer dieselbe Rolle wie ein Zwergpinscher in einem Löwenkäfig.

Österreich liegt an der gefährlichsten und gleichzeitig stabilsten Grenze der Welt - der Grenze zwischen den beiden militärischen Blöcken. Gefährlich, weil die größten Waffenarsenale auf diesen Teil Europas gerichtet sind. Stabil, weil jeder weiß, daß es hier keine begrenzbaren Stellvertreterkriege gibt. Wer hier Krieg beginnt, weiß mit gutem Grund, welchen Krieg er beginnt. Und die Hemmschwelle zum Atomkrieg liegt bei beiden militärischen Blöcken immer noch weit über jener Schwelle, die in Afghanistan oder Grenada wohlkalkuliert überschritten wurde.

Beide Blöcke haben außerdem grenznahe Atomwaffen aufeinander gerichtet. Für sie gilt der NATO-Spruch "use them or loose them". Und beide Blöcke haben Österreich längst in die Szenarien ihres Kriegs einbezogen: als Ansammlung lohnender Ziele für Atomwaffen schon immer, als möglichen Vorposten der NATO seit wenigen Jahren wieder.

Für den Dritten Weltkrieg kann das Bundesheer nicht rüsten - daher bereitet es sich gewissenhaft auf den Zweiten vor. Die über weite Strecken absurde, immer aber teure Geschichte militärischer Landesverteidigung in der Zweiten Republik kennt dabei mehrere Phasen.

Ein Heer muß her

"Nie wieder Krieg !" Das war kurz nach 1945. "Vielleicht doch wieder Krieg." Das war kurz darauf. Neben der Entnazifizierung hat eben auch die Entmilitarisierung nicht geklappt, und die SPÖ war eine der ersten, die sich den Kopf über die militärische Zukunft der zwar befreiten, aber auch besetzten Republik zerbrach.

1955 war es dann soweit. Eine der ersten Großtaten des freien Österreichs war die Einrichtung des Bundesheeres. Vieles konnte warten - ein Heer nicht.

Das österreichische Bundesheer war 1955 als Großarmee im Westentaschenformat wiederbegründet worden. Was Ost und West im Großen an Vernichtungspotential angehäuft hatten, wurde von Österreich Schritt für Schritt im Kleinformat nachgebaut: die Panzerdivision, die Luftwaffe und die Bereitschaft, dem Feind in offener Feldschlacht entgegenzutreten. In den Großmanövern funktionierte alles prächtig: Der Feind griff an und hatte sich prompt verrechnet - nach kurzer Zeit triumphierte Rot-Weiß-Rot.

Als die Truppen des Warschauer Paktes im August 1968 in der ČSSR einmarschierten, ordnete der österreichische Verteidigungsminister die Mobilmachung an. Damit versetzte er dem Bundesheer den Todesstoß: Ein großer Teil des schweren Geräts blieb liegen, mobbeorderte Soldaten irrten tagelang auf der Suche nach ihrer Kompanie durch das Land, und die Republik bewies ein weiteres Mal, daß es auch in gespannten Zeiten keines militärischen Schutzes bedurfte, um die Neutralität des Landes zu schützen. 1968 präsentierte sich Österreich vorläufig zum letzten Mal als "militärisches Vakuum" - und alle respektierten das offene Land.

Nach dem August konnte in- und außerhalb des Verteidigungsministeriums niemand mehr die Frage, wofür dieses Heer eigentlich gut sei, beantworten. "Zuviel Panzer, zuwenig Hirn" - diese Erklärung für das Aussterben der Dinosaurier vermochten zunehmend mehr Staatsbürger als Begründung für den militärischen Bankrott zu akzeptieren.

Das "Volksbegehren zur Abschaffung des Bundesheeres" stapelte tausende Unterschriften in Günther Nennings "Neuem Forum", und die SPÖ sprang mit ihrer Forderung "Sechs Monate sind genug" noch rechtzeitig vor den Nationalratswahlen 1970 auf den antimilitaristischen Zug auf.

Die SPÖ gewann die Wahlen. In vielen Bereichen war der Reformstau nach Jahrzehnten großer Koalition und nach vier Jahren ÖVP-Alleinregierung enorm. Für ein paar dieser Bereiche gab es Konzepte. Das Bundesheer war nicht dabei. Beim Parteitag war die Frage der

Heeresreform vom Zentralsekretär zwischen "Innerorganisatorisches" und "Haltung zur Kirche" en passant abgehandelt worden. Jetzt stand die SPÖ ratlos vor den Trümmern des ersten Heeres der Zweiten Republik. Nur eines stand fest: Auch hier mußte - Antimilitarismus hin, Abrüstung her - wiederaufgebaut werden.

Theodor Körner war der erste und letzte in der österreichischen Sozialdemokratie, der sich über Militärisches den Kopf zerbrochen hatte. Seit das Projekt des Sozialismus in der Praxis ad acta gelegt und die Machtfrage außer Frage gestellt worden war, hatte man sich an die Reform ureigenster Interessensbereiche - Sozialpolitik, Bildung, zwischendurch auch Kultur - gemacht. Das Militär war in beiden Republiken von der Sozialdemokratie nicht mehr wirklich in Frage gestellt worden. Vor 1934 hatte man es mit dem Schutzbund noch teilweise imitiert - nach 1955 bekannte man sich schlicht und einfach dazu.

Am Anfang der SPÖ-Alleinregierung stand ein militärpolitisches Vakuum: Die gestandenen Generäle der Volkspartei konnten und wollten ihr nichts bieten. Und die SPÖ wollte zwar weiter ein Bundesheer, wußte aber nicht, welches. Als daher eine Gruppe liberal-katholischer Offiziere ein Reformkonzept anbot, griff die SPÖ zu. Die Bundesheerreform mit ihren Säulen "Raumverteidigung" und "Milizheer" wurde beschlossen. Statt sechs waren es zwar acht Monate Wehrpflicht geworden - ihr zentrales Wahlversprechen hatte die SPÖ aber gehalten: Wir modernisieren Österreich - egal welches.

Das Bundesheer wurde reformiert - aber nicht, weil alle Beteiligten von der Reform überzeugt waren, sondern weil alle wußten, daß es nur eine Alternative dazu gab: die Abschaffung des Bundesheeres.

Eine Minderheit im Heer war von dieser Reform überzeugt. Hinter dem späteren Armeekommandanten Emil Spannocchi sammelte sich jener Rest an Berufsoffizieren, der in der Lage war, über das alte stehende Heer hinauszudenken. Die Modernität dieser Militärs lag in ihrer Bereitschaft, auch politisch extrem fernstehende Bewegungen nach passenden militärischen Instrumenten zu untersuchen. Die Bestände der chinesischen Volksarmee wurden dabei ebenso geplündert wie die des Vietkong und der FLN. Fein von allen politischen Inhalten gesäubert, blieben die zwei Prinzipien: die Raumverteidigung mit ihrer Aufteilung der Kräfte auf den Raum unter Vermeidung offener Schlachten und die Miliz als dezentrale, vom Berufsheer deutlich abgesetzte Struktur.

An anderen wesentlichen Dingen wurde wohlweislich nichts geändert: Das Heer marschierte politisch weiter auf Westkurs, die Milizeinheiten blieben dem Berufsheer streng untergeordnet, und dieses selbst wachte genau über die Barriere, die das Militär von der Gesellschaft trennt und zu manchen Zeiten auch vor ihr schützt.

Trotzdem war etwas Bedeutendes - teils absichtlich, teils unabsichtlich - mitgeändert worden: Das alte Bundesheer hatte in seiner Struktur, in seiner Doktrin und in seiner Bewaffnung wie ein Stecker in die Steckdose "NATO" gepaßt. Im Ernstfall konnte sofort zusammengesteckt werden. Damit war es nach 1970 vorläufig vorbei - der Stecker paßte nicht mehr.

Genau dieser Umstand war es auch, der der SPÖ die Bundesheerreform sympathisch machte. Nachdem mit traditionell sozialdemokratischem Antimilitarismus von der Staatspartei kein Staat mehr zu machen war, begnügte man sich mit dem kleinen Fortschritt: einem Heer, das nur dem eigenen Staat gehören sollte - klein, aber mein.

Um die Mitte der siebziger Jahre ereignete sich etwas Seltsames: Das Bundesheer war beliebt. Soldaten in poppigem Military-Look mußten sich vor dem Discobesuch nicht mehr umziehen, Jungmänner waren plötzlich keine Witzfiguren mehr, und das antimilitaristische Immunsystem des Landes war ganz offensichtlich zusammengebrochen. Während die Bundesheerreform im Inneren des Militärs nie wirklich viel verändern hatte können, war sie ein gewaltiger Propagandaerfolg.

Die Existenz des Heeres war damit gerettet. Und jene Militärs vom alten Schlag, die sich jahrelang verstecken hatten müssen, witterten wieder Morgenluft.

Die Gegenreform

Unter der SPÖ-Alleinregierung hatte die kleine Minderheit der Bundesheerreformer politische Rückendeckung. Mit der kleinen Koalition wurde das traditionell Militärische erstmals wieder stark aufgewertet, und mit dem Wiedereinzug eines ÖVP-Ministers lief die Bundesheer-Gegenreform binnen kurzer Zeit auf vollen Touren.

Die Marksteine waren:

* Draken-Beschaffung gegen den Protest von Milizoffizieren,
* Heeresgliederung 87,
* Ausschaltung des eher milizfreundlichen Armeekommandos und Forcierung des NATO-nahen Generaltruppeninspektorats durch die Installierung eines geheimen Leitungsstabs unter der Führung des Ministers.

Die Draken-Beschaffung war dabei ein klassischer Selbstfaller. Um mehr als fünf Milliarden Schilling wurde gegen den Willen von über siebzig Prozent der Bevölkerung der fliegende Sondermüll gekauft. Heute sind unsere schlimmsten Prognosen wahr geworden: Von 24 Draken sind im Schnitt drei einsatztauglich, und die können nur von pensionsreifen Volkssturmfliegern pilotiert werden - die Jungen sind längst auf und davon.

"Schon in den nächsten Wochen soll das Originalflugzeug aus Schweden angeliefert werden", meldete die Süd-Ost Tagespost im Februar 1987.[117] Es handelte sich zwar um einen D-Draken, Bestimmungsort war aber weder Zeltweg noch Graz-Thalerhof. Der Draken ging nach Sinsheim bei Stuttgart. Ins Auto- und Technikmuseum.

Ich kann mich noch gut an den Draken-Unterausschuß erinnern. Vorher habe ich sie sehr ernst genommen. Während der Beratungen sah ich mich dann aufgrund meiner Erkenntnisse gezwungen, einen neuen Mitarbeiter in den Ausschuß mitzunehmen: meinen Freund Much, einen wunderbaren Cartoonisten. Er war als einziger imstande, mir die Karikatur "Bundesheer" ins normale Deutsch zu übersetzen.

Ein Beispiel: Der tödliche Absturz eines österreichischen Piloten bei der Draken-Einschulung in Schweden war der Anlaß zur Einsetzung des Unterausschusses gewesen. In den Befragungen hatte sich herausgestellt, daß seine unmittelbaren Vorgesetzten vor seiner Verwendung im Draken gewarnt hatten. Ich erlaubte mir, Herrn Tauschitz, den Generaltruppeninspektor, zu diesem Punkt zu befragen. *"Wer hat eigentlich entschieden, daß er doch nach Schweden kommt, der Geschwaderkommandant? - Nein. - Also vielleicht der Militärkommandant? - Nein, der nicht.- War es der Leiter der Luftabteilung? - Nein. - Oder waren es Sie? - Nein, ich war es nicht. - Der Minister? - Nein, der Minister nicht? - Wer trägt dann die Verantwortung? - Niemand. - Was heißt 'niemand'? - Na, eben niemand. - Ja, wer hat denn dann entschieden? - Das war eine Kommission. - Wozu wurde die eingerichtet? - Damit niemand die Verantwortung trägt."*

Der Kriegsminister trägt die volle Verantwortung für den Schrott. Die gerechte Strafe - regelmäßige Draken-Flüge für Bumm-Bumm-Lichal - würde das personelle Problem wahrscheinlich auch zur Zufriedenheit der ÖVP lösen.

Heute ist das Bundesheer wieder weitgehend von der Gesellschaft isoliert. Die Militärs ziehen daraus ihre Konsequenzen. Immer stärker igelt sich das Heer am rechten Rand der Gesellschaft ein. Gegen alle

117 Süd-Ost Tagespost 26.2.1987.

anderen wird neuerdings wieder öffentlich polemisiert. Von Ausritten höchster Militärs gegen die SPÖ geht das bis zur Spitzelstudie über die Grünen, die der Verteidigungsminister öffentlich als gutes militärisches Recht in Schutz nahm. Unter dem Titel "Die subkonventionelle Ebene der Bedrohung" legt der Autor auf kopiersicherem Papier in aller Offenheit die militärische Bewertung der Grünen auf den Tisch. Das Urteil kann sich sehen lassen: Im Vorfeld des Terrorismus bilden wir gemeinsam mit der KPÖ das "subversive" und "revolutionäre" Potential. Die Gebrauchsanweisung für den Umgang mit den Grünen wird ab Seite 77 beigelegt: *"Wenngleich sich damit die Repression der Systemkritik aus dem Selbstverständnis der Demokratie verbietet, kann dies nicht bedeuten, daß damit auch die Prävention zukünftiger strafbarer Handlungen unzulässig wäre, die sich aus der Systemkritik ergeben würden... Dabei kommt der Informationsgewinnung über solche Vorgänge entscheidende Bedeutung zu. Erst das Vorliegen genauer Informationen ermöglicht die Feststellung, ob der Übergang zu strafgesetzwidrigem Handeln vollzogen wird oder nicht."* [118]

Damit ist die Bespitzelung der Grünen einmal ausreichend begründet. Was noch fehlt, ist die Zuständigkeit des Militärs. Der Autor liefert sie prompt mit dem Fingerzeig nach Osten. *"In der Summe stellt sich daher die Abwehr der von außen kommenden Bedrohung auf der subkonventionellen Ebene als eine Angelegenheit dar, die der koordinierten Führung im Sinne der Gesamtkonstruktion der Umfassenden Landesverteidigung bedarf."* [119]

Wenn jemandem von seiten des Bundesheeres Gefahr droht, dann ausschließlich der österreichischen Demokratie. Objektschutztruppen üben Einsätze gegen streikende Arbeiter und gegen die Friedensbewegung, kritische Zeitungen verfallen der kaserneninternen Zensur, in der Traditionspflege wird genau dort angesetzt, wo die politische Rechte ihre Rolle vergessen lassen will, alte Nazis werden geehrt, und die engen Beziehungen zu Massenorganisationen der äußersten Rechten wie Kameradschaftsbund und Turnerbund garantieren, daß Recht und Ordnung ordentlich rechts bleiben. Und nach wie vor sieht die Bundesverfassung den Einsatz des Heeres in der Innenpolitik vor.

Es gibt keine Demokratisierung des Bundesheeres. Will man ein Heer, dann muß man sich damit abfinden, daß antidemokratische und militaristische Kräfte gestärkt werden. Auch wenn ein Milizheer das bei

118 Studien und Berichte der Landesverteidigungsakademie: Die subkonventionelle Ebene der Bedrohung, Teil II: Die Bedeutung für Österreich, Wien 1987, S. 78/79.

119 Ebda., S. 89.

weitem kleinere Übel ist - warum muß uns immer ein bißchen übel sein?

DIE KULTUR DER INDUSTRIE

Die Krise des Industrialismus ist vor allem eine Krise der Kultur. Das hat wenig mit einem auf Kunst verengten Begriff von Kultur zu tun. Das bedeutet, daß die zentralen Normen und Lebensformen von Kapitalismus und Sozialismus zunehmend ihre Gültigkeit verlieren.[120] Die zentrale kulturelle Norm des Industrialismus steht in Frage. "Humanisierung ist gleich Sieg über die Natur", der Glaube der Väter kommt den Menschen von heute in zunehmendem Maß abhanden.

Jahrzehntelang ist es dem Kapitalismus in den wichtigsten Ländern gelungen, einen breiten kulturellen Konsens herzustellen. Der kleinste gemeinsame Nenner lautete: Der ständig wachsende Kuchen wird zwischen allen so aufgeteilt, daß zwar nicht jeder gleich viel, aber doch spürbar mehr als zuvor erhält. Das Wirtschaftswachstum war letzten Endes stärker als der Gegensatz zwischen den Klassen, und mit der Hand voller Spatzen konnte sich die Arbeiterbewegung längst nicht mehr vorstellen, daß es möglicherweise auch eine Taube auf dem Dach gibt. Die bürgerliche Hegemonie beruht dabei auf zwei großen Säulen: dem Wirtschaftswachstum und der kleinbürgerlichen Massenkultur.

Nur in zwei großen Bereichen explodierten die Widersprüche: in der Dritten Welt, die den Aufschwung der Metropolen auf Kosten der Entwicklungsländer unbeteilt miterleiden mußte, und in der Studentenrevolte 1968, dem ersten großen Versuch, der herrschenden Kultur eine Gegenkultur entgegenzusetzen.

Das Wirtschaftswachstum ist innerhalb weniger Jahre zum wiederholten Mal an seine inneren, zum ersten Mal aber auch an seine äußeren Grenzen gestoßen. Die doppelte Krise des Wachstums - am Ende einer langen Welle der Konjunktur und am Ende eines verlorenen jahrhundertelangen Feldzugs gegen die Natur - eröffnet zwei Möglichkeiten:

120 S. H.P. DREITZEL: Der politische Inhalt der Kultur, in: TOURAINE u.a.: Jenseits der Krise. Wider das politische Defizit der Ökologie, Frankfurt 1976, S. 54 ff.

* Entweder gelingt es dem Industrialismus - nach dem Ausscheiden des Sozialismus wahrscheinlich nur noch in seiner kapitalistischen Form - eine neue Phase des Wachstums einzuleiten. Dabei ist wenig wahrscheinlich, daß die ökologische Frage gelöst werden kann;
* Oder es kommt zum großflächigen Zusammenbruch des kulturellen Konsenses. Die Integration der sozialen, ethnischen und geschlechtlichen Gegensätze hört auf.

Es ist durchaus denkbar, daß es der Kapitalismus noch einmal schafft. Der Preis, den der Mensch für die nächste Epoche industriellen Wachstums bezahlen muß, wird mit großer Wahrscheinlichkeit noch höher als der für die Gegenwart sein.

Wir können uns heute die Phase der Superindustrialisierung im Wesentlichen bereits ausmalen:

* Die Mechanisierung der geistigen Arbeit findet ihren Abschluß. Ein großer Teil der Menschen wird endgültig zum Anhängsel der neuen Maschinen.
* Die genetische Planung des Lebens wird Teil der Kultur. Der Mensch wird je nach Anwendungsbereich "verbessert", "Lebensunwertes" wird frühzeitig ausgeschieden.
* Die Gesellschaft zerfällt in mehrere Sektoren. Wenige gehören der Kaste der Technokraten an, viele dienen als Maschinenmenschen, ein wachsender Teil wird nicht mehr benötigt.
* Wie der Mensch wird auch die Umwelt weiter homogenisiert. Standardböden, Standardwälder und Standardflüsse sollen natürliche Reaktionen auf ein Minimum reduzieren. Die anfallenden Ultragifte werden unter Hochsicherheit gestellt, langfristig vergiftete Regionen gesperrt.
* Die empfindliche, hochzentralisierte Technologie muß vor Umwelt und Mensch geschützt werden. Da es sich dabei um die zentralen Lebensfunktionen der superindustrialisierten Gesellschaft handelt, müssen einzelne Freiheiten eingeschränkt werden. Die Polizei erhält neue, vorbeugende Aufgaben.
* Die globale Massenkultur setzt sich endgültig durch. Hamburger und Dallas für alle.

Wesentliche Weichen werden heute bereits in diese Richtung gestellt. Die Kartierung des menschlichen Genoms und die Freisetzung genetisch manipulierter Lebewesen werden gegen jeden Widerstand durchgepeitscht, mit Artificial Intelligence probt die Denkindustrie einen weiteren entscheidenden Schritt in der Vermessung des Denkens, die weltweite Agrarindustrie setzt in wachsendem Ausmaß eine Landwirtschaft ohne Boden durch, regionale Kulturen werden niedergewalzt, und zentrale Freiheitsrechte wie etwa das Versammlungsrecht werden nicht mehr nur von konservativer Seite zunehmend in Frage gestellt. Ob am Rande der superindustrialisierten Gesellschaft noch "Parlament" oder "Recht" gespielt wird, ist dann Nebensache.

Trotzdem spricht vieles dafür, daß dieser Weg auch mit aller Polizei der Welt nicht gangbar ist. Es bedarf keiner besonderen Phantasie, um sich etwa die Resultate der weltweiten Durchsetzung des motorisierten Individualverkehrs vorzustellen. Wenn nur jede zweite chinesische Familie das Fahrrad mit dem Auto vertauscht, ist das Klima endgültig kaputt. Grundsätzlich hat das Ignorieren der vernetzten natürlichen Zusammenhänge dazu geführt, daß der Mensch erstmalig vor einer gattungsgeschichtlichen Katastrophe steht. Es ist nicht sehr wahrscheinlich, daß sich der industrielle Weg mit gefinkelteren Mitteln so einfach weitergehen läßt. Die Technokraten montieren am Beginn der Sackgasse Autobahnschilder und hoffen, daß der Wachstumszug die Stirnwand mit Vollgas durchbricht.

Es geht um neue Entwicklungsmuster. Es geht darum, daß die Metropolen und die Länder der Dritten Welt jeweils eigene ökologische und soziale Wege aus der Sackgasse finden. Der grüne Umbau ist daher vor allem eine Frage der Kultur.

AUSTRIA

DIE ALTERNATIVE

ENTROPIE UND WIDERSTAND

Es ist aussichtslos. Für nicht wenige ist das das einzig gültige Resümee angesichts der anschwellenden neuen Welle der Superindustrialisierung. Gelingt es dem Kapitalismus, die mögliche ökologische Weltkatastrophe zu vermeiden, dann droht eine homogenisierte, gleichgeschaltete Welt der gentechnisch manipulierten und programmierten Lebewesen. Dann bleibt nur das über, was "brauchbar" ist.

Um verstehen zu können, was mit der neuen Welle der Industrialisierung auf uns zukommt, leisten die Hauptsätze der Thermodynamik wichtige Hilfe.

"Energie und Materie, die verwendet worden sind, sind aus der Ordnung der Ungleichverteilung in die Unordnung der Gleichverteilung gebracht und daher weniger oder gar nicht mehr verwendbar." [121] Das ist einer der wichtigsten Schlüsse aus den Sätzen der Thermodynamik.

Ein Beispiel: Verbrennung. Kohle - oder Öl oder Gas - ist ein hochwertiger Brennstoff. Kohle kommt ungleichverteilt - regional konzentriert - vor. Wird Kohle verbrannt, zerfällt sie in ihre Grundbestandteile, aus denen sie sich in Jahrmillionen aufgebaut hat. Die Abfallprodukte der Kohle können im großen und ganzen nicht mehr genutzt werden. Als nutzlose Rückstände kommen sie überall mehr oder weniger - "gleichverteilt" - vor. Kohle ist mit ihrer Verbrennung in einen Zustand höherer Entropie übergegangen.

Die Entropie ist die Mutter der Knappheit. Stoffe und Systeme hoher Ordnung, "Wertstoffe", werden in der Produktion und im Konsum Schritt für Schritt verbraucht. Der sparsame Umgang mit den Ressourcen kann dabei bloß das Tempo der Entropiesteigerung drosseln - den Trend umkehren kann er nicht.

Offensichtlich steigt aber nicht nur die Entropie von Stoffen und von Energie. Immer augenscheinlicher vollziehen auch biologische Systeme die Entwicklung vom hochdifferenzierten Biotop zum undifferenzierten Stoff- und Lebensgemisch. Die jüngste Geschichte der Ackerböden ist ein gutes Beispiel hierfür.

Von der Vielfalt zur Einfalt. Dieser Kernsatz der Entropiesteigerung scheint auch als Motto über der Entwicklung der sozialen Systeme in der Industriegesellschaft zu stehen. Vom vielfältigen Dasein des Menschen vor und am Rande der Industrie führt der Weg über zwei große

121 E. ALTVATER: Ökologische und ökonomische Modalitäten von Zeit und Raum, in: PROKLA 67, S. 48.

Wellen der technologischen Umwälzung - der Formalisierung und Automatisierung der körperlichen und jetzt der geistigen Arbeit - zum vollindustrialisierten Menschen selbst.

Die Grundsätze der sozialen Entropiesteigerung lauten:

- Einfalt statt Vielfalt.
- Monozentrismus statt Polyzentrismus.
- Maschinisierung des Menschen.
- starre Unordnung statt flexibler Ordnung.

Das Ziel - der giftresistente Maschinenmensch - ist heute technisch denkbar und morgen industriell machbar. *"... Folge zunehmender Vergesellschaftung ehemals getrennter Bereiche, findet eine immer stärkere Realmaschinisierung menschlichen Verhaltens und menschlicher Lebensbereiche statt... Es scheint, daß sich Mensch und Maschine aufeinander zubewegen."* [122] Die Industrie nähert sich so Schritt für Schritt ihrer lateinischen Wurzel - der "industria", dem Fleiß. Einzig diese Eigenschaft ist es noch, die dem Arbeitsmenschen der industriellen Monokulturen abverlangt werden wird.

Nicht nur die Natur um den Menschen, auch die Natur im Menschen befindet sich im Fadenkreuz der industriellen Erneuerer. Zwischen der Zerstörung der Umwelt und der Zerstörung der Innenwelt besteht kein prinzipieller Unterschied.

Wahrscheinlich werden sich die meisten damit abfinden. So, wie heute der normale Mensch die wichtigsten Jahre seines Lebens für den Erwerb der industriellen Uniformstücke "Auto" und "Eigenheim" opfert, so schließt er sich selbst mit BTX und Breitbandkabel an die elektronische Nabelschnur der neuen Industriekultur an. Wenn Lust nur noch Minimierung der Existenzangst und Zufriedenheit mit der eigenen Anpassung an die Massenkultur ist, dann wird sich der Durchschnittsbürger auch gegen die weiteren Schritte seiner Maschinisierung nicht zur Wehr setzen. Was Adorno vor Jahren geschrieben hat, gilt weiter: *"Anstelle jener Katharsis, deren Gelingen ohnehin in Frage steht, tritt der Lustgewinn, in der eigenen Schwäche auch ein Exemplar der Majorität zu sein und damit nicht sowohl, wie ehedem die Sanatoriumsinsassen, das Prestige des interessanten pathologischen Falls zu gewinnen, als vielmehr gerade vermöge jener Defekte sich als dazugehörig auszuweisen und Macht und Größe des Kollektivs auf sich zu übertragen. Der Narzißmus, dem*

122 Arno BAMMÉ u.a.: Maschinen-Menschen, Mensch-Maschinen, Grundrisse einer sozialen Beziehung, Reinbek bei Hamburg 1983, S. 155.

mit dem Zerfall des Ichs sein libidinöses Objekt entzogen worden ist, wird ersetzt durch das masochistische Vergnügen, kein Ich mehr zu sein, und über ihrer Ichlosigkeit wacht die heraufziehende Generation so eifersüchtig wie über wenigen ihrer Güter, als einem gemeinsamen und dauerhaften Besitz." [123]

Der Fortschritt ist blind und taub. Immer schneller zieht er seine Schneisen der Verwüstung über die Erde und durch die Menschen. Nichts scheint ihn aufhalten zu können. Trotzdem ist der Widerstand gegen das Projekt der Superindustrialisierung weit mehr als ein letzter symbolischer Akt am Rande des Abgrunds. Der Widerstand hat eine Chance.

Wer ein Projekt aus den Angeln heben will, muß seine Hebelpunkte kennen. Ein Beispiel: Der nächste Schub der Industrialisierung bringt auch den nächsten Schub Verkehr mit sich. Soll das System funktionieren, muß in Zukunft ein Vielfaches des heutigen Gütervolumens zwischen den einzelnen industriellen Monokulturen über riesige Distanzen hin- und hertransportiert werden. Ein Hebelpunkt liegt beim internationalen Gütertransport. Es muß uns gelingen, ihn enorm teuer zu machen, seine Wege Schritt für Schritt zu verengen und ihn dort, wo er am meisten belastet und zerstört, zu unterbinden.

Mit dem Verkehr treffen wir das ganze System. Wenn die niederländischen Kunstparadeiser nur noch unter größten Schwierigkeiten und unter hohen Kosten quer durch ganz Europa transportiert werden können, dann haben die italienischen und österreichischen Gemüsebauern, die heute "zu teuer" produzieren, wieder Aufwind. Gleiches gilt für die Blumen aus Kolumbien und für den Fisch aus Taiwan.

Wenn der Einsatz von Agrarchemikalien im großen und ganzen verboten wird, ist der Agrarindustrie rein technisch die Zukunft versperrt.

An ihrer Eignung zum Hebel entscheidet sich die Bedeutung einzelner Reformschritte für den grünen Umbau.

Es ist eine Allianz der Vielfalt, der naturnahen Landwirtschaften und der Regionen, der nationalen Kulturen und der chlorfreien Chemieindustrie, der Landreform in der Dritten und der Sozialreform in der Ersten Welt, der Frauen und der an den sozialen Rand Gedrängten, die diese Chance nützen kann.

Ihr Hauptziel lautet: die Wiedergewinnung der Politik. Dem blinden wirtschaftlichen und staatlichen Fortschritt kann nur die bewußte gesellschaftliche Bestimmung entgegengesetzt werden.

123 Theodor W. ADORNO: Minima Moralia, Frankfurt 1986, S. 78/79.

Der Einwand gegen den Regenbogenwiderstand lautet: Der Kapitalismus ist ein Chamäleon. Er paßt sich jedem Widerstand an, indem er ihn sich einverleibt. Wenn das Projekt der großen agrar-chemisch-industriellen Komplexe nicht durchsetzbar ist, dann werden die gleichen Konzerne eben auf viele kleine, aber abhängige biologisch produzierende Bauern setzen.

Erstens wäre aber schon das ein Fortschritt. Und zweitens wäre das ein anderes Projekt. Wenn das kapitalistische Industriesystem in jedem einzelnen Schlüsselbereich die Anpassung an den Widerstand versuchen muß, dann ist das Projekt des Endsiegs über die Natur selbst in Gefahr. Die Superindustrialisierung und die Kolonisierung der inneren und der äußeren Natur vertragen sich eben nicht mit Minimierung von Verpackung und Verkehr, mit dezentraler Landwirtschaft, mit umfassenden Bürgerrechten auf Information und Selbstbestimmung, mit Schutz der Menschen vor den Daten und mit Verbot der neuen verriegelnden Technologien wie der Gentechnologie.

Der Umbau hat dann eine Chance, wenn wir uns das entsprechende begriffliche und programmatische Rüstzeug schaffen; wenn wir klären, wie weit wir gehen wollen und wie weit wir gehen müssen; wenn wir Elemente der neuen Welt schon in der alten zu realisieren beginnen; und wenn wir wissen, wie wir uns organisieren können.

DAS NEUE DENKEN

Natur

Kein anderer Begriff ist in der kurzen grünen Geschichte so strapaziert und mißbraucht worden wie "Natur". Daß man zu ihr zurücksolle, war oft und eindringlich zu hören. Zurück wohin? Das Gegenargument der Kraftwerksbauer war nicht ganz falsch: Konnte sich wirklich auch nur ein einziger von denen, die in der Au ausharrten, vorstellen, daß es ohne elektrischen Strom ginge. Und zurück zu der "Urnatur", deren schwärmerisches Bild den Plänen einer Reißbrettwelt entgegengehalten wurde, führt einfach kein Weg mehr. Wohnung, Kleidung, gekochtes Essen - das ist für Grüne ebenso selbstverständlich wie für ihre Gegner in den Beletagen der Banken und der E-Wirtschaft.

"Natur" bleibt ein Schlüsselbegriff für die Grünen. Abseits der populären Platitüden von der "Versöhnung von Ökologie und Ökonomie" und von effekthaschenden Demutsgesten einer Urmutter gegenüber gilt es, das Verhältnis von Mensch und Natur zu bestimmen.

"Wir können uns der Natur gegenüber nur dann richtig verhalten, wenn wir uns auch der menschlichen Natur gegenüber richtig verhalten - unserer tierischen Natur gegenüber genauso wie gegenüber den kulturellen Mustern und Einschränkungen, die uns davor zurückhalten, uns wie Tiere zu verhalten. Wenn sich Menschen wie Tiere verhalten, werden sie zu den gefährlichsten Tieren für sich selbst und für andere Menschen, und das wegen einem ... entscheidenden Unterschied zwischen Menschen und Tieren: Während Tiere im allgemeinen durch die Grenzen ihres körperlichen Hungers in Schranken gehalten werden, haben die Menschen geistigen Hunger, der bei weitem größer und gewaltiger als jeder körperliche sein kann. Nur Menschen verschwenden und horten, morden und plündern." [124]

Der Unterschied zwischen Tier und Mensch besteht nicht darin, daß das Tier Teil der Natur ist, wogegen sich der Mensch von ihr "emanzipiert" hat. Alle leben in und aus der Natur. Und nicht nur der Mensch, alle Lebewesen und alle natürlichen Prozesse verändern Natur. Ein einziges hebt den Menschen aus allen Lebewesen hervor: seine Eingriffe in die Natur erfolgen bewußt und gesellschaftlich.

"Bewußt" bedeutet die gedankliche Vorwegnahme des konkreten Eingriffs. Der Bau einer Hütte oder eines Atomkraftwerks wird genauso vorher gedacht und geplant wie die Aussaat einer Pflanze oder ihre genetische Veränderung. Das Tier verwendet seine Erfahrung zur Wiederholung und Perfektionierung von immer gleichen Handlungen. Beim Menschen wird Erfahrung zu Wissen und damit zur Möglichkeit, aus dem Alten völlig Neues zu schaffen.

"Gesellschaftlich" wiederum heißt, daß der Mensch diese Veränderung gemeinschaftlich durchführt. Unter gesellschaftlichen Verhältnissen werden einzelne Erfindungen zu Technologien, die die Produktionsweise der gesamten Gesellschaft in ihrer Form bestimmen. Und unter diesen Verhältnissen kann die Wirtschaft erst die Form der Massenproduktion annehmen und dadurch die Wirtschaftskraft des einzelnen ins Gigantische steigern.

124 Wendell BERRY: Getting Along with Nature, in: Home Economics, Berkeley 1987, S. 15 (Übers.d.Verf.).

Eines heißt "bewußt" und "gesellschaftlich" allerdings nicht: daß sich der Mensch seiner Bedeutung und seiner Verantwortung für das labile Gleichgewichtsverhältnis in der Natur "bewußt" ist.

In natürlichen Prozessen stellen sich immer wieder fragile Gleichgewichte her - durch schrittweise kleine Anpassungen oder durch Katastrophen, je nachdem, wie weit die Natur vom Zustand des Gleichgewichts entfernt war. Durch die großen, "übermenschlichen" Zeiträume, in denen sich die Natur merklich verändert, entsteht der Eindruck einer konstanten, ruhenden Natur. Stabiles Gleichgewicht gibt es aber auch in der Natur nicht, denn gerade die Ungleichgewichte und die Gegensätze sind es, die als Motor auch der natürlichen Entwicklung arbeiten.

George Novack verweist auf diese Dialektik der Naturprozesse: *"Solange sich die gegensätzlichen Kräfte in Balance befinden, erscheint die Gesamtheit stabil, harmonisch und ruhend - und sie ist es auch. Aber das ist ein vorübergehender Zustand. Früher oder später stören Veränderungen im inneren Kräfteverhältnis oder Wechselwirkungen mit anderen Umweltprozessen das erreichte Gleichgewicht, erzeugen sie Instabilität und können sie in die Erschütterung und Zerstörung der starrsten Formationen münden. Die Dialektik ist grundsätzlich der konsistenteste Weg, über die universellen Zusammenhänge der Dinge in der ganzen Weite ihrer Entwicklung nachzudenken."* [125]

Wie andere Lebewesen stört auch der Mensch natürliches Gleichgewicht - mit wichtigen Unterschieden allerdings:

Der Mensch greift gleichzeitig in fast alle zentralen Lebensbereiche ein. Während Lebewesen in der Regel nur ihre unmittelbare Umwelt beeinflussen, verändert der Mensch das Wasser, die Luft und den Boden gleichzeitig und in globalem Ausmaß.

Der Mensch greift mit explosionsartig wachsender Gewalt ein. Innerhalb weniger Jahrhunderte hat sich in ständiger Beschleunigung die Macht des Menschen, die Natur zu verändern, vervielfacht. Und die Beschleunigung des Wachstums dieser Kraft nimmt wie in einem Strudel ständig zu.

Der Mensch greift in menschlichen Zeitspannen ein. Während die Natur für große Veränderungen Jahrmillionen benötigt, schrumpfen für den Menschen vergleichbare Zeiträume heute bereits auf wenige Jahr-

125 George NOVACK: Is Nature Dialectical? in: Polemics in Marxist Philosophy, New York 1978, S. 237 (Übers.d.Verf.).

zehnte. Die Natur kann sich in diesen Zeiträumen nicht mehr allmählich an die neuen Bedingungen des Menschen anpassen. *"Die Koevolution von Arten und die Evolution von Ökosystemen war bisher möglich gewesen, weil die Evolutionsgeschwindigkeit bei allen Beteiligten synchronisiert war. Mit der spezifisch menschlichen Strategie der kulturellen Evolution tritt nun ein Faktor in die natürlichen Ökosysteme ein, dessen Variationsgeschwindigkeit desynchronisiert ist. Im 'Rüstungswettlauf' mit dem Menschen haben andere Arten (von Mikroorganismen und bestimmten Insekten abgesehen) keine Chance mehr"* [126].

Der Mensch greift sofort im industriellen Großversuch ein. Während sich in der Natur Neues in der Regel langsam und tastend entwickelt, reißt der Mensch mit jeder neuen Technologie riesige Schneisen in alte natürliche Zusammenhänge - ohne über die natürlichen Reaktionen darauf auch nur den geringsten Gedanken zu verschwenden.

Und der Mensch greift mit naturfremden, völlig künstlichen Stoffen ein. Die Natur kannte bis vor kurzem keine chlorierten Kohlenwasserstoffe. Sie antwortet mit Gift.

Die Natur muß auf jeden Eingriff reagieren. Je größer, plötzlicher und gewaltiger der Eingriff, desto größer muß auch die Reaktion ausfallen. Die Natur kennt eine große Skala von Reaktionen. Sie reicht - aus der Zeit- und Größenperspektive des Menschen gesehen - von der gleitenden, behutsamen Anpassung in unendlich langen Zeiten bis zum plötzlichen Zusammenbruch und zur Katastrophe.

In den Katastrophen, die sich heute abzeichnen, erfährt der Mensch nach langer Zeit wieder schmerzlich, daß er nach wie vor Teil der Natur ist. Und damit ist er wie alle anderen unausweichlich Opfer ihrer Zerstörung.

Kein Weg zurück

Es führt kein Weg von der exponierten Stellung des Menschen zurück in die Mitte und vielleicht auch in den Schoß der Natur.

Auch mit dem besten Haarwuchsmittel übersteigt der gewaltige Sprung zurück zum Menschenaffen alle menschlichen Möglichkeiten. Drei Milliarden Menschen können sich nicht wieder in Herden zerstreuen, die Städte verlassen und ihren Lebensunterhalt im Stile der Uraltvorderen verdienen. Das grausame Projekt der Roten Khmer in Kambodscha hat gezeigt, daß der Weg zurück ins Desaster führt.

126 Rolf Peter SIEFERLE: Die universalgeschichtliche Struktur des Umweltproblems, in: Freibeuter 40, Berlin 1989, S. 46.

Es geht um neue Gleichgewichte, um die neue Balance. Nach zwei Jahrhunderten zügiger und vier Jahrzehnten galoppierender Industrialisierung schlägt das Pendel nun zurück. Die Natur sucht neue vorübergehende Gleichgewichte - und wird sie, wenn der Kurs nicht geändert wird, auch finden. Atomkraftwerke vertragen sich blendend mit menschenleeren Städten, klassische Schwerindustrie und Karst passen herrlich zueinander, und die chemische Industrie hat bis heute an Chlorkohlenwasserstoffseen unter der Erde, dort, wo früher das Grundwasser war, noch nicht ernsthaft gelitten.

Die Beschränktheit des Menschen beim großen Projekt der industriellen Kolonisierung der äußeren und der inneren Natur zeigt sich dabei am besten in ihm selbst. Während es ihm unter größter Anstrengung gelingt, das Bewußte - das "Menschliche" - an ihm Stück für Stück an Maschinen zu binden, steht er dem "Animalischen" in ihm mehr oder weniger ratlos gegenüber. Es ist nicht die Natur als Ganzes, sondern das "Wilde", die vom Menschen nicht beherrschte Natur, dem die Versuche der "Aneignung der Natur durch den Menschen" gelten.

Der Mensch unterdrückt und zerstört das Wilde, weil er es beherrschen will. Die komplizierten, vernetzten Verhältnisse des Lebens will er auf die einfache Beziehung des Bergmanns zu seinem Stollen reduzieren: Alles ist Vorrat, der zur Ausbeutung bereit steht.[127]

Am besten läßt sich das anhand des Bodens illustrieren. "Boden" ist für die moderne Landwirtschaft ein Gut, das in einer bestimmten Menge zur Verfügung steht. Seine Fruchtbarkeit kann durch technische Methoden gesteigert werden. Erschöpft sich der Boden, wird er "verbessert". Aus dem alten Natursystem, das seinen Wasserhaushalt selbst regulierte und Abgestorbenes so veränderte, daß wieder neue Leben entstehen konnte, aus einer komplizierten Balance tausender Lebewesen und Stoffe wird ein homogenes, einheitliches Material. Der Boden wird zum Rohstoff der Agrarindustrie.

Pflanzen brauchen Stickstoff. Bodenbakterien stellen sie ihnen gratis zur Verfügung. Der Mensch kauft Stickstoffdünger und verdrängt die Bakterien. Die Pflanze wird jetzt stoßartig und in überhöhten Dosierungen mit Stickstoff versorgt und damit letzten Endes geschädigt. Der Boden verarmt.

Wie das Erz in der Mine, erschöpft sich auch der industriell ausgebeutete, ausgeraubte Boden. Meistens verliert er mit seinem Leben "nur" seine Fruchtbarkeit, immer öfter verschwindet er auch - mit den sterbenden Bergwäldern Europas ebenso wie in den verwüsteten Re-

127 S. BERRY, a.a.0., S. 68.

genwäldern des Amazonas. "Alles Leben ist Chemie" - wenn dann einer fast leblosen Erdschicht mit immer neuen chemischen Tricks die letzten Mineralien und Spurenelemente für streng normierte, gentechnologisch durchgeplante Pflanzen abgeluchst werden, wird erst der ganze Zynismus dieses Werbegags der Chemieindustrie faßbar.

Dieses Verhältnis des Menschen zur wilden Natur ist allerdings nichts allgemein Menschliches. Die Geschichte des Menschen ist die Geschichte seines Heraustretens aus der wilden Natur. Der Weg führt von der Beschwörung zur Beherrschung, von der Naturreligion zur Aufforderung, sich die Erde untertan zu machen. Jede Produktionsweise ist ein weiterer Schritt auf diesem Weg. Aber erst mit der Durchsetzung der Industrie im Kapitalismus schuf sich der Mensch die technischen Möglichkeiten der totalen Veränderung der Natur. Das kapitalistische Prinzip der Profitmaximierung war der Motor - die Form wurden Industrie und moderne Naturwissenschaft.

Vieles ist hier eine Frage des falschen Bewußtseins. Die Frohbotschaft der Sozialisten - die "Aneignung der Natur durch den Menschen" - bildet bis heute den Kern des großindustriellen Glaubensbekenntnisses. Der Mensch gegen die Natur - in dieser Frontstellung liegt schon der Ausgang eines Kriegs ohne Sieger begründet. *"Der moderne Mensch versteht sich selbst nicht als Teil der Natur sondern als eine außenstehende Kraft, bestimmt, die Natur zu unterwerfen und zu erobern. Er spricht sogar von einer Schlacht mit der Natur, vergessend, daß im Falle seines Sieges er sich selbst auf der Verliererseite finden würde."* [128]

Das falsche Bewußtsein ist aber auch hier ohne das falsche Sein nicht denkbar. *"Bis vor kurzem verlief die Schlacht günstig genug, um dem Menschen das Gefühl unbeschränkter Kräfte zu geben, nicht gut genug aber, um die Möglichkeit des totalen Siegs in Reichweite zu bringen. Erst jetzt kommt es soweit, und viele Leute, obwohl immer noch in der Minderheit, beginnen zu erkennen, was das für die Zukunft der menschlichen Existenz bedeutet."* [129]

E.F. Schumacher hat das vor mehr als fünfzehn Jahren geschrieben. Und die Zählebigkeit falschen Seins und falschen Bewußtseins zeigt sich auch darin, daß jeder seiner Sätze nach wie vor uneingeschränkt gilt - gerade der von der Minderheit noch immer.

Die Beziehung von Lebewesen zur Natur beinhaltet immer zwei Komponenten: Bewahren und Zerstören. Beide sind zwei notwendige Seiten ein- und desselben Prozesses: der Entwicklung. Beim modernen,

128 E.F. SCHUMACHER: Small is Beautiful. Economics as if People Mattered, New York 1975, S. 14 (Übers.d.Verf.).

129 Ebda.

industriellen Menschen ist dieses schon an sich instabile Verhältnis zwischen beiden völlig außer Kontrolle geraten. Die vielfältige, komplizierte, unberechenbare Natur soll zum Brei einer plan- und machbaren Einheitsumwelt zerrührt werden. Es geht um den Endsieg über die Natur. Das zerstörerische Verhältnis des Industriemenschen zur Natur ist damit in eine kritische Phase getreten - als ein industrielles, gesellschaftliches Phänomen aber und nicht als etwas, was unausweichlich in der "Natur des Menschen" vorherbestimmt ist.

Gesellschaftliche Verhältnisse sind auch gesellschaftlich veränderbar - angesichts der aktuellen Bedrohung des Lebens ist das wohl der einzige Grund für Optimismus.

Das menschliche Verhältnis zur Natur kann und muß neu bestimmt werden. Dabei sollte möglichst wenig Zeit in der Sackgasse der "ökosozialen Marktwirtschaft" mitsamt ihres Wahns, das ganze Leben mit Preiszetteln versehen zu müssen, verschwendet werden. Es geht um die Aufstellung allgemein verbindlicher Regeln im Umgang mit Natur und Leben. Es geht um wirtschaftliche und soziale Verhaltensweisen.

"Die richtige, angemessene Landwirtschaft verlangt Verhaltensweisen, die weit komplexer sind als die der Industrie, weil diese Verhaltensweisen bestimmt sind von der Fähigkeit nicht zu handeln, von Unterlassen oder von Selbstbeschränkung, von Mitgefühl oder von Großzügigkeit." [130] Genau so kann eine gültige Formulierung für den Umbau der ganzen Wirtschaft lauten.

Genau hier kommt ein Einwand, der in der grünen Debatte äußerst ernst genommen werden sollte. Rudolf Burger, der verdienstvolle Wortführer gegen die Grüne Schule des Penetranten Trivialismus, hat ihn in die Diskussion eingebracht: *"Seit dem historischen Augenblick aber, da sie (die Natur, d.Verf.) selber schutzbedüftig ist, da sie des Schutzes des Menschen vor den Menschen bedarf, um nicht vollkommen zur stinkenden Abfallhalde zu verkommen, hat sie aufgehört, Natur im emphatischen Sinn zu sein. Eine geschützte Natur ist keine Natur. Sie ist ein Artefakt." Und: "Die 'Ökobewegung' tauchte in genau jenem historischen Moment auf, in dem Natur als solche endgültig aus der Lebenswelt der Menschen verschwand."* [131]

Burger ist offensichtlich dem mißverständlichen Begriff "Umweltschutz" aufgesessen. Wie zu den Zeiten, als die italienischen Städte des Mittelalters aus der Not begannen, Bäume und Gewässer zu schützen, handelt es sich auch diesmal um keinen Schutz der Natur, sondern

130 Ebda., S. 66.

131 Rudolf BURGER: Natur als Projekt. Warum es so schwierig ist, ein grünes Programm zu schreiben, in: Falter 33/1989, S. 9.

um einen des Menschen selbst. Nach wie vor ist die Natur kein "Artefakt", das durch Menschen beliebig gestaltet werden kann. Ändert man den Charakter eines Parks, so ist das eine ästhetische und meist auch soziale Entscheidung. Ändert man den Charakter des Regenwalds, dann ändert und gefährdet man damit die Grundlagen der eigenen Existenz. Kein Mensch schützt die Natur. Es ziehen sich nur immer mehr Menschen, die erkennen, daß sie zu weit gegangen sind, vor ihr zurück. Und auf dem kurzen Weg vom sauren Regen zum Ozonloch haben wir zumindest eines gelernt: daß das, was an natürlichen Netzen zerstört wird, nur selten, unter großen Kosten und noch größeren Risken durch Technik ersetzt werden kann.

Man kann heute das Klima auf zwei Arten verändern: in der eigenen Wohnung durch den Griff zum Thermostat und weltweit durch die Abholzung des Regenwalds. Der Begriff "Artefakt" stellt beides auf eine Ebene und täuscht damit nicht nur über einen quantitativen Unterschied hinweg. Das Wohnungsklima kann man wieder rückstellen, den Regenwald nicht. Die Möglichkeit zur Vernichtung der Menschen und mit eines Teils der Natur macht letztere noch lange nicht zum Anhängsel der Kultur. Weil eben die Natur kein Artefakt, ein künstlich Gemachtes und Machbares, ist, schrecken Menschen vor der Wildheit ihrer Reaktion auf den Versuch, die Kultur völlig an ihre Stelle zu setzen, zurück. Die Kultur hat nur die Erscheinungsweise von Natur verändert - der letztlich unlösbare Widerspruch zwischen beiden bleibt bestehen. Das grüne Projekt bedeutet daher nicht Vollendung der Kultur, sondern Suchen und Planen der Grenzen, der ständigen, aber nicht existenzgefährdenden Widerspruchslinien.

Der Mensch kann sich nicht wieder in der Natur verstecken. Es gibt keinen Abschied von der Kultur, und es wird keinen Umbau ohne Großbetriebe und ohne Stadt geben. Die Alternative zur Stadt etwa heißt nicht Natur - sie heißt Verhüttelung der Landschaft und Zerstörung der Natur. Die Verhüttelung ist die architektonische Entsprechung des isolierten Maschinenmenschen. Mit dem "Eigenheim" schafft die Industriegesellschaft die Wohnkonserve, so, wie sie alle anderen Bedürfnisse vom Essen bis zur Kunst mit Konserven zu befrieden sucht. Die Alternative heißt - Stadt. Nicht Auflösung der Stadt, sondern bewußte Gestaltung von Ballungsräumen als Städte mit klaren Aufgaben, Strukturen und Grenzen, das ist Umbau.

Die Menschen werden die Grundlagen ihres Umgangs mit Natur und miteinander vernünftig und verantwortungsbewußt planen, oder sie werden alles dem weiteren blinden Wachstum überlassen.

Vernunft und Gefühl

"Es gehe darum, den in der kapitalistischen Gesellschaft aufgekommenen Gegensatz zwischen Vernunft und Gefühl aufzuheben. 'Beide, Gefühl und Vernunft, sind im Zeitalter des Kapitalismus... entartet und in einen schlechten, unproduktiven Widerspruch zueinander geraten.'" [132]

Das sind fremde Töne in der blaßgrünen Gefühlswelt. In einer Zeit, in der viele das Denken dem Bauch überantworten, ist der Kopf aus der Mode gekommen. Es gehört immer noch zum guten grünen Ton, neue Hexen und grüne Spiritisten ausdrücklich und für jedermann sichtbar ernst zu nehmen. Vernunft, Rationalität, Logik, das Denken schlechthin stehen seit rund einem Jahrzehnt als Mitangeklagte für zweihundert Jahre industrielle Fehlentwicklung auf der Anklagebank. Wie der Prozeß ausgehen wird, ist offen.

Ein wichtiger Unterschied ist allerdings nur sehr selten und von sehr wenigen gemacht worden: Es ist nicht egal, ob man die herrschende Rationalität oder die Vernunft schlechthin anklagt. Die Stärke des Industrialismus liegt in seinem Schein der Vernunft. Solange die Alternative sich freiwillig das Prädikat "unvernünftig" umhängen läßt, hat sie nicht die geringste Chance, mehrheitsfähig zu werden.

Der neue Kult der Gefühle hat eine wesentliche Wurzel: Wo die Gegenkultur noch nicht entwickelt ist, geben sich viele mit der Subkultur zufrieden. Verläßt diese einmal ihre Nische, wird sie zur Mode. Die Wirtschaft hat noch nie Skrupel gehabt, aus dem Bürgerschreck von gestern das Geschäft von morgen zu machen.

Der Protest der Subkultur hat der herrschenden Rationalität nicht mehr als die große Geste der Verweigerung entgegenzuhalten. Die Punks haben das Haargeschäft ganz schön belebt. Neue Frisuren können das grüne Projekt zwar verschönern, aber nicht tragen. Unsere Vernunft richtet sich gegen die industrielle Vernunft.

Leben

Es ist schon lange her, da galt es durchaus als achtbar, eine Lanze für die Folter zu brechen. Ehrbare Bürger sprachen sich für oder gegen die Folter aus; die einen, weil sie davon überzeugt waren, daß sich das Verbrechen nur so eindämmen ließe und weil man im Zweifelsfall an

132 Ernst FISCHER über Bert Brecht, in: Ernst FISCHER: Von der Notwendigkeit der Kunst, Frankfurt 1985, S. 12f.

die Opfer und nicht an die Täter denken müsse, die anderen, weil sie Menschenwürde und Unschuldsvermutung für die höheren Güter hielten. In der Öffentlichkeit der meisten Länder haben sich die Gegner der Folter durchgesetzt.

Für das Leben gilt die Unschuldsvermutung nicht, weil die wichtigste Voraussetzung fehlt: die umfassende gesellschaftliche Übereinkunft zum Schutz des Lebens. Ein Beispiel für viele: Tierversuche. Natürlich weiß heute fast jeder, daß LD-50, Draize und wie die Scheußlichkeiten noch alle heißen, wissenschaftlich blanker Humbug sind. Bestenfalls läßt sich beweisen, daß bestimmte Tiere bestimmte Kosmetika gut vertragen. Über den Menschen sagt das nichts aus.

Trotzdem wird im Namen von Gesundheit und Schönheit gefoltert und gequält. Wahrscheinlich gibt es dafür nur einen Grund: Wenn sich ein Medikament, ein Lösungsmittel oder eine Nachtcreme gegen ihren Besitzer richtet, dann kann man darauf verweisen, daß man nichts unversucht gelassen hat, um die Gefahr zu kalkulieren. Tausende verätzte und zerschnittene Tiere dienen als Beweis.

Gerade in der Toxikologie steht es heute im großen und ganzen außer Streit, daß Tierversuche keine Aussagekraft haben. Wenn ein Stoff problematisch ist, dann soll man ihn überhaupt nicht in Verkehr bringen - weder bei Menschen noch bei Tieren. Dem steht allerdings der wichtigste Grundsatz moderner Forschung und Entwicklung entgegen: "Warum denken, wenn wir experimentieren können." Das war bei Atomkraftwerken so, das ist bei Tierversuchen so, und das soll bei Gen- und Biotechnologien so sein.

Leben ist ein Wert an sich. Wer das unterschreibt, der hat mit der Industriekultur gebrochen. Die Frage nach dem Wert des Lebens ist die Gretchenfrage der neuen Opposition.

Madeleine Petrovic von den Wiener Grünen hat mir bei einem schönen Essen im Burgenland eine gute Geschichte erzählt: Ganz in der Früh, noch bevor sich Touristen daran stoßen können, werden in der Wiener Innenstadt die Tauben mit Netzen gefangen. Dann kommt der städtische Taubenwürger und dreht ihnen den Hals ab.

Das ist eines der gelungensten Bilder des kommenden Menschen: Am Eingang zur Industriestadt der Zukunft stellt er Netze auf, damit er die wenigen Lebewesen, die ihn bis hierher noch begleitet haben, erwürgen kann.

Heimat

Es ist wie mit "Natur". Begriffe, die für Jahrzehnte als Symbole von Rückständigkeit und Konservativismus galten, werden wiederentdeckt, entstaubt und von alten Hypotheken befreit. Heute kann man wieder von "Heimat" reden, ohne sich automatisch im volkstümelnden Eck wiederzufinden. Gerade zu dem Zeitpunkt, in dem "Heimat" endgültig zur leeren, billigen Staffage des Fernsehbrauchtums herabgesunken ist, kriegt das Wort neue, oppositionelle Kraft.

Heimat ist Identität. Sie ist ein überschaubarer und verstehbarer Bereich. Der Lebensraum des einzelnen ist nicht das Land, der Staat. Jeder Mensch wird von seiner Heimat geprägt. Und wenn er will, ist er auch in der Lage, seine Heimat zu prägen.

"Heimat... wird nicht länger als Kulisse verstanden, sondern als Lebenszusammenhang, als Element aktiver Auseinandersetzung, die nicht an äußeren Symbolen und Emblemen des Heimatlichen Halt macht." [133] Um Heimat geht es dem, der heute gegen das Autobahnprojekt vor dem Haus und das Atomkraftwerk in unmittelbarer Nachbarschaft auf die Barrikaden steigt; der Mietwucher und Stadtteilspekulation Widerstand entgegensetzt; der gegen das neue Shopping Center mobil macht oder gegen die 380-KV-Leitung.

Die Wiedergewinnung der Heimat hat erst vor kurzem begonnen. Noch vor zehn Jahren sorgte die Mischung aus Ohnmacht und Modernität dafür, daß Bürger in ihrem unmittelbaren Lebensbereich fast alles über sich ergehen ließen. Die UNO-City im Donaupark, die Südost-Tangente durch die östlichen Wiener Bezirke... Jede Stadt und jeder Ort ist reich an Bauwerken, die heute nicht mehr gebaut werden könnten.

Heimat ist die Stadt, die Gemeinde, das Tal. Jeder hat Anspruch auf seine Heimat und auf seine Identität. Die Bürgerschaft der Stadt hat das Recht, die Gestaltung ihrer Stadt zu bestimmen.[134] Das Heimatrecht der Bürger steht über dem Eigentumsrecht derjenigen, für die "Stadt" nicht Heimat, sondern Spekulationsobjekt ist.

Heimat kann jeder verteidigen - und verändern.

Heimat ist damit aber auch ein Schlüssel zum Widerstand gegen das Projekt der Industrialisierung des Menschen.

133 Hermann BAUSINGER: Heimat und Identität, in: Elisabeth MOOSMANN (Hg.): Heimat, Berlin 1980, S. 26.

134 S. Johannes VOGGENHUBER: Berichte an den Souverän. Salzburg: Der Bürger und seine Stadt, Salzburg/Wien 1988, S. 7-18.

Netz

Eigentlich bestreitet niemand mehr, daß wir in kompliziert vernetzten Systemen leben. Nur die wirtschaftliche Praxis hat davon offensichtlich noch nicht Kenntnis genommen.

Es ist wie in Gleichungen: Verändert man ein Glied, verändern sich alle - mit einem Unterschied: Gleichungen können nicht zerreißen.

Vernetztes Denken ist langsam und scheinbar unwirtschaftlich. Es prüft Wechselwirkungen und Abhängigkeiten. Sein Kriterium ist nicht nur die Machbarkeit, sondern vor allem die Verträglichkeit.

Wenn die Folgen des industriellen Denkens einmal die Netze zerrissen haben, stellt sich meist heraus, daß das Flicken viel teurer ist als das vorausschauende Prüfen der Vernetzung.

Vernetztes Denken ist die Voraussetzung von Veränderung. Daß der Regenwald ein soziales Problem ist und daß die Grundfragen der Ökologie ohne neue Formen der Politik nicht gelöst werden können, das muß erst einmal Allgemeingut werden. Vor hundert Jahren ist es der Arbeiterbewegung gelungen, die soziale mit der politischen Frage zu verknüpfen. Das war die Voraussetzung für ihre historischen Erfolge. Die Knoten, die für die neue Veränderung geknüpft werden müssen, sind ungleich zahlreicher. Das neue Netz, das daraus entstehen kann, kann aber auch ungleich tragfähiger werden als das Seil, das Sozialdemokraten und Unternehmer gemeinsam für den industriellen Hochseilakt geflochten haben.

Freiheit

"Und die ganzen Verheißungen sowohl des Kapitalismus wie des Sozialismus, die laufen darauf hinaus: die Freiheit, das ist die Freizeit. Aber solange die Arbeit eine Arbeit von Sträflingen ist, solange ist die Freizeit eine Freizeit von Sträflingen. Also: Die Freiheit kann ich nur in der Arbeit sehen. In dem, was ich tue, ist das Maß der Freiheit für mich enthalten. Freiheit ist, das zu tun, was ich liebe." [135]

Letztlich geht es um das andere Leben. Nach zwei Jahrhunderten der Zerstörung der Sinnlichkeit durch Arbeits- und Leistungsethos ist es Zeit für die Wende. Solange Leistung und Konsum das Maß aller Dinge sind, ist der weitere Weg in die Sackgasse vorgezeichnet. Daher ist jeder Aussteiger wichtig. Jeder, der seine Mittäterschaft in der In-

135 Georg K. GLASER im Falter-Interview, Falter 32/89.

dustrialisierung verweigert, zeigt, daß er weniger vom Gleichen und mehr vom Leben haben will. Man muß die Mauern aus Konsumgütern, mit denen die Warengesellschaft jeden Menschen Fernseher für Fernseher und Auto für Auto vom anderen abmauert, durchbrechen, um ans wirkliche Leben zu gelangen.

Einige wenige schaffen das heute schon durch individuelles Aussteigen. Für die große Mehrheit ist dieser Weg nicht gangbar, die Zahl der Sitzplätze in der Boheme ist beschränkt. Für die Mehrheit geht es um mehr: Erst wenn die Entfremdung im Arbeitsprozeß aufgehoben ist, kann die Entfremdung im sozialen Leben überwunden werden.

Die Produktivität der Wirtschaft erlaubt schon längst eine extreme Verkürzung der Arbeitszeit. Die 30 Stunden-Woche ist machbar. Und die Mikroelektronik läßt auch andere Organisationsformen als die Zerstückelung der körperlichen und geistigen Arbeit zu. Mit ihr kann Arbeit auch zu hochqualifizierten, komplexen und kreativen Prozessen zusammengesetzt werden. In ihnen liegt die Möglichkeit der weitgehenden Selbstbestimmung der Arbeit.

Fünf Begriffe - Natur, Leben, Heimat, Freiheit und Vernetzung - prägen die grüne Debatte. Fast alle waren bereits an die Industrie auf der einen und an Ewiggestrige auf der anderen Seite verlorengegangen. Die grüne Bewegung hat sie sich wiedererkämpft. Alle fünf sind strategische Begriffe und damit Eckpfeiler der neuen grünen Kultur.

UMBAU ODER ZUBAU

Wirtschaftskompetenz

"Eine neutrale Fachfrau vom Mars, die unsere Steuer- und Finanzordnung analysieren würde, käme zu folgendem Bild unserer Gesellschaft: Energie fast zum Nulltarif, kein Rohstoffmangel abzusehen, tendenzielle Arbeitskräfteknappheit, intaktes Ökosystem, zunehmender Grenznutzen des Geldes, Armut und soziale Probleme unbekannt." [136] Und genau das versteht man hierzulande unter "Wirtschaftskompetenz": die ökonomische

136 J. MÖLLER/B. WAIS: Öko-soziale Steuerreform, in: Projektgruppe Grüner Morgentau (Hg.): Perspektiven ökologischer Wirtschaftspolitik, Frankfurt 1986, S. 523.

Gebetsmühle des "Wirtschaftswunders" der fünfziger und sechziger Jahre.

Geachtete Wirtschaftspolitiker zeichnen sich eigentlich nur durch eine Eigenschaft aus: Sie glauben zutiefst, daß alles so bleiben soll, wie es ist. Dem Anlaß gemäß stets dunkel gekleidet und die Scheuklappen tief vor die Augen gezogen, murmeln sie den Patienten "Umwelt", "Soziales" und "Beschäftigung" immer dieselben Litaneien ins Ohr. Mit dem kleinen chirurgischen Besteck für die konjunkturellen Pannen im langen Aufschwung nach dem Krieg fügen sie dem Kranken planlose Schnitte zu. Und ihre Ratlosigkeit lassen sie sich von günstigen Universitätsprofessoren als hohe handwerkliche Kunst beschreiben.

"Wirtschaftskompetenz" kann zweierlei meinen: den Beitritt zur industriellen Glaubenskongregation oder die Entwicklung zeitgerechter Alternativen. Den ersten, gut beschilderten und breit ausgetrampelten Weg gehen die Altparteien. Den zweiten suchen die Grünen.

Dabei geht es für uns um eine Neubestimmung des Wegs auf mehreren Ebenen: Wir müssen klären, wie der Mensch der Natur in einer neuen Art und Weise gegenübertreten kann. Wir müssen nachdenken, wie die Unterordnung des Menschen unter die Maschinen und die wirtschaftlichen Strukturen umgekehrt werden kann. Wir müssen den Weg von der Fremdbestimmung in die Selbstbestimmung beschreiben. Und wir müssen konkrete Umbauprogramme erarbeiten: für die Entgiftung der Produktion, für die Konversion unerwünschter Branchen (CKW-Herstellung, Rüstungsproduktion...), für Steuer- und Fiskalpolitik, für ein neues Verhältnis zur Dritten Welt, für eine alternative Lebensmittelerzeugung...

"Arbeitsplätze durch Umweltindustrie"

"Filter statt Panzer" - das klingt schön. Wenn alles, was heute an zerstörerischen Produktion besteht, auf die Erzeugung von Umwelttechnik umgestellt wird, dann haben wir es geschafft. "Arbeitsplätze durch Umweltindustrie" - das meinen viele wirklich ernst.

An diesem Slogan ist zweierlei falsch: nämlich beides. Weder geht es heute darum, sprunghaft steigende Produktivität durch die Neuschaffung von Millionen acht Stunden-Arbeitsplätzen abzufangen, noch kann und darf Umwelttechnikerzeugung als Mittel zur Beschäftigungspolitik mißbraucht werden. Ziel der Grünen bleibt, daß es sobald wie möglich keine Umweltindustrie mehr gibt. Mit der Ökologisierung der Produktion schafft der wirtschaftliche Umbau die Umweltindustrie Schritt für Schritt ab.

Es wäre fatal, wenn Betriebsräte der Filterindustrie oder des Kläranlagenbaus in zehn, zwanzig Jahren darum kämpfen, traditionelle und ökologisch zerstörerische Produktionsverfahren gegen besseres Wissen und Können weiterzuführen, weil sonst die Arbeitsplätze in der Umwelttechnik gefährdet wären.

Umwelttechnik ist bestenfalls eine Übergangstechnik. Die Zukunft gehört nicht einem Menschen, der sein Leben in gut geschützten Nischen zwischen Filterwäldern, Kläranlagen und Hochsicherheitsdeponien verbringt. Grüne Umwelttechnik schafft sich selbst ab. Zur Lösung der Frage "Zukunft der Arbeit" kann und soll sie nichts beitragen.

Vom Rand ins Herz - Produktlinienanalyse

"Die durch den steigenden Einsatz von immer mehr Chemikalien für immer mehr Anwendungszwecke verursachten Probleme machen deutlich, daß es einer stoffbezogenen Politik bedarf, die weit über die bislang meist umweltmedienbezogenen Ansätze hinausgeht (zum Beispiel Schutz von Wasser und Luft, Verringerung von Störfallrisiken, Arbeitnehmerschutz)." [137]

Genau darum geht es. Bisher verdeckte der Blick auf die Opfer die Täter und deren Instrumente. "Der Wald", "das Wasser", "der Boden" und "die Luft" gingen jedermann locker über die Lippen, konnte damit doch nur zu leicht der Eindruck erweckt werden, alle seien gemeinsam und zu gleichen Teilen für die Zerstörung verantwortlich. "Emissionen" hieß das Schlagwort, und kaum ein Vorstandsdirektor, der nicht mit der Bekämpfung der klassischen Schadstoffe auf den Fahnen für seine neuen Produkte wirbt.

Die wichtigsten Emissionen der Chemieindustrie sind ihre Produkte. Seit das langsam klar wird, kann man in der Umweltpolitik auch dort wieder schroffe Gegensätze erkennen, wo bislang alles in einem Einheitsbrei aus ökologischem Wohlwollen zu zerrinnen drohte. Die wahren Verursacher treten Stück für Stück aus dem Schatten.

Gift tritt auf
- in der Produktion als Abfall oder als "verwertbares" Nebenprodukt;
- im Produkt;
- und in der "Entsorgung".

137 Henning FRIEGE: Chemiepolitische Leitsätze, in: H.FRIEGE/F.CLAUS: Chemie für wen? Chemiepolitik statt Chemieskandale, Hamburg 1988, S. 116.

Jeder Stoff hat eine Herkunft, eine Vergangenheit und eine Zukunft. Je nach Verwendungsbereich ändert er seine Wirkung. Ozon in der Stratosphäre kann ökologisch ebensowenig mit Ozon in unseren Wäldern verglichen werden wie Chlor im Kochsalz mit Chlor in der organischen Chemie.

Emissionsuntersuchungen waren der erste Schritt zur Eindämmung der Umweltzerstörung. Sie ermöglichten in ein paar Bereichen die Reduzierung, meist aber nur das weitere Anwachsen von Massenschadstoffen wie Schwefeldioxid und Stickoxiden. Die Gifte selbst durften fast ungestört weiterproduziert werden - Hauptsache, ein beruhigender Filter wurde zur Umleitung der Giftströme zwischengeschaltet.

Der zweite, jetzt fällige Schritt heißt "Produktlinienanalyse". *"Es geht darum, eine neue Sichtweise zur Erfassung und Beurteilung von Bedürfnissen und Produkten und ihrer vielfältigen Folgen für Natur, Gesellschaft sowie Wirtschaft in die Diskussion zu bringen."* [138] Damit wird erstmals in der ökologischen Diskussion die hermetische Abschirmung des Raums "Wirtschaft" von der Mitbestimmung der gesamten Gesellschaft, also der Betroffenen, durchbrochen. Die Emissionsanalyse widmete sich dem Studium der Exkremente unserer Produktionsweise - die Produktlinienanalyse zielt in ihr Herz.

Das Öko-Institut beschreibt seine Anforderungen an Produktlinienanalyse:

"- *Die Produktlinienanalyse setzt bei* ***Produkten*** *an und untersucht dabei auch, inwieweit Produkte* ***Bedürfnisse befriedigen*** *können.*
- *Die Produktlinienanalyse untersucht den* ***Lebenszyklus*** *eines Produktes, der die Rohstoffgewinnung, den eigentlichen Herstellungsprozeß, den Transport und Vertrieb, den Konsum sowie schließlich die Beseitigung umfaßt.*
- *Die Produktlinienanalyse erfaßt die Folgen eines Produktes über seinen jeweiligen Lebenszyklus für* ***Natur, Gesellschaft und Wirtschaft.***
- *Die Produktlinienanalyse geht* ***über die Geldebene hinaus,*** *indem auch Aspekte berücksichtigt werden, die nicht in Geld(einheiten) bewertbar sind bzw. bewertet werden sollten.*
- *Die Produktlinienanalyse will den notwendigen gesellschaftlichen Bewertungsprozeß nicht durch eigene formalisierte Aggregations- und Bewertungsverfahren ersetzen, wie diese etwa bei Umweltverträglichkeitsprüfungen und Technologiefolgenabschätzungen der Fall*

138 Produktlinienanalyse. Bedürfnisse, Produkte und ihre Folgen. Ein Diskussionsbeitrag aus dem Öko-Institut Freiburg, Köln 1987, S. 9.

ist, sondern sie stellt ihre Untersuchungsergebnisse bewußt ***mehrdimensional dar.***" [139]

Bis heute akzeptiert der Staat die Unternehmen als Black Box. Manchmal weiß man, was hineinkommt, meistens, was herauskommt, aber was drinnen passiert, geht im Namen der unternehmerischen Freiheit niemanden etwas an. Natürlich stellt öffentliche Produktlinienanalyse einen Eingriff in das freie Unternehmertum dar. Die Versöhnung von Ökonomie und Ökologie wird hier wieder auf unversöhnlichen Widerstand stoßen.

Das Projekt des Umbaus kann gerade darauf keine Rücksicht nehmen. Welche Produkte wie und wo produziert werden - das darf nicht länger ausschließliches Entscheidungsrecht einiger weniger, denen als einziger Maßstab die Gewinnträchtigkeit zur Verfügung steht, bleiben. "Wiedergewinnung der Politik" heißt hier das Recht, über Technologie und Produkt gesellschaftliche Grundsatzentscheidungen herbeizuführen. Auf lange Sicht wird sich das nicht nur als ökologisch und sozial besser, sondern auch als wesentlich wirtschaftlicher herausstellen.

"Privat oder Staat"

Letztlich führen natur- und menschenverträgliches Produzieren, Heimatrecht und Realdemokratie zu neuen Entscheidungsfindungen. Wo die Bedürfnisse und ihre Befriedigung wieder an die Stelle des Geldprofits als Ziel des Wirtschaftens treten, stehen Vergesellschaftung, Dezentralisierung und stoffliche Neuordnung der wirtschaftlichen Entscheidungen an.

Dabei muß aus historischen Erfahrungen gelernt werden. Der Sozialismus ist nicht nur an seiner Rückständigkeit gescheitert. Wäre die Sowjetunion 1917 wirtschaftlich und gesellschaftlich das modernste Land der Welt gewesen, befände sich der reale Sozialismus heute ebenso in der Sackgasse. Daß dem Modell der einfachen Vergesellschaftung der Produktionsmittel nicht mehr als eine schäbige Kopie gerade des Kapitalismus, den es ursprünglich ablösen wollte, gelungen ist, kann nach siebzig Jahren nicht mehr mit dem langen Weg von einer "rückständigen" Bauerngesellschaft zu einer "modernen" Industriegesellschaft entschuldigt werden.

Vergesellschaftung allein ist offensichtlich zuwenig.

139 Ebda., S. 9/10.

Der scheinbar entgegengesetzte Weg hat sich nach Jahrzehnten der Wachstumseuphorie ebenfalls als ungangbar erwiesen. Wer das Leben dem Markt überläßt, darf sich nicht wundern, wenn es verkauft wird. Der Gewinn als einzige steuernde Größe läßt neben sich kein zweites Regulativ zu. Die menschlichen Bedürfnisse sind der Marktwirtschaft nur Rohstoff, den sie sich zur Nachfrage formt. Gesundheit ist ein Begriff der Produktionsausfallsstatistik, und "wilde Natur" ist nur dort gefragt, wo sich zahlende Menschenschlangen an Naturimitationen vorbeiführen lassen. Im Kapitalismus steht das Bedürfnis weniger Einzelner an hoher Rendite unverrückbar über den allgemein menschlichen Bedürfnissen nach Liebe, Würde und Schönheit - und nach einem Leben ohne soziale Bedrohung ebenfalls.

Ohne Vergesellschaftung geht es nicht.

Die reale Vergesellschaftung zentraler Entscheidungsprozesse hat nie stattgefunden. Sie ist ein Problem
- der Größe,
- der Information,
- der Arbeitsteilung und der Bürokratie,
- der Kultur und der Hegemonie.

Und ohne Elemente des Marktes geht es ebensowenig. Solange es noch Knappheit gibt, zeichnet sich keine Alternative zu Elementen einer Geldwirtschaft ab. Das Projekt des Umbaus wird sicherlich nicht ohne wesentliche Elemente des Marktes auskommen. Kapitalistisch wird es deshalb nicht sein.

"Privat oder Staat" ist in diesem Zusammenhang eine Leerformel jener, denen zur notwendigen Neubestimmung des Verhältnisses von Politik und Ökonomie nichts einfallen kann oder darf. Weder mehr Staat noch mehr privat bieten auch nur den kleinsten Ansatz zur Lösung der ökologischen und der sozialen Grundfragen. *"Die großen einheitlichen Ordnungskonzepte wie einst der Liberalismus, der das Prinzip der Selbstregulation in Natur, Wirtschaft und Gesellschaft wirken sah, oder der Sozialismus, der hoffte, überall an die Stelle von Naturwüchsigkeit Vernunft setzen zu können, haben ihre Plausibilität als totalisierende Orientierungshilfen verloren. Die Umweltkrise geht mit einer ideologischen Krise Hand in Hand."* [140] Zum Glück.

140 Rolf Peter SIEFERLE: Die universalgeschichtliche Struktur des Umweltproblems, in: Freibeuter 40, Berlin 1989, S. 55.

Ökosoziale Marktwirtschaft?

Beide großen Wege, die in der Weltwirtschaft der letzten zweihundert Jahre begangen worden sind, haben in Sackgassen geendet. Der Kapitalismus hat sich dem Kommunismus dabei nur in einem Punkt als weit überlegen erwiesen: Es geht alles bedeutend schneller.

Seit die Sowjetunion versucht, mit Perestrojka und Glasnost wesentliche Elemente von Marktwirtschaft und bürgerlicher Demokratie in ihrem Herrschaftsbereich einzuführen, und seit die Junitage 1989 in Peking gezeigt haben, daß der traditionelle kommunistische Weg nur noch mit Panzern zu gehen ist, hat sich die Diskussion über eine Zukunft des Kommunismus als überflüssig erwiesen. Wo es so offensichtlich keine Zukunft gibt, wird sie auch niemand suchen.

Die "freie Marktwirtschaft" kann im Gegensatz dazu nach wie vor auf eine treue Glaubensgemeinde zählen. An der Stirnseite der Sackgasse wird auch prompt erklärt, daß der Weg zwar prinzipiell richtig, nur die letzte Abzweigung möglicherweise falsch war. Der Ausweg heißt "ökosoziale Marktwirtschaft".

Was der Markt kaputt gemacht hat, soll der Markt wieder reparieren. Auf diese kurze Formel läßt sich der Glaube jener bringen, die das tiefe Vertrauen in die heilenden Kräfte des Marktes wiederentdeckt haben. Es klingt gut: "Mit Steuern steuern" oder "Ökonomie und Ökologie versöhnen". Und in einigen Fällen greift es auch. Abwasserabgaben haben international die Qualität einiger Fließgewässer verbessert, für Energie- und Deponieabgaben steht der Erfolgsnachweis allerdings noch aus.

Für die Freunde des Marktes ist damit alles klar: Wenn man die heilsamen Kräfte der freien Konkurrenz auch in jene Winkel der Welt, die noch marktfrei vor sich hindämmern, lenkt, kommt alles wieder ins Gleichgewicht. Für sie liegt das Problem einzig und allein darin, daß es noch Lebensbereiche und Tätigkeiten in dieser Welt gibt, die aus irgendeinem Grund noch keinen Preiszettel tragen.

Dabei tritt allerdings ein Problem auf: Nicht alles läßt sich so gut in Geld ausdrücken wie "Umsatz", "Gewinn" oder "Deckungsbeitrag". Manches - wie Gesundheit, Zufriedenheit mit dem Arbeitsplatz oder auch das Überleben einer Tierart - entzieht sich der monetären Bewertung, anderem - wie etwa sauberer Luft - muß einiges an Gewalt angetan werden, um es in die Schablone finanzieller Bewertung pressen zu können.

Probiert wird es trotzdem. Nachdem die Worthülse "ökosoziale Marktwirtschaft" nun einmal in der Not erfunden worden war, mußte man ihr zumindest den Anschein der Machbarkeit verleihen. Leicht macht sie es ihren Verfechtern allerdings nicht:

Alles - Luft, Wasser, Gesundheit und vieles mehr - muß in Geldgrößen ausgedrückt werden können. Der Markt kann Informationen wie "gute Luft" oder "sauberes Wasser" ebensowenig verarbeiten wie "gesunder Arbeitsplatz" oder "intakte Gemeinschaft".

Dafür bedarf es allerdings vollständiger Information. Alle Betriebe müssen der Öffentlichkeit alle relevanten Daten zur Verfügung stellen. Für ein Betriebsgeheimnis ist da kein Platz mehr.

Da diese Preise im Gegensatz zu den Preisen herkömmlicher Konsumgüter nicht von selbst entstehen, müssen sie von jemandem festgesetzt werden. Es handelt sich daher um keine Marktpreise, sondern gerade um einen der von Wirtschaftsliberalen immer verteufelten ordnungspolitischen Eingriffe der öffentlichen Hand. Unternehmerische Autonomie in der Preisgestaltung ist hier nicht vorgesehen.

Will man über Marktmechanismen in die Entstehung der Produkte bis zu den Produktionsverfahren eingreifen, so muß es über deren steuerliche oder sonstige Belastungen letzten Endes wieder öffentliche Abstimmungen geben. Der Unternehmer entscheidet nicht mehr autonom, was und wie produziert wird.

Einschränkung der Standortwahl durch Vetorechte der Anrainer und der Region und durch raumplanerische Auflagen, Beschränkungen des Güterverkehrs und damit der freien Wahl des Zulieferers auf ein Minimum... Die Liste der überlebensnotwendigen Einschränkungen des freien Unternehmertums läßt sich noch weit fortführen.

Nach all dem bleibt in einer ökologisch gesteuerten Marktwirtschaft vom "freien Unternehmer" nicht viel übrig. Das wird aber nur jene treffen, die das Glaubensbekenntnis vom völlig freien Unternehmer als einzigem Garanten der Freiheit des Menschen unbeirrbar hochgehalten haben.

Daß am Rande der Diskussion die ÖVP das Ganze noch als "Ökopartnerschaft" institutionalisieren will, macht alles eher noch schlimmer. Warum all das, was die Sozialpartnerschaft angerichtet hat, nun von einer nach ihrem Maß geschneiderten Ökopartnerschaft ins Lot gebracht werden soll, bleibt ebenso rätselhaft wie die Antwort auf die Frage, wer bei dem Stück eigentlich die Natur vertreten soll.

Letztlich geht es aber um mehr als um optimale Steuerung. Es geht um die Ziele menschlichen Handelns. *"Die entscheidenden Belohnungen der Gesellschaft: Damit sind wir am Kern des Problems. Unser Zivilisations-Entwurf sieht vor, daß sie materiell sind; das ist keineswegs selbstverständlich. Es gibt Kulturen, in denen die überragende gesellschaftliche Stellung, der Ausweis des gelungenen oder gelingenden Kampfes um*

Selbstwertgefühl, durch die Achtung der Stammesgenossen, den Rang bei Hofe, die Wertschätzung in einem internationalen Kreis von Gleichgestellten oder durch ein Dutzend anderer 'Belohnungen' dokumentiert wird. Solange Geld und Geldeswert, solange die bloße Anhäufung von Macht und Profit der entscheidende Ausweis gesellschaftlichen Erfolgs ist, so lange ist an eine bewohnbare Zukunft nicht zu denken." [141]

"Ökosoziale Marktwirtschaft" ist nur eine klingende Ausschmückung der end of the pipe-Strategie. Wer den Markt alles regeln läßt, akzeptiert, daß alles einmal probiert werden kann - der neue chlorierte Kohlenwasserstoff, der neue gen-technisch erzeugte Mikroorganismus, das neue Pflanzenschutzmittel. Wenn die Schäden sichtbar werden, kann mit dem Basteln an einer Abgabe begonnen werden. Dann ist es meist zu spät. Der Schaden ist in doppelter Hinsicht eingetreten: in der Umwelt und mit den Investitionen in die Produktion der Schäden.

Ökosteuern sind ein wichtiger Teil zur Veränderung. Marktmechanismen können, richtig eingesetzt, zum sparsamen Umgang mit Ressourcen beitragen. Die politische, gesellschaftliche Bestimmung dessen, was produziert werden soll, können aber beide nie ersetzen. Mit "Ökosozialer Marktwirtschaft" probiert die Industriegesellschaft ihren letzten Taschenspielertrick.

Umbau oder Zubau

Die Angebote klingen schön, harmonisch und versöhnlich: Ökopartnerschaft, Arbeitsplätze durch Umweltschutz, Aussöhnung von Ökonomie und Ökologie. Das Verständnis dahinter läßt sich in einer einfachen Formel zusammenfassen: Die soziale Marktwirtschaft bekommt einen ökologischen Zubau.

Joschka Fischer hat sich als prominenter Grüner diesem Weg verschrieben: *"...Gerade eine Kritik der gegenwärtigen Umweltpolitik zeigt, daß ein ökologischer Umbau zwar zu den härtesten Konflikten mit der sogenannten 'Wirtschaft' führen wird und führen muß, daß sich andererseits aber auch genau in dieser 'Wirtschaft' die potentesten Verbündeten für eine Politik des ökologischen Umbaus finden werden. Anders gesagt: ohne eine 'unternehmerische Linke', die einen ökologischen Umbau nicht nur will und trägt, sondern die ihn auch praktisch mit der Entwicklung eines zunehmend wachsenden Umweltsektors in der Volkswirtschaft reali-*

141 Carl AMERY: Sozialethik und ökologische Perspektive, in: M. OPIELKA: Die ökosoziale Frage, Frankfurt 1985, S. 97.

siert und damit ihre Gewinne macht, wird es niemals zu einer erfolgreichen praktischen Politik des ökologischen Umbaus der Industriesysteme kommen." [142]

Die Grünen können diesen Weg aus drei guten Gründen nicht mitgehen:

Zum ersten gibt es keine ökosoziale Marktwirtschaft. Es gibt nur ein "weiter wie bisher" oder einen radikalen Umbau gerade der Wirtschaft.

Zum zweiten ist das Projekt des grünen Umbaus weit mehr als die ökologische Behübschung der Marktwirtschaft. Die grüne Alternative will grundsätzlich andere Formen des Wirtschaftens, des Verteilens, des Verwaltens und des Zusammenlebens.

Und drittens ist ein Grundkonsens mit der industriell-technischen Kaste nicht möglich. Ihre und unsere Ziele schließen einander aus. Wir kommen mit jenen, die die gentechnologisch konstruierte Umwelt mit kontrollierten Maschinenmenschen in einer Zweidrittelgesellschaft von den Giftstoffen der Vorperiode der neuen Industrialisierung befreien wollen, mit Sicherheit auf keinen grünen Zweig.

ÖVP und SPÖ haben sich für den Zubau entschieden. Die Baumeister, die noch vor wenigen Jahren mit dem Einstieg in die Atomwirtschaft beauftragt waren, pfuschen jetzt plan- und konzeptlos an der Verbreiterung der Sackgasse um eine ökologische Spur herum. Dabei zeigen sich auch in den Großparteien, je weiter man an ihre Basis kommt, Risse. Wenn diese zu Sprüngen werden, ergeben sich neue Möglichkeiten und neue Bündnisse.

Daß sich manche Grüne am Zubau beteiligen wollen, ist dennoch verständlich. Viele von uns sehen in ihrer Verzweiflung über die galoppierende Verwüstung der Umwelt keine Zeit mehr für das Projekt des großen Umbaus. In jedem kleinen Finger, der ihnen aus taktischen Gründen gereicht wird, wollen sie die offene Hand geläuterter Großunternehmer erblicken.

Zur Unterstützung ihrer Strategie der Ökopartnerschaft verweisen sie auf eine wichtige Unterscheidung: Während es sich bei der sozialen Frage um eine Frage der kapitalistischen Produktionsweise handelt und während es bei der Frage Staat - Gesellschaft - Demokratie um ein Grundproblem neuzeitlicher Gesellschaften geht, beschreibt das Verhältnis Mensch - Natur die zentrale gattungsgeschichtliche Frage der Spezies "Mensch".

Das alles ist richtig. Und trotzdem fehlt zweierlei. Zum ersten stehen die drei Fragen nicht unabhängig und isoliert nebeneinander. Und zum

142 Joschka FISCHER: Der Umbau der Industriegesellschaft, Frankfurt 1989, S. 61.

zweiten werden die Form sowohl der sozialen als gerade auch der ökologischen Frage von den herrschenden wirtschaftlichen Verhältnissen bestimmt. Das zerstörerische Verhältnis vom Menschen zur Natur hat erst im Zeitalter des Kapitalismus eine neue Qualität erhalten. Die Geschwindigkeit, die technologische Potenz und die Gründlichkeit der Zerstörung lassen erstmals eine Selbstvernichtung der natürlichen Grundlagen des Lebens möglich erscheinen.

Jeder fängt bei sich selbst an

"Wenn alle Konsumenten ihr Konsumverhalten ändern, dann wird der Wirtschaft gar nichts anderes übrigbleiben, als sich anzupassen." Das höre ich, seit ich "Umwelt" höre. Im Kleinen anfangen, dann wird das Große schon gelingen, und wenn jeder mit der Jutetasche einkaufen geht, dann bleibt die Plastikindustrie über. Das sitzt bei vielen tief.

Es ist aber offensichtlich kein Zufall, daß der Vorschlag, erst einmal bei sich selbst anzufangen, meist von jenen kommt, die in ihren Arbeitsbereichen umweltpolitisch total versagt haben - die Umweltministerin auch hier lautstark an vorderster Front.

Carl Amery hat die grüne Konsumidylle zurecht an der Hinterseite des Pferdes angesiedelt: *"Die konservative (oder vielmehr pseudo-konservative) Empfehlung privater 'Umkehr' zieht die Sache vom falschen Ende, zäumt das Pferd vom Schwanz her auf; sie nimmt an, daß eine ins Gewicht fallende Zahl von Menschen es fertigbringt, gegen die bislang selbstverständlichsten Prämissen der existierenden Zivilisation zu leben und zu handeln. Man braucht nicht Marxist zu sein, um eine solche Annahme als illusorisch zu begreifen."* [143]

Inzwischen haben die großen Vergifter schon ihre Konsequenzen gezogen: Neben den chemisierten Nahrungsmitteln für den Durchschnittsbürger gibt es, oft gleich vom selben Konzern, das biologische Nischenfutter für den Selbstanfänger. Ändern wird sich dadurch gar nichts - nur ein paar wenige fühlen sich in einer sterbenden Umwelt von Tag zu Tag gesünder.

Trotzdem stimmt es, daß man nur das ändern kann, was man auch selbst zu leben versucht. Wer das Leben nur in verrauchten Räumen schön findet, kann sich letzten Endes auch mit Müllverbrennungsanlagen abfinden. Und wer die Freiheit im Auto sucht, predigt anderen

143 Carl AMERY: Sozialethik und ökologische Perspektive, in: M. OPIELKA: Die ökosoziale Frage, Frankfurt 1985, S. 95.

nicht sehr glaubhaft die Vorzüge des ÖPNV - des öffentlichen Personennahverkehrs. Es ist für die ökologische Umkehr wichtig, daß viele vorleben, wie das Genießen anstelle des Konsumierens aussieht. Es ist unbedingt notwendig, daß täglich der Nachweis geführt wird, daß Leben mehr als die Summe von Gütern ist. Wenn das alles aber zur Ersatzstrategie verkommt, hat man damit einen neuen Markt geschaffen. Nicht weniger, aber sicherlich auch nicht mehr. Es gibt keine grüne Alternative zum Umbau - könnte das Müsli allein die Welt verändern, hätten wir schon längst mehr davon gegessen.

Grundsätze

Unter den vielen Ansichten, die Grüne und Altlinke trennen, sticht eine besonders hervor: Wir halten es für grundfalsch, erst "die Revolution" zu "machen" und dann erst darüber nachzudenken, wie denn eigentlich die neue Welt aussehen soll.

Die altlinke Revolutionsvorstellung war aus einem Grund nicht ganz unlogisch: Da die meisten glaubten, man müsse nur die Staatsmacht erringen und dann mit dem "sozialistischen Staat" ins kommunistische Paradies durchwandern, fiel die Frage nach dem "Danach" eigentlich nicht übermäßig kompliziert aus. Mit der mörderischen Herrschaft der stalinistischen Bürokratie war der Preis dafür fürchterlich hoch.

Die großen Trennlinien laufen längst nicht mehr nur zwischen Arbeitern und Unternehmern quer durch die Gesellschaft. "Arbeit - Kapital" markiert neben "Gesellschaft - Staat", "Mensch - Natur", "Frau - Mann" und "Individuum - Industrie" nur ein Widerspruchspaar, das allein längst nicht mehr in der Lage ist, den zentralen Konflikt unserer Gesellschaft zu beschreiben.

Natürlich liegt der Entwurf der ökologischen, sozialen und demokratischen Welt noch nicht in der Feinzeichnung vor. Die groben Umrisse sind aber bekannt:

Wirtschaft und Gesellschaft werden unter dem Grundsatz der Wahrung der natürlichen und kulturellen Vielfalt entwickelt. Entwicklung tritt an die Stelle von Kolonisierung.

Die neue Wirtschaft wird einen statischen Energiehaushalt planen. Das solare Energieeinkommen ist das obere Maß. Nur das, was regeneriert werden kann, darf auch verbraucht werden. An die Stelle des Energieabbaus tritt die Energieernte.

Technologieentwicklung findet unter öffentlichen Vorgaben und demokratischer Kontrolle statt. An der Stelle isolierter Technologien werden unter Vorgabe ökologischer und sozialer Rahmenbedingungen technische Netzstrukturen geplant.

Was von unten, autonom und selbstbestimmt, gestaltet werden kann, wird dem Staat und seiner Verwaltung entzogen.

Jeder hat das Recht auf soziale Grundsicherung. Arbeit und Einkommen werden voneinander getrennt.

Die neue Kultur befreit den Menschen von der Maschine. Was als Subkultur der Aussteiger begann, muß jetzt als grüne Gegenkultur entwickelt werden, damit es zur neuen nachindustriellen Kultur werden kann. Grundsätzlich gilt jedenfalls, was Evers und Opielka sagen: *"Wenn in der Industriegesellschaft die Arbeit und die Fabrik das Zentrum der Klassenbildung, der sozialen Auseinandersetzung und auch das Gravitationsfeld für die staatliche Sozialpolitik waren, so wird es in der 'programmierten Gesellschaft' direkt der Kampf um das Modell der ökonomischen, sozialen und kulturellen Reproduktion der Gesellschaft sein."* [144]

Es geht um ein alternatives Entwicklungsmuster zur Industriekultur. Die zähen Verklebungen zwischen Verpackung, Transport und Agrarindustrialisierung, zwischen Pflanzen"schutz", Gift am Arbeitsplatz und dem Projekt des gentechnologisch giftresistent gemachten Chemiearbeiters, zwischen der Trennung der Lebensfunktionen Arbeit, Wohnen und Freizeit, der Zersiedelung und der Autokultur, zwischen hochzentralisierten Risikotechnologien und dem Überwachungsstaat, sie alle müssen aufgelöst und durch Neues ersetzt werden.

Wir werden uns nicht damit begnügen, das Ende der alten Welt abzuwarten, um erst dann mit dem Bau der neuen zu beginnen. Erstens können wir uns das aus rein ökologischen Gründen nicht leisten. Und zweitens kann und soll es kein vollkommener Neubau auf den Trümmern des Alten werden. Es gibt vieles, das erhaltenswert ist. Die Elemente des Neuen sollen soweit wie möglich schon im Alten wachsen. Da können wir sie ausprobieren und beurteilen, wieweit sie sich für den Umbau eignen.

Ein Beispiel liefert die Gretchenfrage nach den Strukturen der alternativen Wirtschaft. Nachdem sich herausgestellt hat, daß der altehrwürdige Glaubensstreit zwischen "Plan" und "Markt" auch schon deshalb, weil sich der Kapitalismus in vielerlei Hinsicht als die effizientere Planwirtschaft herausgestellt hat, auf dem Holzweg ausgetragen wird, stellen wir uns die Fragen konkreter: Gibt es Beipiele alternativer Ent-

144 A. EVERS/M. OPIELKA: Was heißt hier eigentlich sozial? in: M. OPIELKA (Hg.): Die ökosoziale Frage. Entwürfe zum Sozialstaat, Frankfurt 1985, S. 41.

wicklungsmodelle, in der Selbstbestimmung, Dezentralisierung, ökologische und soziale Produktionsweisen die Rolle der alten Funktionsprinzipien übernommen haben?

Die meisten schweifen bei dieser Frage in die Dritte Welt ab. Man braucht nicht soweit zu gehen. In der norditalienischen Stadt Modena gehen Arbeiter, Gewerkschaften und Regionalpolitiker andere Wege.[145] Dort ist es aus der Krise heraus gelungen, eine stabile Struktur weitgehend selbstverwalteter flexibler Kleinbetriebe aufzubauen. Es hat sich herausgestellt, daß man auch im kleinen durch den Einsatz von CNC-Maschinen hohe Produktivität erreichen kann. Der Nachweis, daß das Großunternehmen in vielerlei Hinsicht dem kleinen nicht überlegen ist, konnte überzeugend geführt werden. Modena und andere italienische Städte gehen heute den Weg der dezentralen Entwicklung. Andere unternehmen erste Gehversuche in der Ökologisierung des Beschaffungswesens, und wieder andere stellen ihr Verkehrssystem um.

Entschließt man sich aber, die Dezentralisierung in Modena völlig den Marktkräften zu überlassen, dann werden dort früher oder später wieder Panzerteile und Werkzeuge für die Chlorchemie produziert werden. Es fehlt nicht an einzelnen Ansätzen, es fehlt auch nicht an Überlegungen, Marktmechanismen zur Optimierung wirtschaftlicher Prozesse in einer alternativen Wirtschaft einzusetzen. Es fehlt an den politischen Grundsatzentscheidungen.

ALTERNATIVPROGRAMME

Keine Billigreformen mehr

Wien und Niederösterreich unterscheiden sich in punkto Umwelt in den Augen ihrer Regierungen nur in einem Wortteil: Wien ist Umweltmusterstadt, während Niederösterreich Umweltmusterland ist. Mit Niederösterreich teilen sich diesen Titel: Oberösterreich, Burgenland, Salzburg, Tirol, Vorarlberg, Kärnten und die Steiermark. Und der Umweltmusterstaat heißt - wen wundert's - Österreich.

145 S. Kurt BAYER: Modell Modena. Alternativen zur traditionellen Lohnarbeit? in: Wiener Tagebuch 5/1989, S. 12 ff.

Natürlich klafft eine riesige Lücke zwischen Propaganda und Realität. Es ist aber doch einiges geschehen:

* Österreich hat als einziges europäisches Land die Katalysatorpflicht für einen Großteil der PKW eingeführt.
* Der Zustand der Seen hat sich im letzten Jahrzehnt enorm verbessert.
* Die kommunale Abwasserreinigung ist stark ausgeweitet worden.
* Altstoffsammlungen beginnen in einigen Bereichen (Papier, Glas, Batterien) langsam zu funktionieren.

Dafür
* werden die Rußemissionen der Dieselmotoren augenzwinkernd toleriert;
* sterben die Flüsse und kippen die Kläranlagen;
* landen die meisten Altstoffe nach wie vor auf ungesicherten Deponien oder in der Müllverbrennung;
* hinkt die Reparatur in allen zentralen Bereichen hoffnungslos hinter der Verwüstung nach.

Die ökologischen Reparaturen der ersten Jahre zeichneten sich durch zweierlei aus: Sie blieben an der Oberfläche und sie waren im großen und ganzen recht billig. Wenn sich heute die chemische Industrie angesichts der großflächigen chemischen Verseuchung der Wasserreservoirs in Fernsehspots brüstet, täglich 2,9 Millionen Schilling für Umweltschutz auszugeben, dann sieht man, daß nicht nur die Umwelt, sondern auch ihr Schutz noch nicht weit vom Nulltarif weggekommen sind.

Die ökologische Überlebensreform der Zukunft wird teuer. Es geht nicht mehr um Filter und Katalysatoren. Es geht um den Neubau einer ökologisch und sozial verträglichen Wirtschaft.

Umwelt

Die Grünen haben in den wenigen Jahren ihrer parlamentarischen Arbeit jede Menge konkreter Reformvorschläge gerade im Umweltbereich formuliert. Anstelle einer vollständigen Auflistung steht im folgenden nur ein Teil des ganzen Netzes für all die notwendigen Schritte, die weit über die Lückenstopferei der offiziellen Umweltpolitik hinausgehen und die als Hebel für das Projekt des Umbaus unverzichtbar sind.

Luft - Wald - Verkehr - Verpackung - Landwirtschaft - Chemie - Steuerpolitik

Am 18. November 1983 legten die Minister Steyrer, Fischer und Haiden das erste "Zehn Punkte-Programm gegen das Waldsterben" vor. Damals waren rund 300 000 ha geschädigt. Nach fünf Jahren Waldrettung waren es eine Million.

Von 1983 bis 1988 stiegen Stickoxide von 200 000 auf 210 000 t; Staub von 50 000 auf 51 000 t.

Kohlenmonoxid blieb mit 1 100 000 t gleich, und einzig Schwefeldioxid konnte von 300 000 auf 145 000 t drastisch reduziert werden.

Wie unsicher solche Schätzungen sind, zeigt allerdings der Fall der extrem aggressiven Kohlenwasserstoffe: Statt 120 000 t schätzt man neuerdings 500 000 t pro Jahr. Über Photooxidantien gibt es bis heute keine Bilanzen.

Laut Waldschadensinventur 1988 sind 28 Prozent aller österreichischen Wälder geschädigt. Die Sofortprogramme liegen längst am Tisch. Tempo 80/100, sofortige flächendeckende Katalysatorumrüstung und drastische Reduzierung des Wildbestandes. Insbesondere mit letzterem kann sich die politisch gut vertretene Lobby der Jäger nicht anfreunden. Wenn mühevoll hochgefütterte 16-Ender, die vor lauter Geweih den Kopf fast nicht mehr heben können, durch die Fichtenplantagen torkeln, dann lacht das Jägerherz. Der Schutzwald über Hallstatt etwa droht am Wildverbiß zugrunde zu gehen - macht nichts, bei der nächsten Trophäenschau gibt es wieder jede Menge Punkte. Der Vorschlag des Waldökologen Hannes Mayer, einen Verein zur Förderung des Wildererwesens zu gründen, hat angesichts mehr als 100 Millionen geschälter Stämme[146] einen vernünftigen Kern.[147] Der Wald wird nur gerettet werden können, wenn neben den Imissionen auch die Haustiere, die unter der irreführenden Bezeichnung "Wild" das Aufkommen ganzer Baumarten verhindern, reduziert werden.

Darüber hinaus geht es aber auch um grundlegende und problemübergreifende Reformen. Eine Primärenergieabgabe von mindestens 20 Groschen pro Kilowattstunde würde nicht nur die Luftbelastung verringern, sondern auch Energieverschwendung eindämmen und die Möglichkeit zu einer sozialen Gesamtreform des Steuersystems bieten.

146 S. Institut für Waldbau der Universität für Bodenkultur Wien: Jahresbericht 1988, S. 41.

147 Am 29.2.1988 hat der "Bund österreichischer Jagdvereinigungen" Prof. Mayer allen Ernstes bei der Staatsanwaltschaft Wien angezeigt. Das Gericht widmete sich der Causa mit großem sittlichem Ernst.

Der Schlüssel zur Waldrettung liegt aber in einer Totalreform des Verkehrs.

Verkehr

Grüne Verkehrspolitik kann um das Auto keinen Bogen machen. Es gibt nur zwei Möglichkeiten: Entweder erklärt man sich bereit, gemeinsam mit Fritz Stowasser vulgo Hundertwasser den erbarmungslosen Kampf um die nationale Eigenständigkeit der Nummerntafeln zu führen, oder man stellt das Auto als Hauptverkehrsmittel in Frage.

Katalysatoren und andere ökologische Notnägel sind jedenfalls gut, aber bei weitem zuwenig. Allein zwischen 1980 und 1988 stieg die Summe der gefahrenen Kilometer im Individualverkehr von 38 auf 48 Millionen. Der Katalysator schafft dabei bestenfalls eine Verlangsamung des Anstiegs der Stickoxide und damit auch der bodennahen Ozonvergiftung.

Das grüne Nahziel heißt "autofreie Stadt". Es geht nicht nur um Abgase. Es geht einfach nicht mehr an, daß die Mehrheit von Bürgern von einer ebenso kaufkräftigen wie übergeschnappten Minderheit, die sich im täglichen Stau mit der Aussicht auf ein paar hundert Meter Vollgas aufgeilt, terrorisiert wird. Es ist nicht mehr akzeptabel, daß die Stadt von Autokanälen in winzige Stücke zerschnitten wird. Und wir können einfach nicht mehr hinnehmen, daß auf dem Schulweg heute so viele Kinder sterben wie früher an Diphterie.[148] Für jeden Menschen gibt es in Österreich 30 Quadratmeter verbaute Fläche - jedem einzelnen Auto stehen 200 zur Verfügung.

In Jahrzehnten hat die Allianz aus Autoindustrie und Erdölkonzernen geschafft, den öffentlichen Verkehr in weiten Teilen der Welt zu zerstören. Jetzt sind viele auf das Auto angewiesen. Ihnen müssen Alternativen geboten werden. Für jene Bedauernswerten aber, denen die gefährlichste existierende Lenkwaffe entscheidender Lebensinhalt geworden ist, müssen Entwöhnungsmöglichkeiten entwickelt werden. Eine leere Welt saugt die Menschen in die Sucht - die Gesellschaft hat die Aufgabe, den Autosüchtigen eine Chance zu geben.

Die Befreiung vom Auto besteht aus vielen einzelnen Schritten:

Das Auto muß sich selbst finanzieren. Autofahrer zahlen dem Staat pro Jahr rund 25 Milliarden und kassieren von ihm für Straßen, Verkehrsregelung und Sozialversicherung etwa das Dreifache. Nach vor-

148 S. Werner VOGT: Arm, krank, tot. Argumente für ein gewaltloses Krankenhaus, Wien 1989, S. 23.

sichtiger Schätzung kommen an Folgekosten durch die Luftverschmutzung noch weiter 13 Milliarden hinzu. Die fehlenden 63 Milliarden müssen über eine Erhöhung der Mineralölsteuer von den Verursachern besorgt werden. Der Benzinpreis muß daher auf annähernd kostendeckende 28 Schilling angehoben werden.

Die Unfallkosten werden aus der Sozialversicherung ausgeschieden und aus den - anzuhebenden - Kfz-Versicherungen gedeckt.

Ausgehend von Tempo 30/80/100 muß die erlaubte Höchstgeschwindigkeit ständig reduziert werden.

Tiefgaragen ziehen den Verkehr in die Stadt. Der Bau von Tiefgaragen im Stadtgebiet wird verboten, bestehende Tiefgaragen werden geschlossen.

Das Auto wird durch Fahrverbote Schritt für Schritt aus der Stadt gedrängt. Im Jahr 2000 sollen alle urbanen Gebiete autofrei sein.

Autobahnen werden nicht mehr gebaut, bestehende Projekte gestoppt. Für besonders belastete Orte gibt es neue Umfahrungen, sonst liegt der Schwerpunkt auf dem Straßenrückbau.

Autowerbung wird verboten.

Natürlich gibt es einige soziale Gruppen wie Behinderte, Pendler und Bergbauern, denen nur schwer ein tragbares Angebot im Rahmen des öffentlichen Verkehrs zu machen ist. Ihre wirtschaftlichen Nachteile müssen finanziell abgegolten werden. Der wuchernde motorisierte Individualverkehr kann nicht auf Kosten der Schwächsten saniert werden.

Das Alternativangebot lautet: Bahn für den außerstädtischen, Fahrrad und Straßenbahn für den städtischen Verkehr.

Verpackung ist Transit

Die Industrie zerhackt alles in kleine Teile. Jeder Teil wird gesondert hergestellt. Verantwortlich dafür macht man wie immer, wenn niemand die Verantwortung übernehmen will, ein Gesetz: das der großen Serie. Vieles vom gleichen wird an einem Ort hergestellt und wird dann wieder verteilt: zur Weiterverarbeitung oder zum Konsum. Die Erdäpfel, die von Bayern nach Italien zum Waschen reisen und dann wieder die Rückfahrt in die bayrischen Supermärkte antreten, sind ebenso zum Symbol dieser Entwicklung geworden wie die Jeans, die von der Stoffherstellung über den Zuschnitt bis zum Knöpfeannähen zwischen Nord und Süd quer durch Europa pendeln, bis sie am Ladentisch landen.

Früher war das anders. Da kam fast alles aus der Nähe. Das war auch gar nicht anders möglich, denn vieles war für den weiten Transport ungeeignet, es wurde einfach schlecht. Die technische Entwicklung ist hier eingesprungen. Den kurzen Weg reisten die Äpfel in Körben - den langen legen sie in Styroporverpackungen zurück. Autobahnen und Verpackungen waren die Voraussetzungen, daß die Landwirtschaft zerstückelt und in Monokulturen quer über die ganze Welt verteilt werden konnte.

Ob hier ökonomisch ein Fortschritt erzielt wurde, ist angesichts der ständigen Marktzusammenbrüche, hoher Lebensmittelpreise und des Bauernsterbens zumindest zweifelhaft. Die ökologische und die soziale Bilanz fallen verheerend aus. Nur eines bleibt auf der Habenseite der Verursacher: Im Gegensatz zu gemischten, in vieler Hinsicht selbstversorgenden Regionen sind die oft mehr als landesgroßen Monokulturen nicht mehr als Kolonien. Der nur scheinbar polemische Ausdruck "Bananenrepublik" beschreibt den Zustand präzis. Eine nur an der Spitze verbundene Ansammlung von Bananenrepubliken ist das letzte Ziel der Durchindustrialisierung der Welt.

Ein Großteil des Abfalls ist Verpackung. Ein Großteil der Problemstoffe ebenfalls. Egal, ob jetzt verbrannt oder deponiert wird, die giftigen Reste landen in Luft, Boden und Wasser. Und damit auch im Wald.

Moderner Güterverkehr und moderne Verpackung sind untrennbar miteinander verbunden. Ohne moderne Verpackung gibt es keinen Transitverkehr. Und ohne Transit-Massenverkehr gibt es wieder einen Sargnagel für den Wald weniger. Daher muß es beiden gemeinsam an den Kragen gehen. Österreich kann aufgrund seiner besonderen Lage hier eine Pionierrolle einnehmen: Es muß die Transitkorridore Meter für Meter verengen, bis nur noch das Notwendigste durchgeht. Die ersten Schritte dazu sind bekannt: totales Nachtfahrverbot für LKW, 28 t-Beschränkung, Gefahrengut auf die Schiene. Gleichzeitig damit muß alles, was an Verpackung vom ökologischen und sozialen Gesichtspunkt her überflüssig ist, verboten werden.

Landwirtschaft

"Eine Kuh entläßt etwa doppelt soviel Stickstoff in die Luft wie ein Auto ohne Katalysator, nämlich 36 Kilo pro Jahr." [149] Lufttransportierter Stickstoff besteht zu über 60 Prozent aus Ammonium. Davon stammen 90 bis 95 Prozent aus der Landwirtschaft, aus Rinder- und Schweinezucht

149 Ulrich HORSTMANN: Die See, ein Bauernopfer? in: Die Zeit, 29/1989.

und aus der Jauche. Es stinkt zum Himmel und regnet auf den Wald. Den Rest besorgt dann noch die Chemie.

Man wird sich damit abfinden müssen, daß man nicht jeder Kuh einen Filter unter den Schwanz binden kann. Den Wald schützen und die Luft reinhalten heißt den Tierbestand dem Boden anpassen, den Gebrauch der Jauche regulieren, die Schwemmentmistung der Ställe in den Griff kriegen. Das paßt mit Hühner-, Schweine- und Rinderbatterien garantiert nicht zusammen. Wer das Ammoniakproblem lösen will, muß die Industrialisierung der Viehwirtschaft verhindern.

Vielleicht bedeutet das pro Bauch und Jahr einen weißlich-wäßrigen Schweinsbraten weniger. Ich schlage anstelle dessen ein Hirse-Gemüse-Gratin vor.[150]

Chemie

Daß alles Leben heutzutage Chemie ist, bekommt auch der Wald zu spüren. Ob durch die direkten Ausscheidungen der chemischen Industrie oder durch die lange Wanderung ihrer Produkte durch Boden, Wasser und Luft, es ist dafür gesorgt, das der Wald auch seinen Teil an moderner Chemie abbekommt. Und wie jedes Biotop steht er den neuzeitlichen Chemikalien wie den chlorierten Kohlenwasserstoffen hilf- und schutzlos gegenüber.

Konsequente Chemiepolitik muß da vor allem heißen: Verbot der Herstellung und Verwendung chlorierter Kohlenwasserstoffe und Einführung einer Chemiesteuer. Jeder Stoff wird nach Umweltschädlichkeit, Abbaubarkeit und Wiederverwertbarkeit bewertet. Die Kombination aller drei Faktoren ergibt die Chemiesteuer.[151] Im Vorschlag von Holtmeier und Friege liegt der Steuersatz je nach Bewertung zwischen 0 und 200 Prozent.

150 10 dkg Hirse, 0,6 l Wasser, 75 g Butter, 2 Stangen Lauch, 1 große Karotte, 4 Stangen Zeller, 25 g Weizen-Vollkornmehl, Petersil, Salbei, Zitrone (Schale und Saft), Parmesan. Die Hirse kochen. Die gewürfelten Gemüse 10 bis 15 Minuten sautieren, dann mit der Hirse mischen. In der Zwischenzeit das Mehl eine Minute in Butter ankochen, Milch, Kräuter, Zitrone dazu und aufkochen. Würzen und in eine Backform füllen. Käse drauf und überbacken. Es zahlt sich aus, das Ganze ordentlich zu würzen, damit der Dreiklang aus Zitrone, Salbei und Zeller so richtig herauskommt. Das Schwein kann dafür ruhig weiterleben. (Rezept nach: The Cranks Recipe Book, London 1982).

151 Zur genaueren Beschreibung des Konzepts der Chemiesteuer siehe: HOLTMEIER/FRIEGE: Ökonomische Instrumente - die Chemiesteuer, in: FRIEGE/CLAUS: Chemie für wen? Hamburg 1988, S. 213 ff.

Der Wald wird sauer, weil die Luft nichts kostet. Das ist heute eine ökologische Binsenweisheit. Nach jahrelangem Widerstand sind heute auch die führenden Wirtschaftspolitiker in SPÖ und ÖVP soweit, daß sie Umweltsteuern akzeptieren, um für die Wirtschaft Schlimmeres zu verhindern. Wie immer gibt es dabei auch hier zwei Wege: Man kann augenzwinkernd kleine symbolische Umweltstrafmandate verteilen. Oder man kann Umweltbelastung so teuer machen, daß Vermeidung billiger wird.

Die Beteiligten garantieren dafür, daß zumindest ernsthaft versucht wird, den ersten Weg zu gehen. Die Müllabgabe der Umweltministerin - 40 Schilling pro Tonne Hausmüll und 200 Schilling pro Tonne Sonderabfall - stopft vielleicht ein paar winzige Budgetlücken. Der Müllawine stellt sie nichts entgegen. Mit dieser Abgabe ist garantiert, daß Abfall produzieren weiterhin entscheidend billiger bleibt, als Abfall vermeiden.

Die Größenordnungen, in denen Ökosteuern wirksam werden, sind heute im großen und ganzen bekannt. 30 bis 50 Groschen pro Kilowattstunde Primärenergieabgabe, zwischen 7000 und 20 000 Schilling pro Tonne Schwefeldioxid und schwermetallhältige Stäube, chlorierte Kohlenwasserstoffe mit mindestens 150 000 Schilling und nicht überwachungsbedürftiger Abfall mindestens 1000 Schilling pro Tonne - ab da ist mit bemerkenswerten Vermeidungseffekten zu rechnen.

Wer den Wald retten will, muß sich um Steuerpolitik, Chemie, Landwirtschaft, Güterverkehr, Verpackung, Müllverbrennung, Auto und vieles mehr kümmern. Wem es um das Wasser, um die Artenvielfalt oder um den Boden geht, der hat die gleichen Ziele. Es gibt nur eine Umweltpolitik. Und die heißt Umbau.

Der erste Schritt zum ökologische Umbau ist das Ziehen neuer Grenzen im stofflichen Bereich. Die meisten Schadstoffe werden erst in ihrer ungeheuren Menge zum Problem. Drei Gruppen stellen aber bereits durch ihre Existenz ein gewaltiges Problen dar: die Produkte der Chlorchemie, die radioaktiven Isotopen und die genetisch manipulierten Lebewesen. Für sie bedarf es anstelle von Grenzwerten neuer Grenzen. Angesichts der Gefahren, die von ihnen ausgehen, können sie letzten Endes nur im Verzicht auf diese Technologien liegen.

Wenn diese Hebel alle genau angesetzt und zur richtigen, möglichst gleichen Zeit bewegt werden, dann kann sich im Detail viel ändern. Im Grundsätzlichen ändert sich nichts. Prinzipiell ist es einer kapitalistischen Wirtschaft egal, ob sie Panzer oder Filter produziert. Immer dann, wenn die wirtschaftlich Mächtigen auch politisch unter sich waren, blieb mehr für Militär und Polizei, dann, wenn andere soziale Kräfte an der staatlichen Macht teilhatten, flossen Überschüsse in den Wohnbau, in Bildung und in Soziales. *"Ich hab zwar ka Ahnung wo ich hinfahr, aber dafür bin ich schneller dort"*, hat Qualtinger seinen Wilden auf der Maschin[152] singen lassen. Die keynesianische Sicht der Dinge entspricht dem Qualtinger-Axiom.

Unter Grünen liegt hier die Begründung dessen, was als Realo-Haltung in die kurze grüne Geschichte eingegangen ist: die Überzeugung, daß mit neuen Unternehmern, einer "unternehmerischen Linken" [153], der ökologische Umbau gegen die alten durchgesetzt werden kann.

Dieses pragmatische Konzept hat einiges für sich. Es zeichnet sich schon heute ab, daß die große Industrie auf das Geschäft mit der ökologischen Reform zu setzen beginnt. Wahrscheinlich können Grüne, wenn sie das mit ganzer Kraft unterstützen, die Durchsetzung dieser industriellen Interessen beschleunigen. Das soll nicht gering geschätzt werden. Angesichts der katastrophalen ökologischen Lage hat jeder Schritt in die richtige Richtung großen Wert.

Letzten Endes bedeutet der Weg der Realo-Industrialisierung aber den Abschied vom grünen Projekt des gesellschaftlichen Umbaus. Und einiges spricht dafür, daß dieser Preis für die Unterstützung einer "unternehmerischen Linken" zu hoch ist:

Wachsende Teile der Industrie werden den Weg der schrittweisen Ökologisierung auf jeden Fall gehen. Es ist allerdings schwer voraussagbar, wie schnell sie sich in der Konkurrenz mit den anderen durchsetzen. Da es sich meist um ein- und dieselben Konzerne handelt, die sowohl die alten wie auch die neuen Fabriken betreiben, ist wahrscheinlich, daß sie erst ihre alten Anlagen abschreiben und dann mit großem grünem Pathos und ebensogroßer Verspätung in neue, ökologisch verträglichere investieren werden.

152 Helmut QUALTINGER: Der Wilde mit seiner Maschin, in: Rhapsodie in Halbstark, Preiser Records, Wien.

153 S. Joschka FISCHER: Der Umbau der Industriegesellschaft, Frankfurt 1989, S. 61.

Während wichtige Fehlentwicklungen der Vergangenheit korrigiert werden, werden neue, oft weit gefährlichere Technologien auf gleiche fahrlässige Art und Weise im Großversuch im Weltmaßstab durchgesetzt. Der Realo-Industrialismus schließt die letzten kalorischen Kraftwerke und verweigert gleichzeitig die Antwort auf die Frage, wie man mit neuen synthetischen Produkten, mit ISDN und mit Gentechnologie ökologisch und sozial verantwortungsvoll umgehen kann.

Der Realo-Industrialismus bleibt noch eine zweite grundsätzliche Antwort schuldig: Was setzen wir der generellen Tendenz des Industrialismus zur Homogenisierung des Lebens, zur Kolonisierung der inneren und äußeren Natur entgegen? Wer auf den Umbau verzichtet, kapituliert vor diesen Fragen.

Und letzten Endes bleibt die Frage, wo die Hebel länger sind: wenn man als Ökopartner gut eingebunden in den Gremien sitzt oder wenn man auf dem Weg zum Umbau gemeinsam mit Bewegungen und Initiativen eine Reform nach der anderen erzwingt. Beide Wege lassen Bündnisse bis zu Regierungsbeteiligungen zu. In dem, was sie aber letztlich wollen, klaffen sie weit auseinander.

Dem Projekt des Realo-Industrialismus steht mit dem Projekt des Umbaus kein Fundi-Projekt der Ökosozialistischen Planwirtschaft gegenüber. Wir arbeiten an dem Modell einer politischen Ökonomie, in der die wesentlichen Grundsatzentscheidungen weder individuell noch staatlich, sondern gesellschaftlich getroffen werden. Privat und Staat haben versagt. Was sich ökonomisch nicht oder falsch entwickelt, muß politisch entschieden werden. Das betrifft:

* öffentliche Bestimmung der Infrastrukturen wie etwa der neuen Datennetze;
* öffentliche Planung, Prüfung und Genehmigung von neuen Technologien wie etwa Gentechnologie;
* öffentliche Zielvorgaben für Betriebe - was soll wie produziert werden;
* und öffentliche Gestaltung der Lebens- und Arbeitsbereiche - Bürger planen ihre Stadt.

An einem Beipiel soll das verdeutlicht werden. Der verschwenderische Umgang mit Energie hat sich zu einer der größten Bedrohungen ausgewachsen. Wir wissen, daß wir unseren globalen Energiehaushalt auf das, was uns von der Sonne zugeführt wird, einstellen müssen. Das bedeutet Setzung öffentlicher Rahmenbedingungen, wie etwa die Verteilung globaler Energiekontingente. "Linke Unternehmer" können

Strom sparen - der Weltenergiehaushalt liegt auch bei bestem Willen weit außer ihrer Reichweite.

Es ist uns zuwenig, unsere ganze Anstrengung nur der Anpassung der Industrie an die drängendsten ökologischen Probleme zu widmen. Wir wollen nicht die Begleitmusik für die neue, wahrscheinlich noch zerstörerischere Welle der Industrialisierung liefern. Wir wollen mehr. Wir wollen die Hebel nicht bloß zur Verbesserung, sondern zur grundlegenden Veränderung einsetzen. Das verstehen wir unter Gewinnung der Politik.

Gesellschaftliche Bestimmung von Technologie und Wirtschaft hat sich in Österreich in den wenigen Momenten, in denen sie zugelassen werden mußte, bestens bewährt. Es ist ein gutes Zeichen, daß sich die Vertreter der anderen Seite heute die Zwentendorf- und Hainburg-Federn ungeniert an den Hut stecken. Sie beginnen zu verstehen, wie tief die beiden Brüche mit der industriellen Vernunft gegangen sind.

Sozialpolitik

"In Wahrheit ist die Situation im atomaren Zeitalter aporetisch: Einerseits scheint es nötig, jedes politische Handeln rigoros dem Vermeidungsimperativ der absoluten Katastrophe zu unterstellen; andererseits droht deren Drohung selbst gerade dadurch, daß man sie als absolute so ernst nimmt, wie sie es ja tatsächlich verdient, in ein Faszinosum umzuschlagen, angesichts dessen alle anderen politischen Fragen zur quantité negligeable verblassen. Denn was bedeutet vor der kommenden Hölle schon das irdische Leiden, man möchte fast sagen, in seiner konventionellen Form?" [154] Die Apokalypse verstellt vielen den Blick auf alles andere. Das ist das Hauptproblem bei der Formulierung einer neuen Sozialpolitik.

Der Sozialstaat steht im Kreuzfeuer der Debatte über die Zukunft des sozialen Systems. "Entstaatlichung" wird dabei von Konservativen und von Grünen gleichermaßen gepredigt. *"Unmerklich hat sich dabei aber die Verantwortlichkeit vom Einzelnen auf die Gesellschaft verschoben. Bei zunehmender Machtseligkeit schwindet Eigenverantwortung."* [155] Das entspricht durchaus dem sozialen Zeitgeist.

154 Rudolf BURGER: Lob der Niedertracht, in: ders.: Vermessungen. Essays zur Destruktion der Geschichte, Wien 1989, S. 278.

155 Peter GROSS: Der Schatten des Fortschritts, in: M. OPIELKA (Hg.): Die ökosoziale Frage, Frankfurt 1985, S. 203.

Dabei übersehen die einen mit, die anderen wahrscheinlich ohne Absicht, daß sich die Frage nicht immer so stellte. Wahrscheinlich hätte keiner der Arbeiter, die sich die Sozialversicherung erkämpften, den Rat, den Staat aus der Pflicht zu entlassen und auf Eigenvorsorge zu setzen, verstanden. Darauf ist auch heute achtzugeben: Natürlich liegt die Zukunft sozialer Sicherung nicht in der Bürokratisierung und Zentralisierung der Mittel. Wo aber der Zugang von unten nicht möglich ist, ist der von oben immer noch notwendig. Sozialstaat ist für die, die auf ihn angewiesen sind, immer noch besser als das, was konservative "Sozialreformer" an seiner Stelle zu bieten haben: nämlich nichts.

Vor hundert Jahren kämpften die Gewerkschaften um die Einführung des acht Stunden-Tages. Stück für Stück haben sie ein Mitspracherecht in einem genau abgegrenzten Bereich - der Sozialpolitik und der Einkommensverteilung - erstritten. Die neuen Fragen der Sozialpolitik verschlafen sie.

Das traditionelle soziale System steht auf drei Grundpfeilern: der Besteuerung der Arbeitseinkommen, der Koppelung von Einkommen und Erwerbsarbeit und der staatlichen Bürokratisierung sozialer Fürsorge. Angesichts drohender Zweidrittelgesellschaft, Finanzkrise der sozialen Verwaltung und wild wuchernder Bürokratisierung stehen alle drei Pfeiler in Frage.

Die Alternativen stehen zur Debatte. Die Wertschöpfungssteuer will die Steuerlast vom Menschen auf die Maschine verlagern. Das Grundeinkommen soll in einer Gesellschaft, der die Erwerbsarbeit zunehmend ausgeht, das Recht auf soziale Existenz sichern. Und die Entbürokratisierung gibt den sozial Schwächeren die Chance auf Befreiung von Entmündigung und Abhängigkeit. Daß sie daneben noch Unsummen an bürokratisch vergeudeten Mitteln spart, wird höchstens die stören, die es sich in den Glaspalästen der Sozialversicherung nach allen Regeln der Kunst eingerichtet haben.

Das hat alles wenig mit Sparpolitik und viel mit Strukturpolitik zu tun. Und wenn es da darum geht, Sozialschmarotzern auf den Pelz zu rücken, dann wird man wohl in den Direktionsetagen, an den Spitzen der Bürokratie und ruhig auch bei den größten Posten der Presseförderung ansetzen müssen.

Im Mittelpunkt der österreichischen Sozialpolitik steht der Mensch. Aber nicht jeder. So wie im normalen Leben auch gibt es Gewinner und Verlierer. Und die, die bereits im normalen Leben verloren haben, gehen im sozialen Netz ein zweites Mal verloren.

GEWINNER	*VERLIERER*
	Pensionen
Beamte:	Arbeiter:
Sie zahlen die geringsten Beiträge und beziehen die höchsten Pensionen. Der Staat schießt jedem von ihnen rund 9 800,- im Monat aus Budgetmitteln zu.[156]	Gemessen am Einkommen zahlen sie mit Abstand am meisten, ihre Pensionen sind bei weitem die niedrigsten. Ihnen bleibt am wenigsten Zeit, die Pension zu genießen. Der Staat legt bei jejedem Unselbständigen nach ASVG etwa 1 300,- pro Monat zu.
	Arbeitslosenunterstützung
Besserverdienende:	untere Einkommen:
Mit höherem Nettoverdienst steigt die Arbeitslosenunterstützung überdurchschnittlich.[157]	Da die Arbeitslosenunterstützung vom Bruttoeinkommen berechnet wird, bekommen sie auch prozentuell am wenigsten.
	Wohnen
Besserverdienende:	untere Einkommen:
Drei Viertel aller Haushalte, deren Monatseinkommen mehr als 20 000,- beträgt, beziehen Wohnungsförderung.	Unter einem monatlichen Haushaltseinkommen von 7 000,- kommt nur jeder Fünfte zu Wohnungsförderung.[158]

156 Prognose des Beirates für Renten- und Pensionsanpassung für 1987, zit. nach: Andrea ERNST e.a., S. 69.

157 Bei einem Nettolohn von 13 385,- (= brutto 18 875,-) kommt der Arbeitslose mit einem Arbeitslosengeld von 7 545,- und einem Steuerausgleich von 1 893,- auf 9 438,- monatliche Gesamtbezüge und damit auf 70,5 Prozent seines vorherigen Nettobezugs. Hat jemand allerdings nur 5 625,- netto (= brutto 6 625,-) verdient, verliert er auch in Prozent: Sein gesamtes arbeitsloses Einkommen beträgt 2 658,- und damit 47,3 Prozent des Arbeitsentgelts (s. profil 49/1986).

158 Andrea ERNST e.a., S. 207.

Ausländer

Ausländer aus reichen westlichen Ländern:	Gastarbeiter:
Im Sozial- und im Bildungssystem sind Deutsche, Skandinavier u.ä. mit Inländern praktisch gleichgestellt.	Wer keine Arbeit hat, wird abgeschoben. Wer aufs Sozialamt geht, wird der Fremdenpolizei gemeldet. Gastarbeiter zahlen Sozialversicherung wie Inländer - kriegen aber im Notfall fast nichts dafür.[159]

Flüchtlinge

Wer es schafft, als Flüchtling anerkannt zu werden, ist trotzdem aus dem Sozialsystem weitgehend ausgeschlossen: Verbot jeder Beschäftigungsbewilligung und keine Sozialhilfe. Wer dennoch arbeitet, wird mit Ausweisung bedroht.

Männer - Frauen

Männer:	Frauen:
Nur jeder 23. Mann verdient weniger als 5 600,- pro Monat.	Jede fünfte Frau verdient weniger als 5 600,- pro Monat, bei den Arbeiterinnen sogar jede Dritte. Dazu kommt in der Regel noch die unbezahlte Zusatzarbeit als Hausfrau und Mutter.[160]
Männer verdienen pro Monat im Durchschnitt 9 750,-.	Frauen verdienen monatlich im Durchschnitt 7 700,-.[161]

159 Ausländer sind ausgeschlossen von Unterhaltsvorschuß, Notstandshilfe, Wohnbeihilfe, Behindertenhilfe und Leistungen aus dem Invalideneinstellungsgesetz. Sie sind bedeutend schlechter als Inländer bei der Arbeitslosenunterstützung, der Heiratsbeihilfe, der Geburtenhilfe, der Familienbeihilfe und der Ausgleichszulage zur Pension gestellt. Nur bei der Finanzierung dieser Leistungen sind die ausländischen Arbeiter mit ihren österreichischen Kollegen gleichgestellt.

160 S. Andrea ERNST u.a., Sozialstaat Österreich, S. 167.

161 S. Sozialbericht 1985, Wien 1986.

Männliche, deutschsprachige Inländer in höheren Positionen - das sind die persönlichen Gewinner. Alle anderen zahlen drauf. Daß sie die Mehrheit in diesem Land bilden, spielt dabei keine Rolle.

Den großen Schnitt macht allerdings nach wie vor der andere Sozialpartner. Wenn bei einem BIP-Wachstum von 4,2 Prozent in einem Jahr des absoluten Beschäftigungsrekords von 2 810 478 unselbständig Beschäftigten die Lohnquote von 1987 auf 1988 um zwei Prozentpunkte auf 68,2 Prozent zurückgeht und damit den tiefsten Stand seit 1970 erreicht, zeigt sich, daß unser Wirtschaftssystem das Attribut "kapitalistisch" nach wie vor verdient. Für 1989 beträgt die Prognose übrigens 67,7 Prozent.[162]

Genau das muß Sozialpolitik umkehren. Die wichtigsten Schritte dazu sind:

Jeder Vollzeitbeschäftigte soll ein Mindesteinkommen von 10 000 Schilling netto erhalten.

Die Volkspension von 8 000 Schilling netto bietet jedem eine Basis für ein anständiges und zumindest materiell sorgenloses Alter. Wer will, kann sich privat ja noch höher versichern.

Die Arbeitslosenversicherung wird durch ein System der sozialen Grundsicherung, zu dem alle Steuerpflichtigen progressiv beitragen, ersetzt.

Eine Verschärfung der Antidiskriminierungsbestimmungen hilft, daß Frauen nicht nur auf dem Papier, sondern auch in der realen Arbeitswelt den Männern gleichgestellt werden. Das heißt: Betriebsrätinnen, gerichtliche Funktion der Gleichbehandlungskommission, Berichtspflicht der Gleichbehandlungskommission an den Nationalrat, Sanktionen gegen die Unternehmer bei Verletzung des Gleichbehandlungsgesetzes.

An die Stelle des immer noch diskriminierenden Prinzips "Gleicher Lohn für gleiche Arbeit" tritt der Grundsatz "Gleicher Lohn für gleichwertige Arbeit".

Dazu kommt: Anhebung des Karenzgeldes auf 10 000 Schilling pro Monat; 4000 Schilling Kindergeld, das bei Volljährigkeit des Kindes automatisch an dieses ergeht; zweijähriger Karenzurlaub, wobei das erste Jahr von einem Partner und das zweite verpflichtend vom anderen bei sonstigem Verfall übernommen werden muß. In einem dritten "Karenzjahr" können beide Elternteile eine Arbeitszeitverkürzung auf 30 Wochenstunden bei vollem Lohnausgleich in Anspruch nehmen,

162 Daten aus: Bundesministerium für Arbeit und Soziales: Bericht über die soziale Lage 1988, Wien 1989.

wobei die Differenz zur Normalarbeitszeit von der öffentlichen Hand zu tragen ist.

Das erhöhte Kindergeld soll die Unterbringung der Kinder in qualitativ hochwertigen Kindergärten (max. 5 (bei Kleinkindern) bzw. 10 (Altersstufe 3-6) Kinder pro Betreuungsperson gewährleisten.

Über einem Haushaltseinkommen von 30 000 Schilling gibt es keine Wohnbeihilfe, die ersparten Mittel kommen den niedrigsten Einkommen zugute.

Ausländer werden sozial- und arbeitsrechtlich den Inländern vollkommen gleichgestellt. Für die zweite und dritte Generation, deren Eltern über das Niederlassungsrecht verfügen, erfolgt der Zugang zum Arbeitsmarkt ohne Beschäftigungsbewilligung. Nach vier Jahren sollen alle in Österreich ansässigen Ausländer das Niederlassungsrecht erhalten. Damit sind sowohl der Wegfall des Befreiungsscheins als auch das Wahlrecht zumindest auf kommunaler Ebene verbunden.

Das sind Beispiele für grüne Initiativen im Sozialbereich. Grundsätzliches Ziel alternativer Sozialpolitik bleibt aber die generelle Entkoppelung von Einkommen und Erwerbsarbeit. Unsere Gesellschaft ist reich genug, um sich Abfangjäger, Konferenzzentren und Autobahnen leisten zu können. Die zusätzlichen Mittel für das Grundeinkommen sind da jederzeit drin.

Eines bleibt aber festzuhalten: Es ist illusionär zu glauben, daß die soziale Situation der Frauen ohne eine Lösung des Problems der Arbeit im informellen Sektor wesentlich verändert werden kann. Eine "Aufwertung" dieser Arbeit ist sicher nicht die Patentlösung. Frauen müssen die materielle Basis für Unabhängigkeit haben - und die kann ihnen in nächster Zukunft nur die volle Gleichberechtigung im Sektor der Erwerbsarbeit bringen. Alles andere sind leichte Versprechen in die Zukunft, die nicht viel kosten, weil bis dahin noch viel Zeit ist.

Mann wird sich damit abfinden müssen, daß sich die Strukturen des Zusammenlebens ändern. Die drei großen K - Kinder, Küche und Kabelfernsehen - funktionieren nicht mehr so wie früher.

Frieden

Für die Sicherheit der Menschen in unserem Land ist das Bundesheer überflüssig. Für das Gleichgewicht zwischen beiden militärischen Blöcken ist es eine vernachlässigbare Größe. Für die Demokratie ist es eine Bedrohung. Für die jungen Männer, die in ihm gebrochen werden sollen, ist es ein großer persönlicher Schaden. Und für das Budget ist es genau um die 18 Milliarden, die es Jahr für Jahr kostet, zuviel.

Friedenspolitik in Österreich heißt Abschaffung des Bundesheeres. Ob es dabei über ein "Bundesheer light" und ein "Bundesheer extralight" zum "Bundesheer null" geht, ist letzten Endes zweitrangig. Nach der Absage an die Atomwirtschaft wäre das grundsätzliche "Nein" zum Militär der zweite große Schritt Österreichs, mit dem es die Welt ein Stück verändern könnte.

Am Weg dahin gilt es, tägliche Widerstandsarbeit zu verstärken. Es geht um die Verhinderung neuer "Draken", egal ob bei der Artillerie oder bei mechanisierten Verbänden. Es geht um die Verhinderung des stillen Anschlusses an die NATO. Und es geht vor allem um die Wahrung der Menschenrechte jener, die sich weigern, acht Monate ihres Lebens für eine "Umfassende Landesverteidigung" wegzuwerfen.

Die Chancen für die Abschaffung des Heeres haben sich dabei in den letzten Jahren eindeutig verbessert. Mit dem Beschluß, mehr als acht Milliarden Schilling für fliegenden Sonderabfall auszugeben, ist das durchschnittliche österreichische Verständnis für die Notwendigkeit militärischer Sandkästen eindeutig überstrapaziert worden. Die wachsende Distanz zwischen Teilen der SPÖ-Führung und dem Heer ist ein gutes Zeichen für den landesweiten Stimmungswandel. Als Antwort darauf bunkert sich das Bundesheer seit einigen Jahren wieder ein - und in seinen Bunkern ist es politisch angreifbarer denn je.

Dabei kann es für Grüne nicht reichen, militärische Realpolitik zu machen und mit der SPÖ einen historischen Kompromiß über die Reduzierung der Armee auszuverhandeln. Österreich ist in einer einmaligen Situation: In wohl keinem Land der Welt ist es so klar, daß militärische Landesverteidigung aufgrund der militärgeografischen und politischen Lage nicht nur unmöglich, sondern sogar gemeingefährlich ist. Mit der schrittweisen Abschaffung des Heeres leistet Österreich einen Beitrag zum Frieden, der sehr weit über sein Normalgewicht in der Welt hinausgeht.

Friedenspolitik geht in zweierlei Hinsicht über bloße Militärpolitik hinaus. Zum ersten wendet sie sich gegen jede Art unterdrückender Gewalt - zwischen Metropolen und Entwicklungsländern, zwischen Männern und Frauen, zwischen deutschsprachigen Österreichern und Slowenen. Und zum zweiten setzt sie sich die Auflösung der wirtschaftlichen, politischen und militärischen Blöcke zum Ziel. Die Unterstützung des ungarischen Donaukreises, von Solidarnosc oder von Charta 77 öffnen den Weg für eine friedlichere Zukunft in Europa.

Demokratie

Es ist ein weiter Weg von der leeren Hülse "Volksvertretung" hin zur Realdemokratie. Das größte Hindernis auf diesem Weg ist die Allmacht der Bürokratie. Die Gewaltenteilung hat in Österreich nie wirklich funktioniert - zu überlegen war die staatliche Zentralverwaltung den wenigen und schüchternen Versuchen, Gerichte und Parlamente zu stärken.

Direkte Demokratie

Wenn die Stimme einmal abgegeben ist, dann ist sie futsch. Das ist das Funktionsprinzip unserer repräsentativen Demokratie. Solange Volksherrschaft Herrschaft über das Volk heißt, kann sich die Macht ihre Demokratie leisten.

Weil die indirekte Demokratie gerade in den Lebensfragen nicht funktioniert, wird sie nun schon seit zwei Jahrzehnten in zunehmendem Maße durchbrochen. Die wirklichen Veränderungen gehen von demokratischen Fremdkörpern aus: von Initiativen und von Bewegungen. Sie verkörpern das neue demokratische Prinzip: die ständige Einmischung des Bürgers in seine Angelegenheiten.

Die traditionelle Politik will ihnen derzeit noch nicht mehr als das parlamentarische Petitionsrecht zugestehen. Aber es ist nicht aufzuhalten: Verpflichtende Volksbefragungen und Volksabstimmungen werden ebensowenig verhindert werden können wie die neuen Grundrechte, die aus den Staatsbürgern Bürger im wirklichen Sinn des Wortes machen.

Informationsrechte

Die Menschen in den angelsächsischen Ländern verfügen über einen riesigen hausgemachten Vorteil: Sie trauen der staatlichen Zentralgewalt nicht über den Weg.[163] Damit haben sie sich im Laufe der Jahrzehnte und insbesondere in den letzten Jahren eine Reihe demokratischer Rechte erkämpft, von denen wir hierzulande nur träumen können. Ein großer Teil davon sind Rechte auf umfassende Information.

163 Der gravierende Nachteil der angelsächsischen politischen Kultur - die im Vergleich zu Zentraleuropa blinde Technikgläubigkeit und Fortschrittswut - stellt die andere Seite der Medaille dar.

Grüne Umwelt- und Sozialpolitik muß ins Herz der Produktion vorstoßen. Erste Schritte dahin sind technisch und organisatorisch heute bereits ohne weiteres machbar. Ihre Grenzen sind politischer, nicht sachlicher Natur.

Jeder Mensch hat das Recht auf jede für ihn wichtige Information. Welche Information für ihn wichtig ist, entscheidet er selbst. Das Informationsinteresse des einzelnen Menschen steht über dem Geheimhaltungsinteresse des Betriebs. Und: Bevor produziert wird, muß alles getan werden, um die ökologischen und sozialen Folgen des Produkts und seiner Herstellung abschätzen zu können.

Das heißt im Detail:

Emissions- und Imissionsdaten von Industrie, Gewerbe und Verkehr sind automatisch und umfassend für jedermann zugänglich zu veröffentlichen.

Beschäftigte und Anrainer haben das Recht auf genaue Information über chemische Zusammensetzung und Toxizität von Produkten und Produktionsabläufen.[164]

Aus dem Versuch, umweltrelevante Daten zu veröffentlichen, darf niemend ein Nachteil erwachsen.

In jeden Betrieb, der mit toxischen Stoffen arbeitet, wird ein Umweltaufsichtsrat, der in umweltrelevanten Fragen an keine Verschwiegenheit gebunden ist, entsandt.

Keine gewerberechtliche Genehmigung ohne Technologiefolgenabschätzung.

Keine Freigabe von Chemikalien zur Produktion ohne genaue toxikologische Untersuchung.

Vetorechte

Bei der Entscheidung, was, wo und wie produziert wird, muß zu allererst den direkt Betroffenen ein Vetorecht zukommen. Das heißt:

* Bürgergenehmigungsverfahren statt Bürgerbeteiligungsverfahren;
* keine wesentlichen technischen Änderungen und Neuerungen ohne Genehmigung durch die Betriebsversammlung;
* verpflichtende Volksabstimmungen über alle Projekte von großer ökologischer und sozialer Bedeutung.

164 In den USA haben die Beschäftigten in der Chemieindustrie einiger Bundesstaaten auf Grund des "Right to Know-Act" das Recht auf umfassende Information über die Chemikalien und Produkte ihres Betriebs. Damit sind die für uns schon ungewöhnlichen Rechte, die im "Right of Information-Act" verbrieft sind, wesentlich erweitert worden.

Natürlich werden damit Entscheidungen für einige erschwert. Genauso sicher werden sie aber auch verbessert - und zwar in einem Ausmaß, das jede Erschwernis rechtfertigt. Alle großen Bürgerkonflikte der letzten zehn Jahre haben gezeigt, daß die besten Experten aus den Reihen der betroffenen Bürger kommen. Direkte Demokratie und Bürgerbestimmung sind die einzigen Wege, diese Experten für die Gesellschaft zu mobilisieren.

Gestaltungsrechte

Letzten Endes bedeutet die Forderung nach "Technologiefolgenabschätzung" bereits Kapitulation. Wer sich damit zufrieden gibt, Atom-, Gen- und Biotechnologien erst nach ihrer Entwicklung "abschätzen" zu dürfen, verzichtet von vornherein auf jeden Einfluß auf ihrem Weg zur Einführung ins tägliche Leben.

Die Grundsatzentscheidungen über die Form zukünftiger Technologie fallen in den Forschungsabteilungen der fortgeschrittensten Konzerne. Entweder setzen hier bereits öffentliche Mitsprache und Einspruch ein - oder beides kommt zu spät. Das Recht auf öffentliche Entscheidung über Alternativen technologischer Entwicklung steht ganz oben in der Liste der wichtigsten Gestaltungsrechte.

Es geht also darum, das Recht auf rechtzeitige Information zu verankern. Nicht der einzelne Stoff und das einzelne Projekt, die Technologie selbst muß schon in ihren ersten Planungsphasen auf Umwelt-, Sozial- und Demokratieverträglichkeit überprüft werden. Die Atomkraftwerke sind hier warnende Beispiele: Hätte es jemals eine Konzept-Umweltverträglichkeitsprüfung für AKW-Technologie gegeben, kein einziges Atomkraftwerk hätte auch nur den Baubeginn erlebt.

Recht auf Recht

Das Recht kennt nur Eigentümer, keine Umwelt. Wer besitzt, hat Recht. Die Natur ist ein Fall für das Armenrecht.

Das rechtspolitische Ziel des Umweltschutzes ist Ungleichheit: Das Recht auf Unversehrtheit muß über das Recht auf Ausbeutung gestellt werden.

Kurzfristig bedeutet aber schon die Herstellung von Waffengleichheit vor der Rechtssprechung einige große Schritte vorwärts. Das heißt:

Zulassung des statistischen Beweises. Nicht jeder einzelne muß nachweisen, daß er gerade von dem einen Betrieb und keinem anderen geschädigt worden ist. Wenn Kinder in der Nähe eines Atomkraftwerks deutlich über dem statistischen Durchschnitt an Leukämie erkranken und nachgewiesen ist, daß radioaktive Strahlung das Leukämierisiko erhöht, ist der Beweis erbracht.

Umkehrung der Beweislast. Nicht der Geschädigte muß nachweisen, wer ihn in welchem Ausmaß geschädigt hat - der potentielle Schädiger selbst muß seine Unschuld beweisen.

Verbandsklage. Alle Bürgerverbände sollen Parteienstellung in für sie wichtigen Verfahren haben - und nicht nur ein paar handverlesene Naturschutzverbände, wie das nach dem Willen der Umweltministerin in dem drohenden Gesetz über eine "Umweltverträglichkeitsprüfung" geregelt werden soll.

Haftung der Politiker. Wenn Politiker grob fahrlässig oder vorsätzlich Umweltschutz- und Sozialgesetze nicht vollziehen und dadurch Schaden verursachen, haften sie mit ihrem gesamten persönlichen Eigentum. Der niederösterreichische Landeshauptmann Ludwig wäre mit seinem Beitrag zur Verseuchung der Mitterndorfer Senke schon längst zum Sozialfall und damit auch hier zum abschreckenden Beispiel geworden.

Schutz von Bürgern und von Opposition vor Kaputtklagen durch Ausweitung einer beschränkten strafrechtlichen Immunität auf Bürgerinitiativen und Begrenzung des Streitwerts bei Zivilprozessen. Die Betreiber probieren es auf gut Glück: Wer ihnen Widerstand entgegensetzt, wird fürs erste mit Zivilklagen eingedeckt. Der Streitwert wird dabei so hoch angesetzt, daß die Existenz des Bürgers sofort auf dem Spiel steht. Mein Rekord mit der Klage der Steyr-Daimler-Puch AG auf fünf Millionen Schilling für eine kritische Randbemerkung wird angesichts der Klagswut der Wirtschaft und der alten Parteien gegen die neue Opposition sicherlich nicht lange halten.

Grundrechte

Die Verfassung kennt den Schutz des Eigentums, den Schutz der Umwelt kennt sie nicht. Das Recht auf unversehrte Natur, auf Gesundheit und soziale Grundsicherung und das Recht auf Widerstand sind der Verfassung nicht zufällig fremd. In einer Wirtschaft, der alles nur Rohstoff ist, finden alle drei Grundrechte keinen Platz.

Das Recht, allein zu bestimmen, was produziert wird, ist ein Herrschaftsrecht. Das Recht, von den zerstörerischen Folgen der Herrschaftsentscheidungen verschont zu bleiben, ist ein Grundrecht.

Die Grundrechte müssen in die Verfassung, die Herrschaftsrechte müssen raus.

Schutz vor Staatsschutz

Staatspolizei, Heeresnachrichtenamt und Abwehramt gefährden die Demokratie. Das ist eines der wichtigsten Ergebnisse des Lucona-Untersuchungsausschusses. Positives haben sie nicht vorzuweisen. Es gibt eine einzige demokratische Alternative zu Gesinnungsschnüffelei und Polizeiwillkür: die Abschaffung aller drei Geheimdienste. Alles andere wäre ein lauer Kompromiß. Und mehr ist dazu nicht zu sagen.

Mehr Parlament

Das Parlament ist das Mauerblümchen der österreichischen Gewaltenteilung. Neben einer gegängelten Justiz und einer übermächtigen Bürokratie lassen ihm die herrschenden Parteien und Verbände gerade genug Platz zum Überleben.

Mit unserem Einzug hat sich einiges geändert. Zum ersten Mal in der Zweiten Republik gibt es eine echte Opposition. Die politischen Ringelspielparteien, die einander die zentralen Posten Periode für Periode im Kreis weiterreichen, sind empfindlich in ihrer parlamentarischen Ruhe gestört worden. Das Parlament hat wieder zu diskutieren und zu kontrollieren begonnen. Und es war interessant zu verfolgen, wie Abgeordnete der Großparteien gleichzeitig für ihre Zentralen mauerten und die neuen kleinen Freiheiten etwa im Lucona-Ausschuß genossen.

Mit einer Änderung der politischen Kultur besteht auch die Chance auf eine Aufwertung des Parlaments. Einige Schritte in diese Richtung sind heute schon gangbar:

Das Parlament muß bis in den letzten Winkel geöffnet werden. Statt Geheimausschüssen große öffentliche Sachverhandlungen - wer vor den Wählern nichts zu verbergen hat, braucht keine schalldichten Türen, um sich aussprechen zu können.

Vertreter von außen müssen Rederecht bekommen. Wenn Initiativen und Bewegungen ihre Sprecher zum öffentlichen Bericht ins Parlament senden können, müssen sich die Abgeordneten und die Minister wenigstens öffentlich mit ihren Argumenten auseinandersetzen.

Der Klubzwang muß verboten werden. Alle drei Altparteien praktizieren und leugnen ihn gleichzeitig. Wenn der Klubzwang fällt, können die feinen Risse, die heute schon quer durch die großen Parlamentsklubs laufen, zu tiefen Gräben werden. Für die Parteien ist das ein Problem. Der Demokratie kann es nur guttun.

Die Amtsverschwiegenheit muß abgeschafft werden. Wie eine dicke Mauer schirmt sie die staatliche Bürokratie gegen jede Kontrolle ab.

Jeder Bürokrat kann das Parlament heute dumm sterben lassen. Das parlamentarische Informationsrecht ist ein bürokratisches Gnadenrecht. Fast immer, wenn es interessant wird, bleibt die Gnade aus.

Und letztlich müssen die Oppositionsrechte gestärkt werden. Das Recht auf völlig freie Rede, das Recht auf Einsetzung eines Untersuchungsausschusses durch die Opposition, das Recht auf geheime Abstimmung als Oppositionsrecht, das Recht auf eine unbeschränkte Anzahl dringlicher Anfragen, das Recht auf vollständige und richtige Beantwortung der parlamentarischen Anfragen durch die Minister - all das sollte längst selbstverständlich sein.

Das alles nützt aber nur sehr wenig, wenn sich an der politischen Realverfassung des Landes nichts ändert. Das Parlament lebt nur so stark wie die Bewegungen draußen, die es auf Trab halten.

Abschied vom Paradies

Es gibt kein Paradies. Daher gibt es auch kein grünes Paradies. Das ist aus zwei Gründen tröstlich:

Zum ersten muß sich niemand mehr auf das bessere Leben im Jenseits vertrösten lassen. Wir holen uns alles hier und jetzt.

Zum zweiten aber sollte sich jeder bald von dem Glauben an die ganz andere Welt verabschieden. Wenn wir uns durch die Müllberge durchgefressen haben, landen wir nicht im Schlaraffenland. Aller Wahrscheinlichkeit nach stehen wir dann vor dem nächsten Problem.

Die Art und Weise, wie wir die heutigen Probleme lösen, wird aber entscheidend die Größe und die Tiefe der morgigen bestimmen. Wir können die ökologische Katastrophe vermeiden, und wir können die soziale und ökologische Basis für ein würdiges Leben schaffen. Die Ressourcen und das technische Wissen dafür sind längst vorhanden.

Der Abschied vom Paradies ist der Abschied von der Erlösung. Stück für Stück werden wir diese Welt wieder vom Kopf auf die Beine stellen. Wenn wir den alten Glauben an Technik, Maschine, Leistung und Konkurrenz über Bord geworfen haben, tun wir gut daran, uns keinem neuen, und sei er noch so "natürlich", zu unterwerfen. Wir sollten ein erstes Mal der gesellschaftlichen Vernunft eine Chance geben.

Von Schönheit und Liebe

Mit unseren Forderungen nach einer anderen Sozial- und Steuerpolitik, nach Ökologie und Abrüstung, nach anderen Technologien und besseren Rechten setzen wir der industriellen Vernunft zwar eine andere, strukturell aber ähnliche Vernunft entgegen. Aus diesem Grund ist auch vieles von dem, was wir wollen, im Detail in die nächste Industrialisierungswelle integrierbar. Das macht nichts, wenn es nur darum geht, irgendwie einzelne wichtige Reformschritte durchzusetzen. Das macht viel, wenn wir ein anderes Leben wollen.

Spaß und Lust, Schönheit und Liebe. Danach sehne ich mich, wenn ich in den Pausen des durchgegliederten Arbeitstages eines grünen Abgeordneten wieder ein Stück weiterschreibe. Die Schönheit der Natur, die Lust auf Menschen, Liebe und Zärtlichkeit, während wir mit verbissenen Gesichtern um einen kleinen Zipfel ökologisches Beschaffungswesen raufen. Dafür kann man kein Programm schreiben. Dafür kann man nur kulturelle Vorrangzeichen aufstellen.

Liebe und Schönheit liegen quer zur industriellen und zur grünen Vernunft. Die grüne Kultur soll sich daher in einem zentralen Punkt von der der Industrie unterscheiden: Sie soll keinen totalen Anspruch auf die Gestaltung der Welt nach ihrer Rationalität erheben. Das rationale Element muß lernen, mit dem romantischen zu leben.[165] Dann wird's schön.

DIE NEUE OPPOSITION

Der saure Regen des Herbert Fux

Als der Schauspieler Herbert Fux 1977, kurz nachdem die Bürgerliste ihren ersten Wahlerfolg errungen hatte, im Salzburger Gemeinderat vor dem sauren Regen warnte, erntete er die ungeteilte Heiterkeit der Stadtverantwortlichen. "Und wann kommt der süße Regen?" Der Gemeinderat hatte endlich wieder quer über alle traditionellen Fraktionsgrenzen hinweg etwas zu lachen.

165 S. Rudolf BURGER: Natur als Projekt, in: Falter 33/1989.

Erst Jahre später begannen die Großparteien zu begreifen, was passiert war: Der saure Regen hatte - gemeinsam mit Bauspekulation und Stadtverschandelung - Herbert Fux ins Rathaus gespült. Die zwei grünen Gemeinderäte in Salzburg waren ein Signal für alle:

* für die Bürger, daß Widerstand auch in Rahmen der repräsentativen Demokratie möglich ist;
* für die Grünen, daß die Zeit für sie reif geworden war;
* und für die traditionellen Parteien, daß es hoch an der Zeit war, einen Teil der eigenen Wolle jetzt auch grün einzufärben.

Die anderen sind grün - wofür noch Grüne?

In dieser Zeit hielten die Grünen noch das Monopol auf "grün". Zumindest das hat sich radikal geändert. Die SPÖ ist grün, die ÖVP auch, und in der FPÖ werden die dicken braunen Flecken mit heimatlichem Grün überpinselt.

Die plötzliche Ergrünung von allem und jedem ist nicht nur Camouflage. Natürlich mutete es eine Zeitlang etwas sonderbar an, wenn der ehemalige Wirtschaftsminister Robert Graf zum besten gab, wie er vom Atom-Paulus zum Zwentendorf-Saulus wurde. Natürlich ist die Umweltbesorgtheit von Franz Vranitzky ebenso tief wie die Naturliebe seines Zentralssekretärs. Trotzdem steckt mehr dahinter, wenn das neue Grün plötzlich quer durch alle Altparteien sprießt.

SPÖ, ÖVP und FPÖ können sich immer mehr Grün leisten, weil die Industrie dort, wo sie modern ist, immer "grüner" wird. Mißt man "grün" nur an Emissionen und Schadstofffrachten, dann haben wir so oder so eine "grüne" Zukunft vor uns. Die Ölkonzerne, die heute Luft und Meere verpesten, bereiten sich auf den massenhaften Einstieg in solare Großtechnologie vor. Maschinenbau- und Metallwarenindustrie stellen die Ökotechnik für die Umweltschäden, die sie verursachen, dem Markt bereit. Und die Tendenz zur Miniaturisierung, wie sie vor allem durch die Mikroelektronik vorangestrieben wird, spart Rohstoffe und Energie bei gleichzeitiger sprunghafter Erhöhung der Produktivität.

Diese Entwicklungen laufen bereits oder zeichnen sich zumindest konkret am Horizont ab. Das schöne Bild von der sicheren grünen Zukunft ist trotzdem schwer gestört:

Die Großkonzerne, die sich das ökologische Know-how in Schlüsselbereichen längst angeeignet haben, blockieren es, solange die alten Anlagen und Produktionsverfahren nicht gänzlich abgeschrieben und zu

Geld gemacht worden sind. Sie können damit lebenswichtige Technologiewechsel um Jahrzehnte verzögern.

Die großtechnologische Lösung der Umweltprobleme versöhnt nicht mit der Natur, sondern versucht, die Überwindung der Natur auf der nächsthöheren Ebene ein weiteres Mal zu versuchen. Das rasante Wachstum der Gentechnologie mit ihrem Hang zur Homogenisierung des Lebens deutet genau in diese Richtung.

Die "neue Industrie" treibt die Spaltung der Gesellschaft weiter voran. Die vielfältigen Schichten von Erwerbstätigen werden in zwei Klassen aufgespalten - in solche, die mit hoher Qualifikation und hohem Einkommen in ihren Bereichen schöpferisch tätig sein können, und in jene, die unter den Tisch fallen - als jederzeit auswechselbare Randarbeiter der neuen Wirtschaft. Letztere und die, die überhaupt aus dem Erwerbsleben fallen, sind mit Sicherheit in der Mehrheit.

Die hohe Zentralisierung und die extremen Gegensätze der großen Gruppen verlangen nach staatlichem Eingreifen. Mikroelektronik und Telematik bieten die Instrumente - und Orwellsche Visionen sind technisch im großen und ganzen längst machbar.

Die "schöne neue Welt" kann eine Steigerung der Häßlichkeit und Menschenfeindlichkeit unserer jetzigen ins Extreme sein. Ökotechnik, Solartechnologie und Rohstoffsparen sind noch längst keine Garanten für eine menschlichere Zukunft. Wie die Menschheit mit den neuen Technologien umgeht, und ob sie jede von ihnen blind in den wirtschaftlichen Alltag übernimmt, das muß erst entschieden werden.

Die Grünen sind heute die einzigen, die hier die Weichen grundsätzlich anders stellen wollen. Ob sie dazu in der Lage sind, hängt nicht zuletzt von ihnen selbst ab.

Die Brüche sind überall. Der Widerstand auch. Das ist seine Stärke und seine Schwäche.
Widerstand leisten:

Bürgerinitiativen.
Die Anti-AKW-Bewegung.
Die Frauenbewegung.
Die streikenden und diskutierenden Studenten.
Dritte Welt-Gruppen.
Die Friedensbewegung.
Kritische Künstler.
Autonome Jugendliche.
Und die Grünen.

Sie alle haben ein gemeinsames Ziel im Kopf: eine Welt, in der die Menschen selbständig und gleichberechtigt ihre Beziehungen gestalten - in der Wirtschaft, in der Politik und in der Kultur. Daß daraus erst langsam und mit großer Verspätung ein gemeinsames Oppositionsprojekt entsteht, liegt nicht zuletzt an den Grünen.

Zunehmend auf Distanz zu ihren gewohnten politischen Vertretungen gehen aber auch:

Die Arbeiter in der verstaatlichten Industrie, die von der SPÖ nichts mehr wissen wollen.

Die Bauern, die schon zwischen Raiffeisen und Raiffeisenverband unterscheiden können und ganz genau wissen, daß sie in der EG nichts verloren haben.

Die Pensionisten, denen der moderne Sozialstaat nach 40 Jahren Arbeit nur die Alternative zwischen der Isolation zu Hause und Lainz zu bieten hat.

Für die meisten ist es allerdings alles andere als selbstverständlich, sich am Projekt der großen Opposition zu beteiligen. *"Jene, die eben erst Zugang zum Massenkonsum gefunden haben, die das Gefühl haben, ihr Ausgeschlossensein jetzt zu überwinden und ihren Anteil an den verfügbaren Gütern beanspruchen, ob es sich dabei nun um Universitätsausbildung oder Auto handelt, lassen es nicht ohne weiteres zu, daß man den wachsenden Reichtum gerade in dem Augenblick kritisiert, da sie an ihm teilzuhaben beginnen."* [166] Dieser Umstand führt zu der paradoxen Situation, daß die Regierenden in der Dritten Welt und jetzt besonders auch in Osteuropa selbst jene ökologischen Reformen, von deren Unaufschiebbarkeit sie selbst überzeugt sind, oft nur gegen den Widerstand großer Teile der Bevölkerung durchsetzen können.

Mit vielen Einschränkungen gilt das auch für Österreich. Die meisten haben das erste große Fressen hinter sich. Auch unter den "einfachen Menschen" wächst das ökologische Bewußtsein. An die Stelle schroffer Ablehnung ist heute schon bei vielen ein unsicheres, aber nicht unfreundliches Interesse getreten. Das ändert aber nichts daran, daß der Abschied von der Industriekultur unter den bereits Privilegierten beginnt. Es ist kein Zufall, daß sich die neue Opposition in ihren ersten Jahren vor allem auf Lehrer und Freiberufler, auf Akademiker und Menschen mit weit überdurchschnittlichem Einkommen stützt. Wenn wir warten, bis die Arbeiterklasse ergrünt und sich an die Spitze der Bewegung setzt, dann könne wir lange warten.

166 Alain TOURAINE: Krise oder Mutation? in: TOURAINE u.a.: Jenseits der Krise. Wider das politische Defizit der Ökologie, Frankfurt 1976, S. 26.

Vor diesem Hintergrund mutet es noch seltsamer an, daß es auch unter Grünen heute noch Menschen gibt, die unser Hauptziel darin sehen, an der Seite der Arbeiterbewegung gegen die Bourgeoisie ins letzte Gefecht zu ziehen. Nur allzu gern übersehen sie dabei ein doppeltes Problem: Weder die Arbeiterbewegung noch ihre große Gegenspielerin, die Bourgeoisie, sind heute in den industrialisierten Ländern noch ohne weiteres auffindbar. Mit gutem Grund: Die alte Arbeiterbewegung hat ausgedient. Die Zeit der großen, homogenen, quasi militärisch organsierten Massenorganisationen ist - hoffentlich - vorbei.

Das ändert nichts daran, daß es nach wie vor dominante soziale Konflikte in unserer Gesellschaft gibt. Wo es aber weit und breit keine zigarrenrauchende Bourgeoisie mehr gibt, haben die Pole der Konflikte neue Formen angenommen. *"Denen, die, wenn auch oft sehr verschwommen, von Technokratie sprechen, kommt das Verdienst zu, erkannt zu haben, daß es heute eine Tendenz weniger zur Bildung neuer Führungsgruppen als vielmehr zur Formierung von Herrschaftsapparaten und neuen Mechanismen gesellschaftlicher Machtausübung gibt."* [167] Es sind nicht mehr ein paar Kuponschneider mit Zylinder und Zigarre, die die Lohnarbeit plündern. Die wirtschaftliche Macht hat ebenso wie ihr staatliches Pendant längst den Weg in die Anonymität angetreten.

Die Verlierer sind indes die gleichen geblieben. Arbeiter und Angestellte, Bauern und kleine Gewerbetreibende zahlen die Zechen. Neue kommen dazu: Qualifizierte Techniker und Bürokräfte, deren Arbeit von neuen Maschinen billiger und schneller gemacht wird, Studenten, die sich nicht auf die wirtschaftsgerechten Schnellstudien abschieben lassen wollen, Frauen, die dem Kommando "zurück an den Herd" zu tausenden die Gefolgschaft verwehren und Menschen, die einfach einsehen, das es so nicht mehr weiter geht.

Viele gehen trotzdem noch in die innere Emigration. Und viele andere gehen den leichteren Weg bergab: schnurstracks nach rechts.

In Zeiten der wirtschaftlichen und gesellschaftlichen Krise gibt es meistens zumindest zwei Auswege: einen demokratisch-aufklärerischen und einen autoritären. Die Grünen stehen für den ersten, Jörg Haider und seine Kameraden für den zweiten Weg.

Haiders Weg ist leichter zu gehen: Die Verblödung des Menschen durch systematische Verstadelung der politischen Kultur verstärkt die Attraktivität der Inhalte der autoritären Rechten. Schimpfen und sich dann doch fügen und dem Führer folgen, stellt als Grundhaltung an die meisten keine hohen Ansprüche. Wer sich schon in der Firma und im

167 Ebda., S. 29.

Amt in der gebückten Haltung giftet und sein verdecktes Gekeife als Widerstand ausgibt, der ist froh, wenn ein Führer für ihn dreinhaut: auf die da oben, auf die da draußen und auf die unten ganz besonders.

Viele Punkte sind noch keine Fläche

Viele sind heute in Opposition. Das heißt aber noch lange nicht, daß sie sich in politischer Opposition zum herrschenden gesellschaftlichen System befinden. Die vielen vereinzelten Initiativen, die sich in ihrer Opposition ausschließlich auf einen Punkt konzentrieren, wollen keine "Politik". Das spüren auch die Grünen, die zum Teil gerade aus solchen Ein-Punkt-Bewegungen kommen.

"Die Grünen sind die Summe der Bewegungen und Initiativen, aus denen sie kommen". Das klingt schön. Alles inventarisiert und zusammengezählt - und fertig sind die Grünen. Die Initiativen sind der Stoff und die Grünen ein großer Sack. Wenn der ganze Stoff in den Sack gepackt ist, sind die Grünen komplett.

Diese Rechnung heroisiert und mindert die Initiativen zugleich. Sie heroisiert sie, weil sie sie zum fertigen Modell alternativer Politik, nur im kleinen Maßstab eben, hochstilisiert. Sie mindert sie herab, weil sie ihnen für die Zukunft nicht mehr zutraut, als eben Baustein für die grüne Partei zu sein.

"Viele Initiativen halten sich - ausgesprochen oder aber nicht erklärt aus einer gewissen Politikfeindlichkeit heraus - zu den Grünen auf Distanz... (Es) verstehen sich viele Initiativen immer weniger als politisch-gesellschaftliche Utopieinstanzen, sondern als zusehends professionalisierte Problemlöser, die bevorzugt innerhalb der Begrenzungen des neu entstandenen Sozialkorporatismus mit den staatlichen Verwaltungsinstanzen zusammenarbeiten (wollen), die relevante Finanzmittel zu vergeben haben. Das Bewegungsmuster dieser Initiativen ist weniger die politische Debatte und die politische Auseinandersetzung über die große Utopie, auch nicht über die kleine sozialpolitische, sondern die klientenbezogene Problemlösung." [168]

Das ist einerseits die Stärke der Bürgerinitiativen. Frei von jeder politischen Bindung sind sie für die meisten akzeptable Verhandlungspartner. Sachlich kompetent und lokal verankert, können sie in der Regel konkrete, lokal begrenzte Projekte verhindern oder positiv

168 Werner PLESCHBERGER/Kurt REISNEGGER: Die Krise der Grünen, in: Die Zukunft 4/1988, S. 16.

beeinflussen. Eine Straße, eine Deponie, ein Schilift, ein Feuchtbiotop - das funktioniert, wenn mehrere Voraussetzungen gegeben sind: Zeit, zu reagieren, Information und ein, zwei Pioniere, die sich voll und ganz einsetzen.

Das ist andererseits auch die Schwäche der Initiativen. Ein 25-Milliarden-Autobahnpaket, eine Müllvermeidung durch Ökologisierung der Produktion, ein Verbot neuer Gletscherschigebiete, ein sofortiger Stop der Unterstützung weiterer Entwässerungen "im Interesse der Landwirtschaft" - da müssen die Initiativen passen. Und da mischen sie sich nur allzu oft nicht mehr ein. "Das ist Politik" - damit ist die Grenze erreicht.

Initiativen und Grüne wollen oft das gleiche, immer aber mit unterschiedlichen Mitteln. "Wir bleiben streng überparteilich" - hinter diesem Stehsatz vieler Bürgerinitiativen verbirgt sich nur allzu häufig eine grundsätzlich apolitische Haltung. Die Deponie und vielleicht auch das Autobahnteilstück lassen sich überparteilich in Verhandlungen mit dem zuständigen Ressort verhindern. Der Minister läßt ab und zu, wenn der Widerstand zu groß oder der Wahltermin zu nah ist, zugestehen. Solange es Alternativen auf derselben Ebene gibt, haben Initiativen eine Chance. Solange die Verweigerung einer Deponie nicht den Müllinfarkt bedeutet, kann sie zugelassen werden.

Geht es aber weiter, sind die Grenzen staatlicher Verhandlungsbereitschaft bald erreicht. Die Bürgerinitiative "Ökologisierung der gesamten Wirtschaft" ist genau aus diesem Grund bis heute nicht einmal gedacht worden. Ökologisierung - wie Sozialisierung und Demokratisierung - der Wirtschaft bedeutet grundlegende Änderungen der Struktur. Und das heißt grundlegende Änderung auch jener politischen Entscheidungsträger, die heute den Initiativen als Verhandlungspartner gegenüberstehen und das Bestehende mit allen Mitteln verteidigen. Es ist kaum anzunehmen, daß sie sich selbst wegverhandeln werden. Eine politische - grüne - Wende muß auch sie überwinden.

Die kleinen Erfolge summieren sich eben nicht zu dem einen großen. Am Ende vieler verhinderter Straßenprojekte steht nicht der sanfte Verkehr, und nach der hundertsten erfolgreichen Abwehr eines Deponieprojekts erzeugt die Industrie giftigere Stoffe als je zuvor. Und überall dort, wo Probleme flächenhaft auftreten, haben einzelne Initiativen von vornherein fast keine Chance - egal, ob es um Sozialabbau, Militarisierung, Unterdrückung der Frauen oder Einschränkung demokratischer Rechte geht.

"Ich bin dunkelgrün. Guten, altmodischen Umweltschutz nenne ich hellgrün. Dunkelgrün bedeutet, das System durchschaut zu haben und sich klar darüber zu sein, daß unsere Industriegesellschaft in ihrer der-

zeitigen Form unhaltbar ist. Hellgrün ist Leukoplast-Umweltschutz." So beschreibt Jonathan Porritt[169], der Direktor von Friends of the Earth, den notwendigen Abschied von der reinen Ökologie der ersten Stunde. Die ausschließliche Beschränkung auf Umweltschutz steht den großen ökologischen Problemen längst hilf- und ratlos gegenüber. Wenn der Hunger die brasilianischen Kleinbauern in den Regenwald treibt, nützen die Warnungen aus der sicheren Distanz der europäischen Metropolen nichts. Wenn Mindestrentner nach dem billigsten Nahrungsmittel und nicht nach dem besten Lebensmittel greifen, dann tun sie das nicht aus ökologischer Zerstörungswut. Und wenn Pendler nicht auf ihr Auto verzichten wollen, dann sind auch sie Opfer und nicht Täter zerstörerischer Verhältnisse. Die großen Fragen sind untrennbar miteinander verknüpft - und wer sich weigert, die sozialen Verhältnisse zum Thema zu machen, der wird auch in der Umweltpolitik auf der Stelle treten.

Die Ökologisierung, die Demokratisierung und die Sozialisierung der Gesellschaft sind Projekte der großen, der politischen Opposition. Ihre Ziele sind im wesentlichen dieselben wie die der meisten nur auf einen Punkt gerichteten Initiativen. Während es diesen um den Erfolg im einzelnen geht, muß jene beides im Auge behalten: die kurzfristigen Verbesserungen ebenso wie die langfristige grundlegende Änderung.

Wenn sich Initiativen und Grüne voneinander abkoppeln, haben beide nur wenig Zukunft. Die Initiativen werden im Rahmen einer Gesellschaft, die ihre Selbstzerstörung konsequent weitertreibt, ihre kleinen Erfolge feiern, während die Grünen an den Wurzeln austrocknen.

Das ungeklärte Verhältnis zwischen Grünen und Initiativen ist die Achillesferse der neuen Opposition. Zwei Lösungsversuche bedrohen nach wie vor das Oppositionsprojekt:

* der Versuch der Grünen, die Initiativen zu schlucken;
* und die Vorstellung, eine verbesserte Kommunikation der Initiativen untereinander reiche vollkommen aus, dann könne man es sich mit den Mächtigen schon richten.

Beide Versuche sind aus der Geschichte der einzelnen beteiligten Personen verständlich. Finden sich bei den Grünen viele, die ihre politische Prägung in linken, hochzentralisierten Studentenorganisationen erfahren haben und für jedes Problem die Lösung "Parteiaufbau" bereit

169 In: Die Zeit 22/1989, S. 81.

haben, so schwingt bei Aktivisten der Initiativen ein grundsätzliches Mißtrauen gegen jede Form von Organisation mit - meint man doch erlebt zu haben, wie "die Parteien" alles zugrundegerichtet haben.

Beide Versuche führen immer wieder zum selben Resultat: zur Lähmung der grünen Opposition.

Initiativen vertrauen auf sich selbst. Das ist Ausdruck eines neuen Selbstbewußtseins. Das verhindert aber auch immer wieder horizontale Vernetzungen hin zu breiten Widerstandsbewegungen. Die kleinen Feuer, die die Bürger anzünden, werden nicht von selbst zu Flächenbränden. Dazu bedarf es der Bereitschaft, gemeinsam etwas politisch zu unternehmen.

Die Verhandlungen, die Initiativen dem Staat abzwingen, können an der Oberfläche viel erreichen. Es ist nicht egal, ob weitere Müllvergiftungsanlagen gebaut und neue Großwaffensysteme gekauft werden. Die Bürgerinitiativen sind aber aus einem anderen Grund noch viel wichtiger. Sie verkörpern ein neues, alternatives politisches Prinzip: Die politische Macht geht nicht mehr vom einzelnen Menschen aus und kommt dann nie wieder zurück. Sie verläßt ihn gar nicht. Sie bleibt gleich bei ihm. Menschen delegieren Politik nicht, sie machen sie selbst. Die Stimmabgabe ist dann nicht mehr der Verzicht auf die eigene Stimme, sondern die kurzfristige Unterbrechung direkter Demokratie durch notwendige Reste der indirekten.

Dieses neue politische Leben nehmen die Initiativen in einzelnen Punkten vorweg. Sie leben die politische Verfassung einer anderen, alternativen Gesellschaft schon heute im kleinen vor. Genau deshalb sind die Bürgerinitiativen für das grüne Projekt unverzichtbar. Und genau deshalb dürfen die Grünen niemals versuchen, die Initiativen zu schlucken. Wer nicht Äpfel und Birnen zusammenzählen will, der darf auch nicht blindlings Initiativen, Bewegungen und Grüne summieren. Die neue Opposition besteht aus Initiativen, Bewegungen und Grünen - vernetzt, aber nicht vermischt. Nur so kann sie bestehen.

Grüne und Initiativen sind aber nicht nur von morgen. Zum Teil sind sie auch von gestern. "Demokratisch-zentralistische" Organisationsversuche der Grünen erinnern manchmal ebenso an die Vergangenheit wie die politikfeindliche Haltung etlicher Initiativen. Organisationsfixierte Parteigrüne und apolitische Initiativen werden nicht miteinander können, und geteilt bieten sie sich als leichte Hürden für jene, die das gemeinsame Hindernis "Grüne und Initiativen" kaum mehr überwinden könnten. Offene Grüne und politisch bewußte Initiativen können viel erreichen - die ersten Auseinandersetzungen um den Transitverkehr waren ein wunderbarer Vorgeschmack darauf.

Nach der Uniform

Die großen geschichtlichen Bewegungen traten in völlig unterschiedlichen Formen auf. Die letzte, die Arbeiterbewegung, organsierte sich als Armee einer Klasse. Die streng hierarchisch gegliederte Massenorganisation war jahrzehntelang in der Lage, die großen Reformen der ersten Hälfte unseres Jahrhunderts Wirklichkeit werden zu lassen. Achtstundentag, Sozialversicherung, allgemeines Wahlrecht - das alles waren einzelne Etappen, die die Massenpartei mit Millionen disziplinierter und wohlgeordneter Arbeiter hinter sich brachte.

Es war ein großes Auf und Ab einzelner Wellen, in denen sich die Bewegung einen Brückenkopf nach dem anderen eroberte. In den langen Zeiten dazwischen war es ruhig. Das waren die Jahre des Apparats, in denen lebendige Bewegungen bis zur Unkenntlichkeit verstümmelt und entstellt wurden.

Die Bürokratie ist der Tod der Bewegung. Es ist kein Zufall, daß die staatlichen Verhandlungspartner die Initiativen am Anfang von Gesprächen immer auffordern, sofort einen Verein zu gründen und Führer zu wählen. Der zweite Schritt sind dann Geheimverhandlungen. Nicht wenige haben sich auf diesem Weg die Gesetze der Bürokratie aufzwingen lassen.

Die grüne Alternative sieht anders aus. Die Entstehung von Bürokratie kann nur dort verhindert werden, wo die Selbstbestimmung des Bürgers funktioniert. Wiedergewinnung der Politik ist das ständige In-Bewegung-bleiben. Sie ist der Versuch, an die Stelle der uniformen Massenbewegung die vielen Gemeinschaften autonomer Bürger zu setzen.

Programm - gute Ratschläge oder andere Gesellschaft

Die Grünen können zum Kern der neuen Opposition werden. Dafür fehlen ihnen aber derzeit nach wie vor einige der wichtigsten Voraussetzungen:

* Keiner weiß, was die Grünen eigentlich wirklich wollen. Die Grünen haben - noch - kein Programm.
* Keiner weiß, wie die Alternative entstehen soll. Die Grünen haben keine Strategie.
* Und keiner weiß, wie die Grünen leben wollen. Die Grünen haben keine Kultur.

Die Grünen sind für die Umwelt. Das weiß inzwischen jeder. Die anderen Parteien sind auch für die Umwelt. Etwas weniger vielleicht, aber doch. Das glauben zumindest die meisten. Im Ökologischen, beim Frieden, bei der Dritten Welt, da bringen die Grünen mehr auf die Waage. Die "Wirtschaftskompetenz", Soziales, Sicherheit - da bringen sie scheinbar weniger als die anderen. Hier mehr, dort weniger, stellen die Grünen nun schon seit Jahren unermüdlich ihre Verkaufsbude zwischen den Supermärkten der Großen auf. Das Angebot unterscheidet sich nicht grundsätzlich von dem der anderen Parteien - die Waren sind nur ungeschickter präsentiert und ab und zu unverschämt teuer.

Am Beginn der Grünen stand eine verschwommene Vision einer anderen Gesellschaft, in der die Menschen friedlich, behutsam und frei ihre Beziehungen untereinander und zu ihrer Umwelt gestalten. Die Tagespolitik hat die Farben der Vision ausgewaschen. Das unermüdliche Starren auf den Fernschreiber hat den Blick von der Alternative abgelenkt. Wer mit dem Finger ständig am Puls der Zeit hängt, hat die Hände nicht mehr frei.

Der Ruf nach der Niederschrift der Vision, nach dem Programm, ist mit jedem parlamentarischen Erfolg der Grünen schwächer geworden. Statt Ideen begründen Mandate die Identität.

Das hat Auswirkungen auf die praktische Politik. Der parlamentarische Umgang mit Jörg Haider und der extremen Rechten im Parlament wurde für zwei Jahre lang selbstverständlich, man habe ja viel gemeinsam, man sei ja "Opposition".

Das bestimmt auch den Umgang mit gesellschaftlichen Minderheiten. Für Homosexuelle etwa setzt man sich nicht so offen ein, wenn man gleichzeitig auf das große öffentliche Wohlwollen schielt. "Dafür sind wir nicht gewählt worden" - der wehrlose Wähler wird als billige Entschuldigung für die eigene Angst, sich in Gegensatz zur Zeit und ihrer Moral zu setzen, vorgeschoben.

Immer in der Minderheit, prägt die Sehnsucht, Mehrheit zu sein, dazuzugehören, grün, aber doch.

In Gemeinderäten und Parlamenten sind die Grünen dabei, sich selbst zu verlieren. Und sie verlieren viele andere: Wenn das Ziel, die Vision einer anderen Gesellschaft, wegfällt, reduzieren sich die Grünen auf eine Servicestelle für bessere Umwelt - mit einem Nachteil: Keiner traut ihnen wirklich zu, das Serviceangebot auch realisieren zu können. Die Macher sind eben nach wie vor die anderen.

Die Grünen müssen sich Zeit für ihr Programm nehmen. Und sie müssen in der Programdiskussion ein paar Grundsatzentscheidungen treffen:

* Wollen wir eine ökologische selbstverwaltete Wirtschaft oder wollen wir die Marktkräfte möglichst positiv beeinflussen?
* Wollen wir rein österreichisch bleiben oder verstehen wir uns als Teil einer internationalen Bewegung?
* Wollen wir die vierte Partei oder die erste Opposition sein?
* Soll der Parlamentsklub der parlamentarische Arm der außerparlamentarischen Opposition sein oder sind die Grünen die Hilfstruppen des Klubs?

Wo lassen die Grünen denken?

"Ich hätte gern ein Grundsatzprogramm." Nix. "Ich hätte gern das grüne Bildungs- und Schulprogramm." Wieder nix. "Ich hätte gern..." Auch nix. Das gibt es alles - noch - nicht. Dafür gibt es Presseaussendungen, die einander meist nicht widersprechen, und jede Menge persönlicher Erklärungen. Und den alten Nenningschen Grundsatz, daß man gleichzeitig gesellschaftsverändernd und wertkonservativ sei, was immer das heißen mag, außer: Wir haben zwar keine Ahnung, wer wir sind, aber dafür sind wir alle da.

Noch scheinen die Grünen theoriefeindlich. Der klare Blick scheint ihnen nur durch Luftverschmutzung und nicht durch Ignoranz getrübt. Ein Buch wird meist nach zwei Maßstäben beurteilt: Faktendichte und romantischer Gehalt. So können Zitaten- und Bonmotsammler à la Capra den Platz einnehmen, den Theoretiker der grünen Bewegung bisher freigelassen haben.

Es gibt kein anderes Leben ohne ein anderes Denken. Den Verlokkungen einer "ökosozialen Marktwirtschaft" etwa entkommt nur der, der in der Lage ist, ihre Konsequenzen und ihre Wirkungsweisen zu erdenken - wer das nicht kann oder will, begnügt sich mit dem grünen Verschönerungs- und Schönungsprojekt.

Trotzdem gibt es noch immer viele in der grünen Partei, die die Verweigerung großer Teile der Intelligenz gegenüber den Grünen auf die Hochnäsigkeit der Intellektuellen zurückführen. Nicht der provinzielle Stallgeruch der Grünen, sondern die Weigerung von Intellektuellen und Künstlern, sich nach der schlechten Erfahrung mit der SPÖ nach 1970 eineinhalb Jahrzehnte später voraussetzungslos mit einer neuen Partei einzulassen, wird beklagt.

Die Grünen müssen diskutieren und streiten lernen. Tausende warten darauf, daß auf den ökologischen jetzt der geistige Aufbruch folgt. Um 1968 wurde diskutiert und agiert. Die Aktionen haben langfristig wenig bewegt. Die Diskussionen haben unser Leben verändert. Seit

1968 lebt niemand in Europa so wie vorher. Zwanzig Jahre später ist noch offen, ob die Grünen und die neue Opposition ähnliche Veränderungskraft entwickeln können.

Natürlich kann man ohne intellektuelle Avantgarde Kraftwerke verhindern. Eine Gesellschaft verändern kann man ohne sie nicht.

Welche Partei? Für wen?

Der erste Schritt in der Abwendung von den alten Parteien besteht im Wunsch, möglichst überhaupt nichts mehr mit Parteien zu tun zu haben. Der zweite Schritt führt zu einer neuen Partei. Dabei tragen viele ihre alten Parteien in die neue hinein.

Ex-Sozialdemokraten wollen eine neue SPÖ - nur anständiger und reformbereit. Dafür darf sie am Anfang auch kleiner sein.

Ex-Kommunisten sind für klare Organisationsstrukturen. Sie wissen, wie eine kleine Partei funktioniert. An ihrer alten hat sie vieles gestört - der Mißbrauch der Parteidemokratie ebenso wie der Mißbrauch der hehren politischen Ziele. Auf die Idee, daß hier mehr als ein Mißbrauch passiert ist, kommen viele von ihnen nicht.

Ex-Kleingrüne haben sich an den Familienbetrieb gewöhnt. Wie alle Familienmenschen kümmern sie sich auch in erster Linie um die anderen Familienmitglieder. Sie richten alle Energie nach innen. Sie wollen wachsen - aber eigentlich nur soviel, daß sie dabei unter sich bleiben.

Und "Initiativler" und "Basisdemokraten" wollen eine Partei, die nur aus "unten" besteht. An die informellen Bürokratien, die dann anstelle formeller Strukturen entstehen, haben sie sich gewöhnt. Keine Entscheidung ist immer noch besser als eine richtige, wenn sie von "oben" getroffen wird.

Die Grünen haben sich entschieden, Partei zu werden. Diese Partei ist die Organisationsform, in der alle die Ziele und die Schritte in eine alternative Gesellschaft gemeinsam festlegen. Grüne SPÖ darf sie keine werden. Nicht nur in frühen Parteiprogrammen, sondern in der täglichen Praxis der Grünen muß ständig erkennbar sein, daß das Ziel "Umbau" unter der Woche dasselbe bedeutet wie am Feiertag.

Grüne KPÖ wird es keine geben. Grüne und Kader sind unvereinbar. Vorstände der Grünen und Politbüros werden sich hoffentlich auch weiter wie Tag und Nacht unterscheiden. Und Grüne verteidigen nicht das bestehende Staatliche gegen den Rest der Welt - eine völlig überkommene staatliche Grundstoffproduktion etwa - sie zeigen, wie mit den alten Verhältnissen auch die alten Produktionen abgelöst werden können.

Ein Zurück zu den seligen Kleingrünzüchtern von ALÖ und VGÖ darf es auch nicht geben. Zwar haben die ALÖ und einzelne Freunde aus der VGÖ viel Positives in die Grüne Alternative eingebracht. Die Zeit der grünen Nabelschau ist aber hoffentlich vorbei. Die Grünen haben jahrelang Statuten verändert - jetzt machen sie sich an die Veränderung der Zustände.

Und die grüne Nichtpartei-Partei wird es sicher nicht geben. Das Mißtrauen gegen Parteien und ihren inneren Hang zur Bürokratisierung ist zwar mehr als berechtigt - aber mit ihrem Bekenntnis, eine Partei mitbegründen zu wollen, verraten jene, die daraus gleich eine Nichtpartei machen wollen, daß sie im Innersten längst die Notwendigkeit der Parteiwerdung der Grünen verstanden haben.

Die grüne Partei wird nicht nach dem Vorbild einer Altpartei gebildet werden können. Sie wird ihre Prinzipien in offenen Formen verwirklichen müssen. Dabei sind drei Grundsätze lebenswichtig:

* Die Grünen wollen eine radikal andere ökologische und soziale Wirtschaft und eine neue, solidarische Gesellschaft. Die Grünen sind radikal.
* Die Grünen wollen diese Gesellschaft demokratisch und gewaltfrei erreichen. Sie stellen dabei an sich die höchsten demokratischen Ansprüche. Die Grünen sind basisdemokratisch. Das ist mehr als das übliche Bekenntnis zur Demokratie. Damit gehen wir weit über die repräsentative Demokratie hinaus. Die Gemeinschaft der Grünen kann jederzeit bestimmen, wer für sie was vertritt. Ihre Mandatare gibt es nur auf die Zeit, die ihnen die Gemeinschaft zuerkennt.
* Die Grünen können ihr Ziel nur gemeinsam mit den neuen Initiativen und Bewegungen erreichen. Daher richten sie ihre Partei so ein, daß alle, die dieselben Ziele verfolgen, aber außerhalb der grünen Partei arbeiten, die Politik der Grünen mitbestimmen können. Die Grünen sind offen.

Gegen diese Prinzipien ist in der kurzen parlamentarischen Geschichte der Grünen bereits einige Male verstoßen worden. Jeder dieser Verstöße - von der Spaltung in Wien kurz vor der Nationalratswahl 1986 bis zur Parlamentarisierung des Klubs und zur Vernachlässigung der Solidarität mit kleinen Initiativen - hat den Grünen geschadet. Vertrauen ist verlorengegangen und Hoffnungen sind enttäuscht worden. Das alles konnte passieren, weil sich die Grünen über ihre Identität alles andere als klar waren.

Die Grünen müssen sich heute entscheiden. Orientieren sie sich an den Zielen und am Handeln der Bürgerinitiativen, der Bewegungen und der eigenen Basis, oder richten sie ihr Handeln strikt nach Sympathien und Antipathien, die ihnen aus den traditionellen politischen Verbänden entgegengebracht werden? Vertrauen sie auf ihre Grundsätze und auf ihre eigene Stärke, oder verlassen sie sich auf das technische Geschick ihrer Pressespezialisten und die Verstellungsgabe ihrer Abgeordneten?

Verstehen sie sich also als eine neue Bewegung oder als eine Zusatzpartei? Vor dieser Frage stehen die Grünen heute. Ihre Antwort wird über ihre Zukunft entscheiden.

Einige Schritte in die richtige Richtung sind wir bereits gegangen. Hans Werner Mackwitz, Toni Kofler und ich arbeiten nun schon seit Jahren am Widerstand gegen die Müll- und Giftlawine. Im Frühsommer 1988 sind Hans Werner und ich monatelang von Deponie zu Deponie, von Initiative zu Initiative gefahren. Die Grünen in den hauptbetroffenen Bundesländern Steiermark, Niederösterreich, Wien und Oberösterreich haben mit der Vernetzung begonnen, in Vorarlberg waren die Menschen dank der Arbeit des Verbraucherverbands und der Bionic-Initiative schon längst soweit.

Ein Jahr nach unserer Mülltour haben wir die Initiativen nach Wien eingeladen. Die meisten kannten einander bereits, von Florianiprinzip schon lange keine Spur mehr. Bei der Kundgebung vor dem Umweltministerium wurde einer Ministerin, die sich sofort ans Mikrofon drängelte, klargemacht, daß man heute von ihr etwas anderes erwarte: zuzuhören. Und Flemming hörte: Mindestens dreißig Vertreter der Initiativen berichteten von ihrer Müllwelt, vom Flötzersteig bis Imst waren alle da.

Beim Arbeitstreffen bei uns im Parlament wurde dann der Forderungskatalog der Initiativen mit Unterstützung des Ökologieinstituts formuliert. Für 14 Uhr war die Ministerin eingeladen. Nach anfänglichem Widerstand übernahm sie dann das ganze Paket mit einigen wenigen Ausnahmen. PVC-Verbot, Asbest-Verbot, Erstellung eines Plans zum österreichweiten Ausstieg aus der Müllverbrennung, Unterstützung jedes ökologischen Bürgerwiderstands. Jeder spürte, wie stark wir gemeinsam waren.

Grüne Erfolge

Wir rennen gegen eine Mauer an. Das ist das Gefühl, das wir nach zwei Jahren im Parlament alle stark verspüren. Doch ab und zu treten plötzlich Risse auf und die Mauer gibt nach. Es ist wie immer eine Frage des Drucks - und in ein paar Fragen hat der Druck von Initiativen und der Grünen in- und außerhalb des Parlaments genügt, um etwas sichtbar zu bewegen:

Der Neubau der AMAG-Elektrolyse in Ranshofen wurde von uns verhindert. Wir haben wochenlang alle Kräfte auf diese Frage konzentriert - und Stück für Stück ist uns mit Pressearbeit, dringlicher Anfrage und ständigen Debatten gelungen, die öffentliche Meinung so weit zu ändern, daß die Regierung ihr Projekt aufgeben mußte.

Auf grünen Druck wurde die Jahresmautkarte auf der Brennerautobahn abgeschafft. Das Transitproblem wurde erstmals zum zentralen parlamentarischen Thema.

Bis heute konnten wir verhindern, daß die Regierung hinter dem Rücken der AKW-Gegner einen Sonderfrieden mit der WAA Wackersdorf schließt. Als nächstes kommt Temelin.

Gemeinsam mit den Eisenbahngewerkschaftern konnten einige Nebenbahnen im Frühjahr 1987 vor der sofortigen Einstellung gerettet werden. Mit dem Konzept "Neue Bahn" sind sie aber nach wie vor akut gefährdet.

Nach zahlreichen parlamentarischen Anfragen zur öffentlichen Einkaufspolitik ist jetzt eine grüne Initiative im Umweltausschuß erfolgreich gewesen. Man beginnt jetzt in einigen Ministerien mit umweltgerechter Beschaffungspolitik.

Der grüne Antrag über die Prüfung von Umweltabgaben und Umweltsteuern durch das Finanzministerium wurde angenommen, eine Enquete konnte durchgesetzt werden, die Regierung kündigt erste zarte Gehversuche in diese Richtung an.

Das Sonderabfallgesetz konnte in einem für die Müllspekulanten besonders unangenehmen Punkt verschärft werden.

Nagymaros und Wackersdorf wurden von vielen gemeinsam verhindert, Temelin beginnt zu wackeln.

Nachdem wir der E-Wirtschaft jahrelang öffentlich die Alternativen vorgerechnet und zum Schluß dann die grünen Kleinaktionäre auf den Hals gehetzt haben, zeichnet sich jetzt eine erste Wende in der Strompolitik hin zu Ansätzen effizienter Energienutzung ab.

Beim ersten Müllgipfel der österreichischen Bürgerinitiativen, der vom grünen Klub im Juli 1989 organisiert wurde, gab die Umweltministerin ertsmals klein bei: Sie erklärte sich bereit, PVC, Asbestzement und Einweggetränkeverpackungen verbieten zu lassen und bis zum Ende des Jahres einen Plan zum österreichweiten Ausstieg aus der Müllverbrennung vorzulegen.

Der politische Teil der Lucona wurde gehoben, und in seinem Sog verpflichteten sich die Großparteien gegenüber den Grünen, drei große Demokratiereformen umgehend durchzuführen: eine Neuregelung des

Weisungsrechts, die Aufhebung der Amtsverschwiegenheit gegenüber Parlamenten und Landtagen und die Einrichtung eines parlamentarischen Ausschusses zur Kontrolle der Staatspolizei und der militärischen Geheimdienste.

Polizeigewalt wurde zum ersten Mal ein großes öffentliches Thema - der neue Innenminister mußte endlich ein Polizeibefugnisgesetz zusagen.

Nach den grünen Erfolgen bei den Landtagswahlen in Tirol und Salzburg ist die Transitpolitik plötzlich in Bewegung gekommen.

Und Kurt Waldheim bleibt Thema - auch im Parlament.

Wichtiger aber als alle kleinen Erfolge ist eines: Seit wir im Parlament sind, ist es mit der Einmütigkeit, die nur ab und zu für das große Publikum mit ein paar Scheingefechten kurz unterbrochen wird, vorbei. Wurden vor Einzug der Grünen rund 80 Prozent aller Gesetze einstimmig beschlossen, ist diese Marke seit Dezember 1986 auf 37 Prozent gesunken. Es gibt wieder eine Opposition - auch wenn sie noch nicht ihre volle Identität gefunden hat.

DURCH KRISEN NACH VORN

In den letzten grünen Jahren hat es auch genug schwarze Tage gegeben. Die Wiener Spaltung am 4. Oktober 1986, der VGÖ-Jammer, die Rücktrittsorgie im Winter 1988, das alles hat ganz schön Nerven gekostet. Wahrscheinlich konnte und mußte das alles passieren, weil die Kopfgeburt der Grünen noch vor der Zeit kurz vor den Nationalratswahlen am 23. November 1986 eingeleitet werden mußte.

Die internen Voraussetzungen waren denkbar schlecht: Zwei grüne Kleinparteien hatten einander jahrelang genußvoll zerfleischt; von gemeinsamem Programm weit und breit keine Spur; und die Einigungsverhandlungen hatten gezeigt, daß zu viele noch zu wenig aus den alten grünen Fehlern gelernt hatten.

Trotzdem war die Zeit einfach reif für die Grünen. Erst zwei Jahre später wurden die Grünen reif für die Zeit. Dazwischen liegt eine Zeit bitterer Lehren: daß der Konflikt zwischen Promis und Basis nicht einfach dadurch zu lösen ist, daß die Promis die Basis ignorieren; daß Oppositionspolitik nicht auf die "Küß die Hand, Herr Vizekanzler, dürft' ich Sie kritisieren" und auch nicht auf das ebenso große wie folgenlose Waldbeweinen aufbauen kann; daß der Parlamentsklub sich nicht an die Stelle der Bewegung setzen darf; aber auch, daß man professionelle, sachlich fundierte Knochenarbeit leisten muß.

Viel zu lange sind Personen zu hoch und Inhalte zu gering bewertet worden. Die Angst vor der Medienmacht einzelner Prominenter saß allen im Nacken - nicht ganz zu Unrecht, denn der Fall "Buchner" hat schließlich auch gezeigt, daß ein wichtiger Teil der Medien wider besseres Wissen jederzeit bereit war, die Schauergeschichte von den mittendurch gespaltenen Grünen ins Land zu trompeten.

Nach dem Ausscheiden von Freda Meißner-Blau und Walter Geyer haben wir uns gesagt, daß das eigentlich auch eine große Chance sein kann. Wenn es uns jetzt zum ersten Mal gelingt, eine klare oppositionelle Praxis zu entwickeln, dann ist noch sehr viel drinnen. Mit Transit, EG und Lucona habe wir die Chance genützt. Die Landtagswahlen vom 12. März haben es uns ebenso bestätigt wie die ersten Änderungen in der Energie- und in der Abfallpolitik: Wie in den anderen Ländern auch kann die Veränderung durch grüne Fehler und Eitelkeiten schlimmstenfalls aufgehalten werden - verhindert werden kann sie nicht.

Die nächsten Jahre

Der Aufstieg der Grünen zur neuen internationalen Reformbewegung ist kaum aufzuhalten. Aus vielen unserer Fehler haben wir gelernt, ein paar können wir uns ruhig noch leisten. Langfristig kommt es aber nur auf eines an: Wir müssen so stark werden, daß wir die Politik bestimmen können.

Einen ersten Schritt in diese Richtung gehen wir gerade. Bis vor kurzem lag unsere Stärke ausschließlich im Verhindern. Kein weiteres Großkraftwerk, keine weitere Autobahn; das waren die ersten wichtigen Erfolge. Jetzt beginnen wir, die Politik positiv zu prägen. Daß die Regierung jetzt endlich die Grundlagen der Energiepolitik überdenken läßt, daß Alternativen zum Transit zumindest laut gedacht werden, das trägt alles bereits unverkennbar unsere Handschrift.

Seit wir uns Anfang 1989 in der tiefsten Krise unserer Stärke besonnen haben, gibt es grüne Macht. Und das strahlt aus. Als wir mit den Müllinitiativen bei der Umweltministerin waren, wollte sie einen Keil zwischen Initiativen und Grüne treiben. "Wenn Ihr mich so behandelt, müßt Ihr die Grünen genauso behandeln, die sind ja auch Politiker!" Die Antwort der Initiativen war ein Zeichen der gemeinsamen Macht: "Die Grünen gehören zu uns."

Wir sind stark genug, Reformen zu erzwingen. Unsere Zustimmung zum Lucona-Endbericht war nicht nur ein Zeichen der Zustimmung zu dem Papier. Es war auch ein Votum für unseren Verhandlungserfolg. Wir hatten von Anfang an klargemacht, daß es ohne politische Konsequenzen keine grüne Zustimmung zum Bericht geben würde. Unsere Forderungen - Neufassung des Weisungsrechts, Aufhebung der Amtsverschwiegenheit der öffentlichen Verwaltung gegenüber dem Parlament und Einsetzung eines parlamentarischen Ausschusses zur Kontrolle der Geheimdienste - wurden von ÖVP und SPÖ voll akzeptiert.

Politische Geschäfte haben in dieser Strategie keinen Platz. Ständiges Erhöhen des oppositionellen Drucks und ständiges Aufklären über die grünen Alternativen - das ist der einzig gangbare Weg.

Der Umbau braucht Mehrheiten und damit Bündnisse. Die jetzigen Führungen der alten Parteien haben sich mit Haut und Haaren dem Projekt der Superindustrialisierung verschrieben. Wer sich mit ihnen über Umbau verständigen will, kann genauso mit Alf über Katzenliebe reden. Da geht nichts.

Die neuen Mehrheiten können nicht mit den alten Führern ausgemauschelt werden. Sie entstehen durch Druck. Keiner kann heute prophezeien, wie die ÖVP auf den beginnenden Massenexodus der Bauern reagieren wird. Für die EG und für die Bauern, das geht auch in den geduldigsten Kleingemeinden nur eine Zeitlang. Gleiches gilt für SPÖ, Arbeiter und Intellektuelle. Die alte Partei der kritischen Intelligenz wird Ministerposten bald ausschreiben müssen, so weit hat sie die denkenden Menschen bereits vertrieben. Möglicherweise zerbrechen die beiden großen alten Parteien. Möglicherweise kommt es aber auch zu Reformprozessen in der SPÖ.

Wir müssen uns auf beides einstellen. Und wir werden klarstellen, daß wir bereit sind, Reformbündnisse einzugehen. Für ein rot-grünes Bündnis auf Bundesebene ist es jedenfalls noch zu früh. Die Roten müssen erst reifen.

INTERNATIONAL

Die Zerstörung ist grenzenlos, und der Umbau läßt sich nicht begrenzen. Es gibt kein österreichisches Ozonloch, und das, was heute in den Regenwäldern von Borneo und Brasilien passiert, baden wir morgen in unserem Land aus. Der soziale und ökologische Umbau findet international statt. Oder gar nicht.

Die Entwicklung der Grünen entspricht diesem Grundsatz auf eine erstaunliche Art. In Neuseeland, in den USA, in der BRD, in Brasilien, in Ungarn und in dutzenden anderen Ländern haben sich weitgehend unabhängig voneinander grüne Bewegungen und Organisationen entwickelt. Kein Zentralkomitee einer grünen Internationale hat ihnen gesagt, was zu denken, zu sagen und zu machen ist. Ohne große Anstrengung haben wir über Block- und Entwicklungsgrenzen hinweg von Anfang an eine gemeinsame Sprache gesprochen.

Die größten ökologischen und sozialen Probleme sind heute die der Dritten Welt. Wenn sie mit den Mitteln des Superindustrialismus gelöst werden, ist die ökologische Katastrophe unausweichlich. Unsere Zukunft hängt davon ab, ob es den Menschen der Dritten Welt gelingt, alternative, kulturell und ökologisch angepaßte Entwicklungsmuster zu finden und durchzusetzen. Zynische Programme zur Verhinderung von Geburten können die Neuordnung der internationalen wirtschaftlichen Beziehungen nicht ersetzen. Wenn die Metropolen weiterhin ihre wirtschaftliche Kraft aus den neuen Kolonien saugen, treiben sie die Caterpillar auf der Jagd nach Devisen noch tiefer in den Regenwald.

Die Grünen stehen heute am Beginn einer grünen Internationale. In der Praxis haben wir sie schon seit Jahren gelebt. Jetzt entstehen die Strukturen. Dabei taucht - wie die Bildung der grünen Fraktion im Europaparlament gezeigt hat - sofort ein Problem auf: Soll die neue internationale Opposition auf Umweltschutz reduziert werden oder ist bei uns Platz für alle Sozial-, Freiheits- und Demokratiebewegungen? Die Antwort ist mit wenigen Ausnahmen klar ausgefallen: Fast überall, wo Grüne entstehen, entscheiden sie sich für den dunkelgrünen und gegen den blaßgrünen Weg.

Wir erleben heute in Osteuropa, wie aus Menschenrechtsgruppen langsam die neue politische Opposition wird. Charta 77 etwa hat sich nach Jahren der ausschließlichen Befassung mit Freiheitsrechten längst entschieden, auch Anwalt der Umweltrechte zu sein. Ähnlich verlaufen die Entwicklungen in Ungarn, in Polen und in der UdSSR.

In diesem Prozeß kann Österreich in doppelter Hinsicht eine besondere Rolle spielen: Zum ersten erlauben es unsere Lage und unser neutraler Status am besten, die neuen demokratischen und ökologischen Bewegungen im Osten zu unterstützen. Im Frühjahr 1987 sind Walter Geyer, Andreas Wabl und ich noch in Budapest verhaftet worden, als wir versuchten, Flugblätter gegen Nagymaros zu verteilen. Heute haben wir gemeinsam mit unseren ungarischen Freunden gewonnen.

Und zweitens können wir als kleines, neutrales Land immer wieder die Rolle des Pioniers übernehmen. Mit dem Stopp des Transits, mit der Umstellung der Energiepolitik, mit dem Ausstieg aus der CKW-Technologie, mit einem Verbot der Gentechnologie und mit der Abschaffung des Bundesheeres hätten wir allein fünf Möglichkeiten, dem Symbol "Zwentendorf" weitere Beweise für die Möglichkeit des Auswegs aus der Sackgasse von Gewalt und Zerstörung folgen zu lassen.

Der Umbau ist machbar - an der Peripherie der großen industriellen Metropolen im Detail oft noch viel leichter als in den Zentren der Macht.

GERADE ANGEFANGEN - SCHON FERTIG?

Die Grünen sind bescheiden. "Wenn wir nur einen Baum retten können und wenn wir nur einen Spitzenpolitiker beeinflussen können, dann war es nicht umsonst." Das ist Unsinn. Wenn wir nur einen Baum retten können, dann gehen die anderen kaputt. Und wenn wir nur einen Politiker beeinflussen können, dann werden die anderen weiter auf Mensch und Natur losgelassen. Wir müssen die ganze Natur schützen, wir müssen die ganze Wirtschaft ökologisieren, und wir müssen die ganze politische Kaste ersetzen.

Von diesem Bewußtsein findet sich bei den Grünen noch wenig. Zu sehr ist man gewohnt, klein, unterdrückt und nicht mehrheitsfähig zu sein. Zu sehr hat man sich bereits die unverständliche Sprache und Tracht von Außenseitern angewöhnt.

Die Grünen können die Gesellschaft verändern. Sie können neue Mehrheiten schaffen. Sie können ein grünes Jahrhundert einläuten.

Sie können verändern, wenn sie sich verändern. Wenn die Minderheiten sich bewußt werden, daß sie gemeinsam Mehrheiten bilden können, wenn Grüne ihr Vorhaben, die Gesellschaft zu verändern, nicht mehr schüchtern verstecken, sondern selbstbewußt vertreten, dann kann sich etwas ändern. Und dann macht es auch Spaß, Grüner zu sein.

DER AUTOR

Geboren 1954 in Kapfenberg
Volksschule, Mittelschule, Hochschule
freier Sozialwissenschaftler in Wien, derzeit Nationalratsabgeordneter der Grünen
besondere Verdienste um die österreichische Luftwaffe
Arbeitsbereiche: Abfallwirtschaft, Chemiepolitik, alternative Wirtschaftspolitik, Polizeiübergriffe, Vaterlandsverteidigung, Schiffsuntergänge
Lieblingsfarbe: transparent